Zorn · Nach Ostland geht unser Ritt

Gerda Zorn

Nach Ostland geht unser Ritt

Deutsche Eroberungspolitik zwischen
Germanisierung und Völkermord

Mit einem Vorwort von Herbert Wehner

Verlag J. H. Dietz Nachf. GmbH
Berlin · Bonn

CIP-Kurztitelaufnahme der Deutschen Bibliothek

Zorn, Gerda:
Nach Ostland geht unser Ritt: dt. Eroberungspolitik zwischen Germanisierung u. Völkermord / Gerda Zorn. Mit e. Vorw. von Herbert Wehner. – Berlin, Bonn: Dietz, 1980
ISBN 3-8012-0043-4

Gerda Zorn wurde 1920 in Berlin geboren. Nach einem Journalistik-Studium arbeitete sie als Redakteurin und Lektorin. Sie lebt heute als freiberufliche Journalistin und Autorin in Hamburg.

Berlin · Bonn
Godesberger Allee 143, D-5300 Bonn 2

Die Karten auf den Seiten 16, 17, 18, 20 und 22 wurden entnommen aus dem im Callwey-Verlag, München, erschienenen Buch von Jobst Gumpert „Polen – Deutschland".
Die Karte über faschistische Konzentrationslager von 1933 bis 1945 im Anhang dieses Buches wurde entnommen aus: „Atlas zur Geschichte, Band 2, Von der Großen Sozialistischen Oktoberrevolution 1917 bis 1976", hrsg. vom Zentralinstitut für Geschichte der Akademie der Wissenschaften der DDR. VEB Hermann Haack, Geographisch-Kartographische Anstalt Gotha/Leipzig, 1978, S. 38.
Lektorat: Charles Schüddekopf
Umschlag: Jan Enns, Reinbek
Herstellung: SDV Saarbrücker Druckerei und Verlag GmbH, Saarbrücken
Printed in Germany 1980

Inhalt

Herbert Wehner
Beitrag zur Besinnung

Dieses Buch stellt hohe Anforderungen an die Leser. Es wird darin beschrieben, was Deutsche und Polen als Nachbarn voneinander wissen müssen, wenn sie einander verstehen wollen. Daß sie einander verstehen, wenn sie miteinander nachbarschaftlich leben wollen, ist notwendig. Aufeinander zugehen, um miteinander leben zu können, ist für Nachbarn nicht von der Notwendigkeit zu trennen, sich von manchen Vorurteilen frei zu machen, die den Weg zur Verständigung blockieren oder erschweren.

Bundespräsident Gustav Heinemann sagte aus Anlaß des 30. Jahrestages des Kriegsbeginns am 1. September 1969:

„Was mit dem ehemaligen ‚Erbfeind' Frankreich zu unserer großen Befriedigung erreicht ist, steht gegenüber den östlichen Nachbarn, und zumal gegenüber Polen, als eine ungelöste Aufgabe noch immer vor uns. Polen war das erste Opfer des Überfalls von 1939. Sein Anteil an den Toten des Krieges macht allein 6 Millionen aus, von denen 0,7 Millionen als Soldaten umkamen, die übrigen mehr als 5 Millionen aber willkürlicher Ausrottung zum Opfer fielen. Was immer die Verantwortlichen in Polen 1939 an Argumenten für Hitlers Handeln beigetragen haben mögen und wie schwer auch das Los unserer Landsleute gewesen ist, die 1945 das Opfer des Verlustes ihrer Heimat jenseits von Oder und Neiße bringen mußten, so kann doch nichts daran vorbeiführen, daß es zwischen Polen und uns nicht so bleiben kann, wie es ist. Auch hier gilt es, die alten Gräben endlich zuzuschütten, so fest, daß niemand mehr einbrechen kann. Dafür müssen die entscheidenden Voraussetzungen geschaffen werden."

Willy Brandt, der erste sozialdemokratische Bundeskanzler, sagte am 7. Dezember 1970 anläßlich der Unterzeichnung des deutsch-polnischen Vertrags in Warschau:

„Wir dürfen nicht vergessen, daß dem polnischen Volk nach 1939 das Schlimmste zugefügt wurde, was es in seiner Geschichte hat durchmachen müssen. Dieses Unrecht ist nicht ohne Folgen geblieben.

Großes Leid traf auch unser Volk, vor allem unsere ostdeutschen Landsleute. Wir müssen gerecht sein: Das schwerste Opfer haben jene gebracht, deren Väter, Söhne oder Brüder ihr Leben verloren haben. Aber nach ihnen hat am bittersten für den Krieg bezahlt, wer seine Heimat verlassen mußte ...

Namen wie Auschwitz werden beide Völker noch lange begleiten und uns daran erinnern, daß die Hölle auf Erden möglich ist; wir haben sie erlebt. Aber gerade diese Erfahrung zwingt uns, die Aufgaben der Zukunft entschlossen anzupacken ...

Wir müssen unseren Blick in die Zukunft richten und die Moral als politische

Kraft erkennen. Wir müssen die Kette des Unrechts durchbrechen. Indem wir dies tun, betreiben wir keine Politik des Verzichts, sondern eine Politik der Vernunft ...
Nichts ist weiter wichtiger als die Herstellung eines gesicherten Friedens. Dazu gibt es keine Alternative. Frieden ist nicht möglich ohne europäische Solidarität."
Helmut Schmidt, der zweite sozialdemokratische Bundeskanzler, erklärte am 19. Januar 1978 im Deutschen Bundestag:
„Meine Reise in die Volksrepublik Polen und der Besuch bei Herrn Gierek Ende November, hat in der Fülle der Begegnungen und Gespräche sehr deutlich gemacht, daß wir gerade mit diesem Land und mit seinem Volk auf gutem Wege sind, die Normalisierung zur Aussöhnung hin zu vertiefen. Wir können Trennendes überwinden und Gemeinsames schaffen. Wir haben schon bisher mehr Verbesserungen der praktischen Zusammenarbeit zustande gebracht, als mancher zu hoffen gewagt hatte; mancher in der Opposition hat dies wohl schlechthin für unmöglich gehalten – damals.
Das deutsch-polnische Verhältnis ist auf besondere Weise Spiegelbild all dessen, was es in Europa in einer tausendjährigen Geschichte an freundlicher Nachbarschaft, an wechselseitiger geistig-kultureller Durchdringung und Befruchtung einerseits, aber auch an zugefügtem Leid, an Schuld und Irrwegen andererseits gegeben hat. Ich habe in Auschwitz daran erinnert, daß es ohne Erkenntnis der Vergangenheit keinen Weg zu unbefangenen Beziehungen zwischen den Völkern geben wird."
Wenn die Normalisierung der Beziehungen zwischen der Bundesrepublik Deutschland und der Volksrepublik Polen zur Aussöhnung hin vertieft werden, wenn Trennendes überwunden und Gemeinsames geschaffen werden soll, dann bedarf es deutscherseits der Fähigkeit und des Bemühens, die Vergangenheit kennen und prüfen zu lernen.
„Polen hat als Staat aufgehört zu existieren!" hatte 1939 nach dem „Blitzsieg" Adolf Hitler geschrien.
Der Beitrag zur Besinnung, den dieses Buch vermittelt, möge die Bereitschaft zur Realität im deutschen Volk bekräftigen.

Bonn, im Februar 1980 — Herbert Wehner

Vorbemerkung der Verfasserin

Die geographische Mitte des heutigen Polen liegt 20 km nordwestlich von Lodz. Fünf Städte Polens sind mit den Wojewodschaften (Provinzen) gleichgestellt: Warschau (Warszawa), Lodz (Lódź), Krakau (Kraków), Posen (Poznań) und Breslau (Wroclaw). Lodz ist nach Warschau (über eine Million Einwohner) die zweitgrößte Stadt Polens. Ihr Schicksal ist untrennbar verbunden mit den wechselhaften deutsch-polnischen Beziehungen.

Als am 8. September 1939 deutsche Truppen in Lodz einmarschierten, begann das dunkelste Kapitel in der Geschichte der Stadt. Am 9. November wurde sie dem Deutschen Reich einverleibt, am 12. April 1940 „auf Befehl des Führers" ihres Namens beraubt. Hitlers Gauleiter und Reichsstatthalter Greiser verkündete: „Lodz gibt es nicht mehr. Es gibt nur noch Litzmannstadt."

Kaum 25 Jahre waren vergangen, seitdem General von Litzmann deutsche Truppen im Raum Lodz gegen die Russen geführt hatte. Damals tobte in Europa der Erste Weltkrieg. Ihm vorausgegangen waren andere Kriege mit dem gleichen Ziel: Eroberung und Beherrschung des Nachbarlandes. Um dieses Ziel zu erreichen wurden mit jedem Krieg mehr Menschen geopfert. Die Blutspur reicht von den Kriegen Otto I. gegen Polen im zehnten Jahrhundert bis hin zur „Neuordnung Europas" durch den Faschismus.

Was unter den verschiedensten Vorwänden begann, endete im Völkermord. Von Generation zu Generation wurde der „Drang nach Osten" als unheilvoller Auftrag zur „Neuordnung Europas" weitergereicht und findet bis heute seine ideologischen Verfechter. Heute wie damals üben sie in den verschiedensten Verbanden ihren unheilvollen Einfluß aus. Als namentlich genannte Personen stehen sie in dem vorliegenden Buch nur stellvertretend für viele Anhänger des Faschismus, der während des Hitlerkrieges besonders in Polen eine Form der Menschenverachtung erreicht hat, die uns zu einer kritischen Auseinandersetzung mit der Vergangenheit zwingt.

Daß diese Vergangenheit weiter zurückreicht als nur bis 1933 oder 1939 soll hier am Beispiel der Stadt Lodz aufgedeckt werden, in der sich das erste und letzte Getto auf polnischem Boden befand. Als 1963 in Hannover ein Prozeß gegen einige der Hauptschuldigen an den Verbrechen in diesem Getto und dieser Stadt begann, kannte ich von Lodz kaum mehr als den Namen. Meine Teilnahme an dem Prozeß als Presseberichterstatter weckte das Interesse, mehr daruber zu erfahren, wie es dazu kam, daß deutsche Menschen so Unmenschliches taten. Ich mußte erkennen, daß das Verbrechen an jüdischen und polnischen Bürgern nicht erst in den Gettos und Vernichtungslagern begann. Es nahm seinen Anfang, Jahrhunderte zuvor, mit der Politik der Eroberung, des Raubes und der Unterdrückung. Der Völkermord zur Freimachung von „Siedlungsräumen" war nur das letzte, unmenschlichste Stadium deutscher Ostexpansion. Wäre die Ermordung von sechs Millionen Juden nur bis zur letzten

Konsequenz betriebener Antisemitismus gewesen – wie manche es gern sehen möchten –, hätte ein Bericht über das Getto und den Prozeß genügt, die Kriminalität des NS-Regimes zu belegen. Der Völkermord in Osteuropa aber, zuerst an der jüdischen Bevölkerung Polens praktiziert, sollte für alle Zeiten deutschen Imperialisten sichern, was ihre Vorgänger durch Kriege erobert, verloren, wieder erobert und wieder verloren hatten: polnisches Land und seine Bodenschätze.

Der im Ersten Weltkrieg mißlungene Griff nach der Weltmacht endete mit dem Verlust einst eroberter Gebiete. Der zweite Griff endete mit dem Zusammenbruch des Deutschen Reiches und der Grenzziehung an Oder und Neiße. Die Naziherrschaft war 1945 zu Ende, ihre Ideologie aber blieb weiterhin als latente Gefahr in unserer bürgerlichen Gesellschaft vorhanden. Wie war das möglich? Aus dieser Fragestellung ergab sich für mich die Notwendigkeit, die weit zurückreichende Geschichte der deutschen Ostexpansion am Beispiel der Stadt Lodz darzustellen, ihre verschiedenen Phasen zu skizzieren, Zusammenhänge aufzuzeigen und den Ursachen nachzugehen.

Eine neue Generation ist herangewachsen, die von der Vergangenheit nicht mehr wissen kann, als ihr durch Dokumente, Erzählungen und andere Materialien zugänglich gemacht wird. Wie unvollkommen und irreführend diese Quellen großenteils sind, zeigt nicht zuletzt die Forderung nach einer Geschichtsschreibung, die auf Wahrheit und dem Willen zur Verständigung, getreu dem Warschauer Abkommen, beruht. Manch deutscher Schulbuchautor und Historiker vernebelt noch bis heute unser Polenbild.

Für meine Untersuchungen standen mir außer der umfangreichen historischen Literatur über die Geschichte Deutschlands und Polens sowie über die Polenpolitik Hitlers Dokumente und Berichte aus zum Teil unveröffentlichten Quellen aus dem Archiv der Hauptkommission zur Untersuchung von Naziverbrechen in Polen und aus dem Justizministerium in Warschau zur Verfügung. Außerdem hatte ich die Möglichkeit, die in der Staatsbibliothek Warschau lagernden Bände der „Lodzer" und der „Litzmannstädter Zeitung" 1939–1945 auszuwerten. Bei meinem Besuch im Historischen Institut der Universität Lodz durfte ich Einblick nehmen in eine bisher unveröffentlichte Dissertation von Herrn Bojanowski und dessen neueste Forschungen verwerten, wofür ich besonders Frau Professor Dr. Brodowska danke. Persönliche Gespräche mit ehemaligen Führungskräften der Untergrundbewegung in Lodz ermöglichten es mir, erstmalig einen Einblick in die örtliche polnische Widerstandstätigkeit während der nazistischen Okkupation zu geben.

Der Prozeß, der am Ende des Weges von Lodz nach „Litzmannstadt" steht, zeigt, mit welch unzulänglichen Mitteln in der Bundesrepublik versucht wurde, diese Vergangenheit juristisch zu bewältigen. Der Prozeß gegen die Interessengruppen, die an der Ostexpansion und dem Völkermord verdienten, steht noch aus. Das Urteil über sie ist von der Geschichte längst gesprochen. Eine juristische Verurteilung zu verlangen, hieße die Justiz zu überfordern. Sie konnte bestenfalls im Rahmen der ihr gegebenen Gesetze Schuld oder Unschuld einzelner Personen feststellen. Wieweit es ihr dabei gelang, gesellschaftliche Zusammenhänge auf- oder zuzudecken, hing – wie der Prozeß zeigt – von der Qualität (oder Gebundenheit) der Staatsanwälte, Geschworenen und Verteidiger ab. Die Bundesrepublik bewies in ihrer Vergangenheit, daß es trotz des Nürnberger

Prozesses und des Völkerrechts möglich war, die Meinung von der Verjährbarkeit der Schuld der Schuldigen zu manipulieren. Die Widersprüche zwischen der mehr oder weniger vom Ausland erzwungenen juristischen Verurteilung einzelner Kriegsverbrecher und Handlanger, sogenannter „Judenmörder", und der gesellschaftlichen Stellung ehemaliger Führungskräfte widerspiegeln sich in dem Prozeß gegen den ehemaligen Gestapoleiter, zeitweiligen Oberbürgermeister des damaligen „Litzmannstadt" (Lodz) und Himmlers „Geheimnisträger Nr. 1", Dr. Bradfisch, und den sogenannten „Judensachbearbeiter", Kriminalkommissar Günter Fuchs.

Durch die Teilnahme an dem Prozeß konnte ich protokollarische Aufzeichnungen sowohl von Aussagen der Anklage, als auch der Verteidigung machen, die bisher unbekanntes Quellenmaterial bieten. Darüber hinaus gelangte ich in den Besitz der Anklageschrift, der Plädoyers der Verteidiger und Staatsanwälte, so daß ich den Prozeß in seinen wichtigsten Phasen rekonstruieren konnte. Während des Prozeßverlaufes wurde mir der enge Zusammenhang zwischen der deutschen Ostexpansion und dem Völkermord klar. Die Dokumentation des Prozesses findet auf dem deutschen Büchermarkt bisher keine Parallele.

Bei dieser Gelegenheit möchte ich Herrn Dr. Greve danken, der mir als Nebenkläger Einblick in die Materie gab. Für alle von polnischer Seite bei meiner Arbeit geleistete großzügige Unterstützung danke ich vor allem dem Sekretär der Organisation der Kämpfer für Freiheit und Demokratie, ZBOWID, Herrn Józef Szkuta in Warschau, seinen Mitarbeitern und dem polnischen Historiker Herrn Dr. Rafal Fuks. Dem Verband ZBOWID in Lodz danke ich besonders für die Vermittlung der Gespräche mit ehemaligen Widerstandskämpfern. Mein Dank gilt Herrn Prof. Dr. Pilichowski, dem Direktor der Hauptkommission zur Untersuchung der Naziverbrechen in Polen, Warschau, dem polnischen Historiker Herrn Dr. Mirosław Cygański, Lodz, und Herrn Prof. Dr. Pospizalski für ihre wertvollen Hinweise. Ganz besonders danke ich Herrn Prof. Dr. Imanuel Geiss, Bremen, und meinem Mann für ihr Interesse an dieser Arbeit und ihre Hilfe.

Gerda Zorn

1. Teil
Von der Kolonisation zur Expansion

Das erste Jahrhundert der deutschen Ostkolonisation

Im zehnten Jahrhundert gründeten die Westslawen im Flußgebiet der Weichsel, der Oder und ihres Nebenflusses, der Warthe, den polnischen Staat. Polabische Stämme an der Elbe (die Elbe hieß bei den Slawen Leba) wurden nächste Nachbarn der Deutschen. Die Feindseligkeiten und Kämpfe zwischen den deutschen Königen, ihren Lehnsherren, und den Slawen gehen bis auf das 9. Jahrhundert zurück. Mit dem Recht des Stärkeren hatten die sächsischen Könige Heinrich I. und Otto I. Länder der polabischen Slawen in Besitz genommen und dort ihre Marken errichtet[1]. Die von ihnen eingesetzten Markgrafen führten mit bestialischer Grausamkeit den Krieg gegen die sich widersetzenden Slawen fort.
Der in Posen residierende polnische Herzog Mieszko I.[2] zog es vor, sich der Übermacht des Markgrafen Gero zu unterwerfen, der als Träger der Ostpolitik Kaiser Otto des Großen im Jahre 963 über die mittlere Oder in das Warthegebiet eingefallen war. Die Einbeziehung der Erzbischöfe und Bischöfe in die Ostpolitik Kaiser Ottos hatte die Kolonisation zwischen Elbe und Oder mit der als Mission bezeichneten christlichen Eroberungspolitik gekoppelt. Mit dieser Methode drangen sie jetzt weiter gegen die ,,heidnischen" Slawen vor. Nur die ,,Annahme des Christentums" und die Anerkennung der kaiserlichen Oberhoheit als ,,Schutzmacht" konnte eine Verwüstung des Landes durch die vom Kaiser eingesetzten Markgrafen verhindern. Diese Eroberungspolitik mit verteilten Rollen nährte Kaiser, Kirche und Markgrafen und vermehrte ihre Macht. Mieszko I. zahlte zwar regelmäßig die geforderten Abgaben, die vornehmlich aus dem fruchtbaren Teil seines Landes an der Warthe stammten, aber er brachte den Mut auf, gegen kaiserlichen Wunsch die kirchliche Organisation Rom zu unterstellen und sich dadurch eine gewisse Selbständigkeit zu bewahren.
In Krakau herrschte seit 1229 Heinrich der Bärtige, Herzog von Breslau. 1234 brachte er große Teile Großpolens in seinen Besitz. Er heiratete eine deutsche Prinzessin und förderte die deutsche Einwanderung und Kolonisation. Dabei hoffte er, sein Herzogtum auf einen höheren wirtschaftlichen und kulturellen Stand zu bringen und Voraussetzungen für weitere Eroberungen zu schaffen. Folge seiner Politik war allerdings die Verdrängung des Polentums in Schlesien, das im 14. Jahrhundert, vom polnischen Gebiet losgerissen, zum böhmischen Reich kam.

An der mittleren Weichsel und am Bug regierte Konrad von Masowien. Auch ihm genügte sein fruchtbares Land nicht. Wie andere polnische Adlige holte er sich militärische Hilfe: Ruinierte deutsche Ritter, die slawisches Land eroberten, um wieder unabhängige Grundherren zu sein; Priester, die nach deutschen Klöstern in slawischen Ländern strebten, und sogenannte dienende Brüder waren als Deutscher Orden[3] eine unheilige Allianz zur Bekämpfung der „Ungläubigen" eingegangen, von der sie sich Landbesitz versprachen. Unter dem Vorwand der Ausbreitung des Christentums unterwarfen sie die ansässige Bevölkerung und machten sie dienst- und abgabepflichtig. Ihre „Hilfe" wurde von polnischen Fürsten im Kampf gegen die Pruzzen in Anspruch genommen. Sie ahnten nicht, wie folgenschwer sich diese „Hilfe" auswirken sollte. Der Orden eroberte schließlich das ganze Land der Pruzzen und besiedelte es gegen den Widerstand der Bevölkerung mit deutschen Kolonisten. Alle, die sich widersetzten, wurden ausgerottet oder versklavt. Auch Konrad von Masowien mußte erleben, welche Konsequenzen es hatte, fremde Hilfe ins Land zu holen. Für die militärische Unterstützung des Deutschen Ordens gegen die Pruzzen hatte er dem Orden im Jahre 1230 das Kulmer Land zwischen Weichsel, Ossa und Drewenz geschenkt. Weder er noch die Beschenkten hatten Rücksicht darauf genommen, daß sie in Ländereien eindrangen, in denen sie keinen Machtanspruch hatten. Großzügig hatte er im Namen „ganz Polens" mit seinem Siegel und dem aller Herzöge von Polen das „Geschenk" bekräftigt. Als Landesmeister Hermann Balk mit seinen Deutschrittern an der Weichsel erschien und die Stadt Thorn gründete, war es zu spät. Die Ritter lösten mit für die Polen überraschender Schnelligkeit und Gründlichkeit das Land vom polnischen Staat und begannen „mit Feuer und Schwert" ihre Missionstätigkeit. „Heidnisches" Gebiet durfte ihrer Meinung nach mit dem uneingeschränkten „moralischen Recht zur Christianisierung" angegriffen werden. Die eroberten Gebiete wurden teils von deutschen Rittern als Lehen, teils von Ordensbrüdern selbst besetzt.
Über das „erste Jahrhundert der deutschen Ostkolonisation" schrieb der Gnesener Erzbischof Swinka in einem Brief an den Papst im Jahre 1285: „Andere Übel wurden durch den Einfall der Deutschen vermehrt, denn das polnische Volk wird durch jene unterdrückt, unterjocht, seiner wohllöblichen Rechte und Volksbräuche beraubt und in der Stille der Nacht in seinen eigenen Wohnstätten überfallen."
Ritter und Markgrafen vergrößerten ihre Gebiete später durch Zusammenlegung. So entstand durch Integration des „Ordensstaates" mit der Mark Brandenburg jener Preußische Staat[4], der auf Kosten Polens Besitz und Machtbereich weiter vergrößerte.

Die Preußen kommen

Im 18. Jahrhundert lebten in Preußen nicht mehr als zwei Millionen Menschen, dennoch hielten sich die preußischen Könige ein starkes Heer. Ein Staat in Waffen war für sie gleichbedeutend mit dem preußischen Nationalgefühl. „Bedenken Sie, daß Sie Preußen sind!" sagte Friedrich II. Und seine Beamten und Offiziere bedachten es. Sie kannten den Rekrutenfang aus der Zeit des „Soldatenkönigs", der seinem Sohn Friedrich 1740 ein Heer von 90 000 Mann hinterließ. Bis 1752 hatte Friedrich II. das Heer bereits auf 136 000 Mann vergrößert. Als ihn, wie viele Heerführer vor und nach ihm, der Tod im Bett ereilte, hinterließ er 200 000 Mann in Waffen. Dreiviertel aller Staatsausgaben dienten „militärischen Zwecken". Adel, Junkern und Gutsbesitzern blieb es vorbehalten, die hohen Offizierschargen zu besetzen; den Leibeigenen, sie und den Feudalstaat zu unterhalten. Für den Offizier war der Soldat das gleiche, wie für seinen Vater der leibeigene Bauer, dessen Sohn sich „anwerben" ließ. Seine Dienstzeit dauerte 25 Jahre und länger – wenn er sie überlebte. Es herrschte strengste Disziplin, die durch grausame Körperstrafen aufrechterhalten wurde. So war das Leben des Soldaten – nicht anders als das seines leibeigenen Vaters – eine elende Schinderei. Der Stock gehörte zur Dienstausrüstung des Unteroffiziers wie die Reitpeitsche zum sozialen Prestige des Junkers. Die Prügelstrafe lehrte gehorchen – von der Wiege bis zum Grabe. Gehorsam gegenüber der Obrigkeit war auch das Brot der geschulten Bürokratie. Von ihr verlangte der König, wie von seinen Soldaten, schematische Pflichterfüllung und blinden Gehorsam. Für ihn waren sie alle Untertanen. Denken war weder gefragt noch erlaubt.

Solchermaßen gut organisiert und vorbereitet, begann Friedrich II., seinen Militär- und Feudalstaat weiter auszudehnen und der Große zu werden. Er setzte die Macht- und Eroberungspolitik seiner Vorgänger fort und führte, gleich nachdem er 1740 den Thron bestiegen hatte, den ersten Schlesischen Krieg.

Das Polen der Pans, in dem die Feudalherren ähnlich wie in Deutschland die Bauern ausbeuteten, hatte keine Macht. Es befand sich im Zustand des Verfalls. Dem zentralen monarchischen Herrschaftssystem seiner westlichen und östlichen Nachbarn gegenüber war die polnische Adelsdemokratie rückschrittlich und wehrlos. Zudem machte die Zersplitterung und Uneinigkeit des Großadels und der Schlachta (Kleinadelskaste), der gegenüber das Königtum machtlos war, Polen zur leichten Beute seiner Nachbarn.

In den beiden Schlesischen Kriegen (1740–1742 und 1744–1745) und dem folgenden Siebenjährigen Krieg (1756–1763) eroberte das Preußen Friedrich II. den größten Teil Schlesiens, das seit 1526 den Habsburgern gehörte. 1761 schloß Preußen den Pakt mit Rußland, und 1772 unterzeichneten Preußen, Österreich und Rußland jenes Abkommen, das die erste Teilung des polnischen Staates besiegelte. Rußland nahm sich einen Teil Weißrußlands, Österreich Galizien, und Preußen sicherte sich das eroberte Ermland, das Kulmer Land, das Netzegebiet, Schlesien und das Gebiet, das Ostpreußen mit Brandenburg verband – Westpreußen. Friedrichs Vater hatte das System der Kolonisation vorexerziert. 1733 hatte er ungefähr 18 000 Protestanten, die der Erzbischof von Salzburg zur Auswanderung trieb, in Ostpreußen angesiedelt. Friedrich II. schickte 50 000 Einwanderer in die Kurmark, 3 000 in die Neumark, 12 000 nach Schlesien, 11 000 nach Pommern, 12 000 nach Ostpreußen.

Die Politik Preußens blieb auch nach dem Tode Friedrich II. auf Festigung der eroberten Gebiete, Germanisierung und weitere Ausdehnung des Herrschaftsbereiches gerichtet. 1793 beschlossen Preußen und Rußland die zweite Teilung Polens. Preußen ließ Truppen unter Feldmarschall Möllendorf einrücken. Rußland besetzte 4 157 Quadratmeilen, in denen drei Millionen Menschen lebten. Preußen erhielt 1 000 Quadratmeilen Polens, die es sich als „Südpreußen" ein-

Karte 1

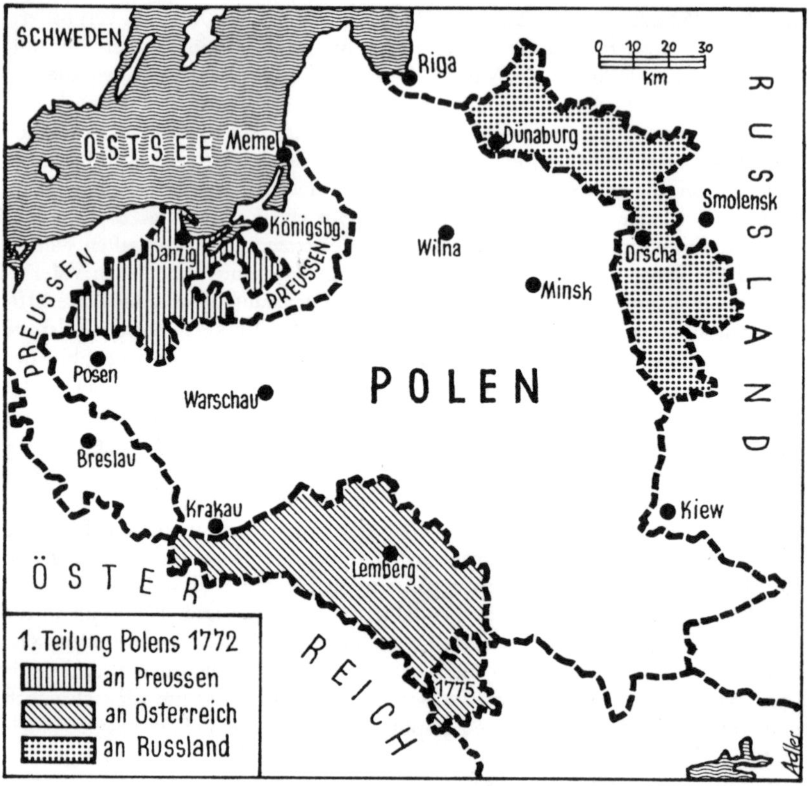

verleibte. Außerdem annektierte es die Städte Danzig und Thorn. So gerieten annähernd 1 100 000 Polen unter preußische Verwaltung. Polen war auf ein Drittel seiner ursprünglichen Größe zusammengeschrumpft.

Die Polen wehrten sich, so gut sie konnten. 1794 brach ein Aufstand gegen den Zarismus aus, der die Unabhängigkeit Polens und die Durchführung der 1791 beschlossenen Verfassung zum Ziel hatte.[1] An der Spitze dieses Befreiungsversuchs stand der polnische Nationalheld General Tadeusz Kościuszko.[2] Weder ihre Tapferkeit noch ihr moralisches Recht half den Polen gegen die Übermacht der großen Drei. Allein Preußen entsandte 25 000 Mann, um den Aufstand niederzuschlagen. Von Juli bis September 1794 lagen die preußischen Truppen vor Warschau, ohne es einnehmen zu können. Als dann die Russen eingriffen und den verwundeten Kościuszko gefangennahmen, brach der Aufstand zusammen. Am 4. November nahmen die Russen Warschau ein, und es kam zur dritten Teilung Polens. Der polnische König Stanislaus, ein Günstling der Zarin Katharina, unterzeichnete seine Abdankung. Das Königreich Polen existierte nicht mehr.

Die Annexionsstaaten Preußen, Österreich und Rußland versuchten, die territorialen und machtpolitischen Bereicherungen durch förmliche Anerkennungen und Besitznahme-Manifeste zu verschleiern. Sogenannte „alte Rechte" wurden hervorgeholt, an die die Eroberer selbst nicht glaubten, die sich aber propagandistisch damals genauso ausbeuten ließen wie heute. So war Friedrich II. zwar von der „rechtmäßigen" Erwerbung Schlesiens überzeugt (die er durch drei Kriege von insgesamt 11 Jahren glaubte gerechtfertigt zu haben) – aber über die Annexion Westpreußens erklärte er selbst: „Wir wollen für die Gültigkeit unserer Rechte nicht einstehen, auch nicht für die der russischen, noch weniger für die der österreichischen."[3]

Nach dieser dritten Teilung Polens war der unterhalb der Wasserscheide zwischen Oder und Weichsel liegende Lodzer Raum auf der Landkarte noch ein fast unbekannter Fleck inmitten polnischer Wälder, die jetzt zu „Südpreußen" gehörten. Etwa 200 Seelen, wie man damals sagte, umfaßte die aus polnischen Bauern bestehende Bevölkerung. Das Land gehörte den kujawischen Bischöfen[4]. Als die Preußen in das Gebiet kamen, zog der preußische Fiskus das bis dahin „geistliche" Lodz ein und begann es zu kolonisieren. Jetzt durften sogar Juden in die Stadt ziehen, die ihnen bis dahin durch die Bischöfe versperrt worden war. Sogenannte „Reichskolonisten" siedelten sich im Lodzer Raum an, um aus ihm ein Stück deutsche Heimat zu machen. Praktisch sah das so

Karte 2

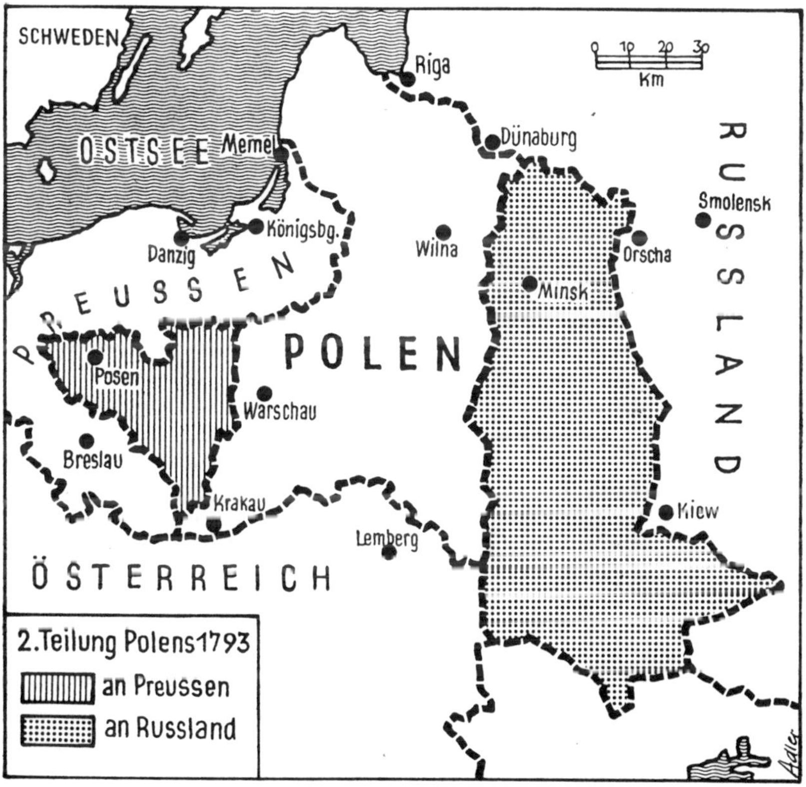

Karte 3

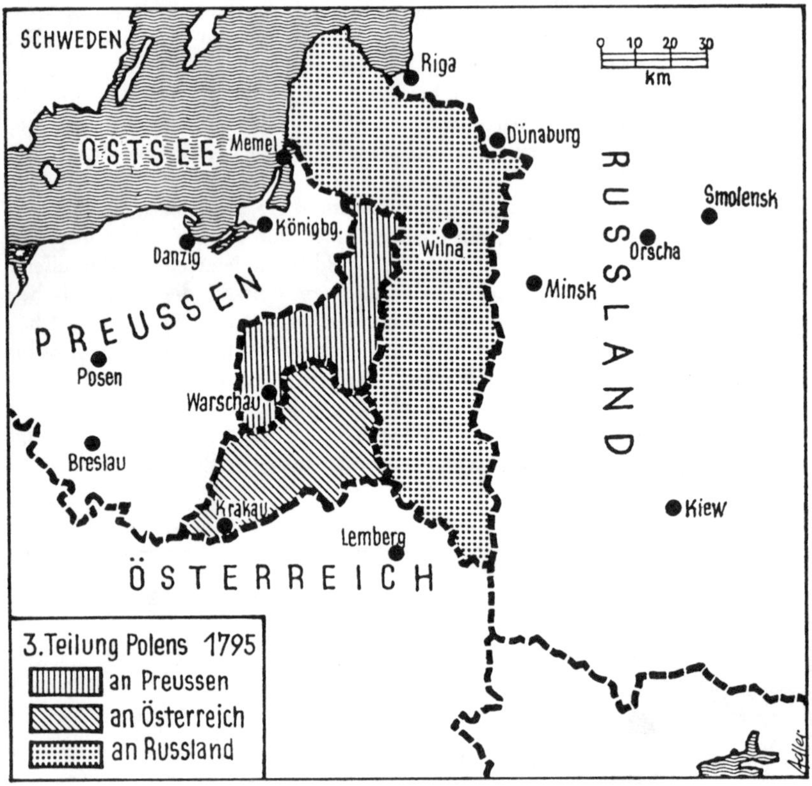

aus, daß Anwerber des Preußenkönigs in Deutschland, vorwiegend in Schwaben, mit und ohne Anwerbebüros, der Bevölkerung Land und ein besseres Leben im eroberten Ostraum versprachen. Sie sollten die jetzt dem preußischen Staat gehörenden Wälder und Sümpfe kolonisieren.
Die erste Welle der angeworbenen Siedler verließ das Land allerdings bald wieder, ärmer als zuvor. Inzwischen lernten preußische Beamte, die Kolonisierung besser zu „organisieren". Polnische Bauernhöfe wurden mit Deutschen besetzt. Alteingesessene Polen, die bis dahin auf dem Gelände bis zum äußersten Südwesten des Lodzer Gutsbezirkes saßen, mußten weichen. In kurzer Zeit war eine Reihe preußischer Staatskolonien entstanden, vollbesetzt mit deutschen Bauern[5]. Es bildeten sich sogenannte „Schwabenkolonien". „Zu Ehren des preußischen Königs" gab man den Kolonien Namen wie zum Beispiel „Friedrichshagen".
Deutsche Geschichtsbücher und Historiker erklärten seitdem, daß zwar die Teilungen Polens „umstritten", die Einverleibung polnischen Landes durch Friedrich II. aber „sittlich gerechtfertigt" sei, da „seine Beamten durch unermüdliche und einsichtige Arbeit Land und Volk aus einem Zustand greulicher und schandbarer Verwahrlosung"[6] herausgehoben hätten. Das Märchen von

den klugen, sauberen, ordentlichen und fleißigen Deutschen, die das Land aufbauten und den unterentwickelten, schmutzigen, faulen, primitiven Ostmenschen erst die Kultur brachten, wurde geboren. Generationen deutscher Menschen wurde in Schul- und Militärzeit dieses Geschichtsbild vermittelt, das sie unkritisch übernahmen. Es wurde eine der Grundlagen, auf der die Herrscher und Regierungen ihre Expansionspolitik aufbauten. Lange bevor Hitlers Rassenwahn zur Staatsdoktrin erhoben wurde, praktizierten Deutsche in Polen diese Herrenmenschenlehre. Wie gut das Geschäft mit dem ,,greulich verwahrlosten Land" für Preußen war, zeigt die Landkarte. Preußen wurde auf Kosten der Polen aus verschiedenen territorialen Gebilden zu einem großen Ganzen. Brandenburg-Pommern-Preußen-Schlesien – ein Konglomerat von Ländern ohne eine gemeinsame Vergangenheit, dessen einziges Band das Streben der Hohenzollern nach Macht und Größe war, wurde zur Großmacht, als Polen längst aufgehört hatte, unter den Mächtigen eine Rolle zu spielen. Protest und Widerspruch, Aufstand und Revolution halfen angesichts der Einigkeit der drei Großmächte wenig. Polen blieb geteilt. Ein Teil davon besetzt von Preußen. Auch der Lodzer Raum. Die ,,polnische Frage" war damit allerdings nicht gelöst. Deutschland blieb sie schwer im Magen liegen. Es sah sich mit einem großen slawischen Bevölkerungsanteil konfrontiert, der nicht gewillt war, sich ,,eindeutschen" zu lassen. Das polnische Reich hatte zwar aufgehört zu existieren, aber die polnische Bevölkerung blieb. Ihre Staatsführung hatte versagt, aber ihr Patriotismus, ihr Kampf um Freiheit und Wiederherstellung des Reiches überdauerte jede Fremdherrschaft.

Die Baumwollstadt des Ostens und ihre Vorgeschichte

Napoleons Drang nach Osten machte den preußischen Kolonisationsbestrebungen vorerst ein Ende. In der Doppelschlacht bei Jena und Auerstedt wurden die Preußen 1806 von den französischen Truppen vernichtend geschlagen. Jetzt wollte Napoleon Europa ,,neu ordnen". Er schlug dem Zaren Alexander I. vor, Europa in Interessensphären aufzuteilen. Er wollte den Westen – Zar Alexander I. sollte den Osten Europas beherrschen. Preußen hätte das Schicksal Polens erlitten, aber Alexander I. hatte wenig Interesse, in direkter Nachbarschaft mit einem so starken und gefährlichen Rivalen wie dem Frankreich Napoleons zu leben. Die geographische Lage Preußens machte seine Existenz als Pufferstaat für den Zaren interessant. Seine potentielle Kraft, vorerst zwar geschwächt, konnte sich außerdem nach Lage der Dinge nur gegen den Eroberer Napoleon richten.
So wurde Preußens Territorium im Frieden von Tilsit 1807[1] nur stark beschnitten. Preußen hatte den Krieg verloren und mußte unter anderem mit einem Teil jener Gebiete zahlen, die es vorher den Polen weggenommen hatte. Aus dem größten Teil, den Preußen bei den Aufteilungen Polens erhalten hatte, bildete Napoleon das Großherzogtum Warschau, das er seinem Bundesgenossen Friedrich August, König von Sachsen, gab. Zu ihm gehörte der Lodzer Raum. Kolonien wie ,,Friedrichshagen" wurden jetzt, zu Ehren des neuen Großherzogs

von Warschau, umbenannt in „Augustow". Friedrich Augusts neue Herzogswürde war allerdings nur von kurzer Dauer. Mit der Niederlage Napoleons in Rußland begann die Macht seines Kaiserreiches und damit auch die seiner Günstlinge schnell zu sinken. Die nationalen Bewegungen gegen den französischen Eroberer erhielten Zulauf. Die Völker verbündeten sich gegen den französischen Unterdrücker. Polen und Preußen kämpften gemeinsam mit den Völkern Europas für die Befreiung. Die Reste des französischen Heeres wurden 1813 in der „Völkerschlacht" bei Leipzig besiegt. Napoleon mußte abdanken. Der Traum von der polnischen Freiheit war für ein Jahrhundert ausgeträumt.

Karte 4

Und wieder einmal wurde die Landkarte verändert. Das „Komitee der Vier", das aus Vertretern der Siegermächte England, Rußland, Österreich und Preußen bestand, tagte in Wien. Man schrieb das Jahr 1815. Die Tagung ging als „Wiener Kongreß" in die Geschichte ein. Frankreich mußte die eroberten Gebiete zurückgeben und wurde lediglich in seinen Grenzen von 1792, vor Beginn der Revolution und der Eroberungskriege Napoleons, bestätigt. Die Siegermächte bemühten sich, das Rad der Geschichte zurückzudrehen und die durch die Französische Revolution entthronten Herrscherhäuser und Verhältnisse zu restaurieren. Zur Festigung dieser Restauration gründeten sie 1815 die „Heilige Allianz", einen Bund der Herrscherhäuser Rußlands, Österreichs und Preußens. „Im Namen der Religion" verpflichteten sie sich zur gegenseitigen Hilfeleistung bei der Niederschlagung jeglicher Revolution. Monarchen aller europäischen Länder (außer England) schlossen sich dem Bund an. Hinter der Maske der Heiligen Allianz aber verbarg sich, wie Karl Marx es nannte, die „Hegemonie des Zaren über alle europäischen Regierungen"[2]. Ein Teil des ehemaligen Polen sollte jetzt, nach Beschluß des Wiener Kongresses, als polnischer Staat in beschränktem Umfang zugelassen werden, wobei er eine Personalunion mit Rußland eingehen mußte. So geriet der größte Teil des ehemaligen Großherzogtums Warschau als „Königreich Polen" unter die „Schutzherrschaft" Rußlands. Zu diesem als „Kongreß-Polen" bezeichneten „Königreich" gehörte auch die Stadt Lodz. Ihre Verwaltung wurde wieder polnisch – aber ein großer Teil des Personals bestand weiter aus preußischen Beamten, die dort geblieben waren. Auch die Einwanderung von Deutschen in den Lodzer Raum hielt an, von amtlichen Stellen und privater polnischer Seite gefördert. Da es an eigenen qualifizierten Kräften fehlte, war die polnische Regierung besonders bemüht, deutsche Fachkräfte zu gewinnen, um das Entwicklungsdefizit der polnischen Industrie, die durch die lange Fremdherrschaft stark gelitten hatte, zu beseitigen. Der polnische Landadel legte für diese Fachkräfte neue Städte an, wie Ozorkow, Alexandrow und Konstantynow, und ließ sogar evangelische Kirchen für die deutschen Einwanderer bauen.[3]

Rußland kümmerte sich wenig um die wirtschaftlichen Belange Kongreß-Polens. Ihm kam es vielmehr darauf an, die Freiheits- und Selbständigkeitsbestrebungen der Polen zu unterdrücken. Wirtschaftliche Betätigung war das, was den Bewohnern blieb. Sie nutzten diese Möglichkeit besonders in Lodz. 1820 erließen die Russen eine Regierungsverordnung, die es dieser Stadt erlaubte, eine Fabrikgemeinde mit 200 Bauplätzen zu errichten. Die Regierungsverordnung lockte Ausländer an. Ein besonderes Statut setzte Vorteile fest, die ausländische Fabrikanten und Tuchmacher genießen sollten.

Am Anfang der industriellen Entwicklung der bisher unbedeutenden Stadt Lodz stand die Erkenntnis, daß sich Lodz durch die dort vorhandene Wasserkraft besonders als Standort für Industrieanlagen anbot. Der für Lodz zuständige Wojewode Rembielinski holte sächsische Baumwoll- und Leinenfabrikanten ins Land. Tuchmacher und Strumpfwirker aus Schlesien und Sachsen folgten. 1827 war das ehemalige Mühlengelände bereits in fünf „Wasserfabrik-Besitztümer" aufgeteilt, die bis zu 3/4 qkm groß waren. Deutsche Fabrikanten und Handwerker, durch die Einfuhr billiger englischer Textilien in Not geraten, siedelten sich an.[4] Andere, die ein Geschäft witterten, folgten nach. So unter anderen Großbetriebe wie die Leinenspinnerei von August Rundzieher, die Mangel und Bleichunternehmen von Titus Kopisch und die Baumwollspinnerei von Wendisch.

1829 hatte Lodz eine Einwohnerzahl von 4 000. Zehn Jahre später lebten bereits 20 000 Menschen in der Stadt. Für die deutschen Textilfabrikanten begann die Phase des Großverdienens. Die Entwicklung der Textilindustrie im Gebiet von Lodz machte weitere Fortschritte, als sich auch das weite russische Hinterland als Markt für sie öffnete. Fabrikanten und Fachleute erkannten, welche

Karte 5

fantastische Chance sich ihnen hier bot. Ihre Zuwanderung leitete die kapitalistische Welle deutscher Ostexpansion ein, die zu größeren deutschen Niederlassungen führte, nicht nur in Lodz, sondern bis in das Gebiet von Lublin und in das Cholmner Land hinein. Die Förderung der Textilunternehmen machte Lodz in kurzer Zeit zur Baumwollstadt des Ostens, die zunächst für Polen und nach dem Fall der Zollschranke zwischen Kongreß-Polen und Rußland (1851) auch für die russische Textilindustrie zum Zentrum wurde.

Die „Väter von Lodz"

Das erste Großunternehmen auf Lodzer Boden war die Baumwollspinnerei des Fabrikanten Wendisch aus Chemnitz. In kurzer Folge wuchsen immer neue Fabrikbauten empor. Ihre Unternehmer gingen als „Väter von Lodz" in die Literatur[1] ein. Einer von ihnen war der Berliner Ludwig Geyer. Er ließ 1835 ein

Gebäude errichten, das zu den größten Lodzer Fabrikbauten zählte, die bis heute sogenannte „Weiße Fabrik". Heute dient sie als Textilmuseum. Ludwig Geyers Fabrikantenkarriere begann 1829, als er in Lodz einen Bauplatz mit dazugehörendem Gewässer erwarb. 1839 war er nicht mehr auf die Wasserkraft angewiesen. Geyer wurde der erste Unternehmer, der in Lodz eine Dampfmaschine in Betrieb nahm. Erste mechanische Webstühle folgten – Totengeläut für seine bisherigen Weber, von denen viele als Heimarbeiter im Lohnarbeitsverhältnis standen. 1841 beschäftigte er bereits annähernd 800 Arbeiter in eigenen Fabrikgebäuden. Ludwig Geyer wurde als erster in Lodz zum Millionär.
Ein anderer „Vater" wurde Karl Scheibler, Sohn eines Großindustriellen aus Monschau, unweit Eupen. Er errichtete 1853 in Lodz eine Großspinnerei, der in den 60iger Jahren eine mechanische Weberei folgte. Seine Besitzungen dehnten sich fast über das ganze Jasiental aus. Man nannte ihn den „Baumwollkönig von Lodz". Bei dem Großindustriellen Scheibler wurde die Entwicklung von der Manufaktur zur Industriearbeit besonders deutlich. 1860 ließ er an 400 Webstühlen mit 40 000 Spindeln arbeiten. Bis zum Beginn des Ersten Weltkrieges waren es bereits 5 000 Webstühle und 220 000 Spindeln. Scheibler beschäftigte 11 000 Arbeiter und besaß damit einen der größten Textilbetriebe Europas. „Der Jahreswert der Erzeugung der Lodzer Baumwollindustrie stieg von vier Millionen Rubel im Jahre 1864 auf 72,5 Millionen im Jahre 1900; die Zahl der Spindeln wurde in der gleichen Zeit verneunfacht und hatte die Million überschritten ..."[2] Scheibler gründete die Landesbank und einen Kreditverein. In schneller Folge entstanden weitere Firmen von: Robert Biedermann (1863), Karl Eisert (1864), Friedrich Eisenbraun (1865), Karl Bennich, Friedrich Wilhelm Schweikert, Eduard Hentschel (1865), J. John (1866), Julius Heinzel usw. Billige Baumwollwaren von Lodz überschwemmten bald den riesigen russischen Markt. 1864 befahl Alexander II., Zar und Herrscher aller Reußen, König von Polen, Großherzog von Finnland, den Bau einer Eisenbahnlinie, die Lodz mit der Strecke Warschau-Wien verbinden sollte. Der Bahnbau wurde deutschen und jüdischen Bankiers und Unternehmern übertragen. Der extra aus Warschau gekommene kaiserliche Statthalter Graf Berg erklärte anläßlich der Eröffnung der Lodzer Fabrikbahn am 19. November 1865: „Die Stadt Lodz verdankt ihren Wohlstand der deutschen Industrie, dem Unternehmungsgeist der Deutschen und dem deutschen Fleiß. Ich glaube, diesen Bewohnern einen guten Rat zu geben, wenn ich sie zur treuen Nachahmung der Tugenden ihrer Väter und zum beständigen Festhalten am deutschen Charakter ermuntere. Einer jeden Nationalität im Königreich Polen das zu geben, was ihr gehört, ist der Wille unseres allergnädigsten Monarchen."[3] Einer jeden Nationalität – mit Ausnahme der polnischen, die dort zuhause war. Die Polen wurden unterdrückt und hatten kaum das Recht auf ihre Sprache – nach dem Willen des „Vaters aller Reußen".
Der Bau der Eisenbahn diente in erster Linie den Unternehmern. Er erhöhte ihren Profit, an dem nun auch das englische, französische und das belgische Kapital beteiligt sein wollten. Industrielle aus diesen Ländern gründeten ebenfalls Werke in Lodz, um ihren Teil vom großen Gewinn einzustreichen. In der Zeit von 1840 bis 1912 wurde allein in Lodz die Produktion um mehr als das 200fache gesteigert. Vor dem Ersten Weltkrieg wurden in Lodz bereits über 100 000 Menschen in der Textilindustrie beschäftigt. Die Einwohnerzahl von Lodz ver-

größerte sich von 32 700 im Jahre 1860 auf 506 000 im Jahre 1913. Bis 1900 hatte die Lodzer Wirtschaft den russischen Markt bis nach Finnland im Norden, nach Persien und Afghanistan im Süden und bis ans Gelbe Meer im Osten erobert. 85 % der Produktion dienten dazu, den Bedarf der Ostmärkte zu dekken.[4] Die Baumwollindustrie beherrschte die Märkte mit ihren billigen Massenwaren. Daneben hatte sich eine hochleistungsfähige Wollindustrie entwikkelt, ebenso hatten Wirkerei und Strickerei gute Fortschritte gemacht.[5] Karl Scheibler war inzwischen Heereslieferant Seiner Majestät, des Zaren, geworden. Die Halbmillionen-Stadt Lodz war ein Wirtschaftszentrum, in dem führende europäische Industrie-, Handels- und Bankhäuser ihre Vertretungen hatten.

Die schlesischen Weber

Vor der Einführung der Dampfmaschine waren alle Unternehmer in Lodz mehr oder weniger auf die handwerklichen Fertigkeiten deutscher Weber und Spinner angewiesen. Werbeagenten hatten sie einst aus Deutschland angeworben. Diesmal ging es nicht um Kolonisten, sondern um Weber, Spuler und Spinner. Sie kamen aus dem Sudetengebirge, dem Iser- und Lausitzer Gebirge, aus der Gegend um Chemnitz und Glauchau. Die Mehrzahl aber kam aus Schlesien. Die Werber hatten Lodz als Stadt der Zukunft gepriesen. Bald sprach es sich herum, daß dort ein Textilansiedlungszentrum entstehen sollte.

Weber und Spinner, denen in ihrer schlesischen Heimat buchstäblich zum Sterben zu viel und zum Leben zu wenig für ihre Arbeitskraft gezahlt wurde, horchten auf. Noch immer wurzelte das schlesische Leinengewerbe in der Organisation der Gutsherrlichkeit aus alter österreichischer Zeit. Auch die Eroberung Schlesiens durch Friedrich II. hatte daran nichts geändert. „Seine Maßregeln zur Hebung der schlesischen Leinenindustrie gehören zu den wunderlichsten Kapiteln seiner rückständigen Wirtschaftspolitik“[1]. Auf Drängen der Junker beseitigte auch die neue Gewerbefreiheit keineswegs den Weberzins. Die sprichwörtliche Not der schlesischen Weber und ihrer Kinder erklärte sich daraus, daß sie gleichzeitig vom Feudalismus wie vom Kapitalismus in holdem Wetteifer gerupft wurden.[2]

Bezeichnend für die ökonomische Lage der „Leinewäber“ und ihre Gründe, den Versprechungen der Werber zu folgen, ist das nachstehende Gedicht aus dem Jahre 1828:[3]

Ich kam a Weg vom Riesenkamm
und ging uf's Warmbad zu;
Do traf ich anne lange Schar,
Wu Man und Weib beisammen war,
Und Kinder ohne Schuh!

Ber kummen vohn a Bärgen här,
Ber ziehn ei's Polen nei;
Bei sein urnär schund matt vur Nut,
's is gor a hüngrich Stückel Brut,
De Schlaesche Weberei!

Im russ'schen Polen ga'n se üns
Jedwedem a Stück Land;
Do wulln ber nur ins Flache ziehn
Und lussen ünse Bärge stiehn. –
Härr Got, dir is's bekannt!

Und wenn uns Got senn Seegen schenkt,
Derwäben wer wahs Geld;
Das nähmen sich de Kinder ahn
Und ziehn, su fix wie jedes kan,
Furt aus der fremden Welt.

Weltweit bekannt wurde die bedrückende soziale Not der schlesischen Weber durch Gerhard Hauptmanns Theaterstück. Bekannt wurde, wie wenig es die Unternehmer in Schlesien rührte, wenn die Kinder des Webers verhungerten. Das im Gebirge herrschende Elend ging auch aus den von vielen Dorfgerichten eingesandten, bescheinigten und der ersten Generalversammlung z. B. zu Schweidnitz überreichten Tabellen und Listen hervor, in denen die allerbedürftigsten, dem Hunger preisgegebenen Personen namentlich aufgeführt waren. Selbst in kleinsten Ortschaften des Waldenburger Kreises war die Zahl der Unglücklichen groß: In Neugericht waren es 110 Personen, in Toschendorf 48 Familien, in Zedlitzheyde 72 Familien, „die aufs äußerste gebracht waren"[4]; Weber, Spuler, Spinner – und das nur in einem kleinen Teil des Waldenburger Kreises. Die blutigen Zwischenfälle in Peterswaldau und Langenbielau 1844 gehören heute zur deutschen Geschichte wie Sieg und Niederlage des Volkes im Kampf gegen seine Unterdrücker. Die Klagen der Weber bezogen sich weniger auf die Arbeitslosigkeit als auf den jämmerlichen Verdienst, den die angestrengteste Arbeit eintrug, obwohl an vielen Orten die Leinenindustrie bereits von der Baumwolle verdrängt wurde. Das Ausland, besonders England, spann bereits mit Maschinen. Es spann viel und wohlfeil. Die Maschine machte viele Spinner- und Weberhände überflüssig.
In diese Vorahnung eines technischen Umwandlungsprozesses tönte die Mär vom „Gelobten Land" jenseits der Grenze. So zogen sie fort – nach Lodz. Aber auch dort galt, wie anderswo, die unchristliche Devise: Für den Arbeiter den Pfennig – für den Unternehmer die Mark. Weder den eingewanderten Deutschen noch ihren Kindern gelang es „wahs Geld zu wäben", um wieder „furt aus der fremden Welt" zu ziehen. 1839 betrug die Zahl der in Lodz Geborenen bereits etwa 1/5 aller Deutschen in Lodz. 1864 waren es fast 60 %.[5]
Der Germanisierungsprozeß lief im Lodzer Raum, mitten im russischen Polen, wie von selbst weiter. Beendet wurde er in dem Augenblick, als durch die Einführung der Dampfmaschine und der mechanischen Web- und Spinnmaschine auf qualifizierte Fachkräfte verzichtet werden konnte. Jetzt interessierten nur noch die billigen Arbeitskräfte. Das waren ungelernte polnische Arbeiter, die nach der 1863/64 erfolgten Bauernbefreiung in Polen ihre Gutsherren verließen und in die Städte strömten. Die landarme polnische Bevölkerung suchte Arbeit und Glück in der wachsenden Stadt.
Inzwischen waren in Lodz Weber- und Spinner-Kolonien entstanden. Die sogenannte Neustadt wurde nur von Deutschen besiedelt. Wie in ihrer schlesi-

schen Heimat hatten sie hier von früh bis spät, zum Teil in Heimarbeit, mit ihren Kindern am Handwebstuhl gearbeitet. Jetzt brauchte man sie nicht mehr. Der technische Fortschritt machte ihr Können überflüssig. Sie zerstörten die Maschinen, aber es nutzte ihnen genausowenig wie den Maschinenstürmern anderer Länder. Und die „Väter" von Lodz, die sich von Kapitalisten anderer Länder in nichts unterschieden, verhielten sich ihnen gegenüber wenig väterlich. Sie erklärten, die technische Entwicklung sei schuld, wenn die Weber brotlos würden. Sie interessierte das weitere Schicksal ihrer deutschen Landsleute nicht im geringsten. Wie wenig die einst in der Hoffnung auf Rückkehr Ausgewanderten noch an die alte Heimat band, zeigt der weitere Weg eines großen Teils von ihnen. Die Expansion des Kapitalismus war nicht aufzuhalten. Sie förderte im Lodzer Raum die Repolonisierung und damit das vorläufige Ende der deutschen Ostkolonisation und Germanisierung. Über eintausend eingewanderte Deutsche verließen 1865 mit ihren bereits in Lodz geborenen Kindern die Stadt und zogen weiter, nach Rußland, an die Wolga, nach Samara und Stawropol.[6] Wieder einmal hofften sie auf ein besseres Leben, fern aller Unrast Europas, fern aller Unsicherheit, in die sie die kapitalistischen Väter genauso stürzten, wie es die „Landesväter" immer wieder taten. Der Freiheitskampf der Polen, der 1863–1865 in einem gewaltigen Aufstand gegen die zaristische Vorherrschaft die Aufmerksamkeit aller Großmächte auf Polen gelenkt hatte, war nicht ihr Freiheitskampf. Die Kriege und Siege Bismarcks in der alten Heimat waren nicht ihre Kriege. Sie suchten eine Heimat, in der sie ein menschenwürdiges Leben führen konnten. Sie fanden sie in Rußland genauso wenig wie in Lodz oder in der Heimat der Großväter.
Deutsche Imperialisten bedauerten, daß die kapitalistische Wirtschaftsentwicklung den deutschen Bevölkerungsteil durch den Zuwachs polnischer Arbeitskräfte verdrängte. Sie leiteten aus dem deutschen Anteil am Aufbau einer Textilindustrie in Lodz das Recht auf Einverleibung des Landes in das deutsche Reich ab. Dabei interessierte sie weder das Schicksal der einstmals aus Deutschland eingewanderten armen Weber, Spinner und Handwerker noch das der inzwischen dort Geborenen noch das Schicksal der um ihre Freiheit kämpfenden Polen. Für sie galt nur die „Größe" des Vaterlandes, die sich in Grund und Boden, in Soldaten und Waffen messen ließ. Der Übergang von der Manufaktur zur Industriearbeit hatte den jahrhundertelangen Prozeß deutscher Ostkolonisation und Germanisierung zwar vorerst beendet, nicht aber die Politik des Landraubes, wie die weitere Entwicklung zeigte.

Die jüdische Bevölkerung

Nach den russischen Ansiedlungsbestimmungen von 1820 war Juden das Wohnen in neuen deutschen Industrieansiedlungen verboten. Laut Regierungsverordnung wurde ein Statut erlassen, das den ausländischen Fabrikanten und Tuchmachern in Lodz erhebliche Vorteile verschaffen sollte. „Den Juden aber ist es nicht gestattet, in den neuen Industriekolonien zu wohnen. Auch soll es in Zukunft keinem Juden gestattet sein, in der Stadt eine Schenke zu halten

oder sich mit der Fabrikation von Getränken zu befassen", hieß es in der Bestimmung.[1]
Der für Lodz zuständige Wojewode Rembieliński war als Vertreter der Regierung sehr darauf bedacht, daß sich in „seinen" Gründungen keine Juden ansiedelten. Als sich nach seinem Tode im Jahre 1834 Juden erneut bei seinem Nachfolger um eine Zulassung bewarben, hieß es sogar, der Bürgermeister würde bestraft werden, falls er seine nachgiebige Haltung den Juden gegenüber nicht ändern sollte.[2] Noch 1846 berichtete ein jüdischer Kaufmann aus Kalisch, der in Lodz die Spinnerei von Wendisch kaufen wollte, daß man es ihm nicht erlaubt habe „im christlichen Viertel Besitz zu erwerben." Das Verbot sei mit dem Vorwand begründet worden, daß er „die Spinnerei nur zum Schein betreiben, das Land mit geschmuggeltem Garn überschwemmen und die eigene Produktion der Fabrikstädte unterdrücken würde."[3] Wahrscheinlich ging es den deutschen und ausländischen Fabrikanten viel mehr darum, ihre Vorrechte zu erhalten, um jede mögliche jüdische Konkurrenz auszuschalten. Die im Grenzort Kalisch konzessionierten jüdischen Garnlieferanten, die in Lodz und der Masowischen Wojewodschaft diskriminiert wurden, wollten natürlich auch ins Geschäft kommen. Die Vorschrift, daß Juden nur in der Altstadt leben dürften, verhinderte auf jeden Fall den Besitz von Fabriken größeren Stils und führte zwangsläufig zur Gettoisierung. Das gemeinsame Leben der ärmeren Bevölkerung in der Altstadt berührte dies kaum. 1839 setzte sich die Bevölkerung der Altstadt noch aus 947 Polen und 774 Juden zusammen.[4]
Aber der Sog in jene Stadt, von der man bereits als dem zukünftigen „Manchester des Ostens" sprach, blieb natürlich nicht auf die befreiten Leibeigenen beschränkt. Juden aus der Umgebung hofften ebenfalls in Lodz auf bessere Verdienstmöglichkeiten.
Bis 1864 war die Bevölkerungszahl auf 6 539 in der Altstadt angestiegen, fünf Sechstel davon gehörten zur jüdischen Bevölkerung. Die Altstadt wurde zur dichtest bewohnten Gegend der Stadt. Die Stadt begann aus ihren Nähten zu platzen, Profit und Handelsumsatz stiegen. Der Bodenpreis ebenfalls. Bodenspekulanten tauchten auf. Der polnische Adel verkaufte. Auch der Adlige des Besitztums „Baluty", das am Stadtrand von Lodz lag. Da das Gelände nicht zu Lodz gehörte, konnten jüdische Unternehmer hier um das Jahr 1860 eine Siedlung errichten. Sie verlängerten die Straßenzüge, um Anschluß an die Altstadt zu bekommen. Der „Baluter Ring" entstand.
Entsprechend dem billigen Baluter Mietzins siedelten sich in dieser Vorstadt die Ärmsten der Juden an. Als die Vorstadt 1915 endlich eingemeindet wurde, war sie mit über 100 000 Menschen völlig übervölkert. Ihre Bevölkerungsdichte wurde von kaum einer anderen Stadt Europas erreicht.[5] Ursprünglich sollte sie mit einer Reihe anderer Vorstädte bereits 1906 eingemeindet werden. Das hätte bedeutet, sie dem Niveau der Stadt anzupassen. Die Regierung scheute aber die damit verbundenen Ausgaben. Unter dem Vorwand, die Eingemeindung bedeute Steigerung von Steuern, Erhöhung der Mieten und andere Lasten, blieb Baluty weiterhin ohne Licht (Gaslaternen) und ohne Wasser (Kanalisation). Ein billiges Wohngelände für billige Arbeitskräfte – wie diese lebten, war nicht Sache der Fabrikanten oder der Regierung. In einem Labyrinth von Häusern, Höfen und Durchgängen, in denen sich auch noch aus Brettern selbstgezimmerte Wohnverschläge befanden, spielte sich ein großer Teil des Geschäftsle-

bens ab. Nicht anders sah es in der ebenfalls total übervölkerten Altstadt aus. Sie ähnelte einem riesigen Basar. In den Kellern befanden sich Läden und Warenniederlassungen wie an der Straße. Vollgepfropft bis unter die Decken, zum Teil durchgebrochen zu den Obergeschossen, bildeten sich Kleinstausgaben von Markthallen, deren Nischen und Wandabschnitte nach Quadratmetern an einzelne Händler vermietet wurden. Vorherrschend war natürlich der Handel mit Textilstoffen. Daneben wurden alte und neue Kleidung, Lebensmittel, Obst, Eisenwaren, billige Konfektion, Hüte, Möbel usw. verkauft. Käufer wie Händler war in erster Linie die jüdische Bevölkerung.[6] Ein Teil des Lebens spielte sich, wie in südlichen Ländern, auf der Straße ab.
Das eigentliche Zentrum von Lodz befand sich in der Petrikauer Straße. Es erstreckte sich im wesentlichen auf die beiden Häuserfronten links und rechts der Neustadt und des Nordabschnittes[7]. An den Seiten- und Hinterhäusern befanden sich ebenfalls Büros, Läden, Niederlassungen, vorwiegend Textilhandlungen und selbstverständlich die Niederlagen und Verkaufsstellen der großen Lodzer Werke. Im Laufe der Zeit verschmolz die Altstadt schließlich mit der Neustadt zu einem Stadtzentrum von Groß-Lodz.

Die polnischen Arbeitskräfte

Wie in den vorangegangenen Kapiteln bereits erläutert, lebten und arbeiteten in Lodz bis 1864/65 vorwiegend deutsche Weber, Spinner und Textilfachleute. Erst nach der in Polen erfolgten sogenannten Bauernbefreiung strömten viele der aus feudaler Abhängigkeit erlösten polnischen Landarbeiter in die Stadt. Als Proletarier waren sie nun die billigeren Arbeitskräfte.
Wie sehr die „technische Revolution" die Bevölkerungsstruktur in Lodz veränderte, zeigt unter anderem der Rückgang des deutschen Bevölkerungsanteils. 1839 setzte sich die 8 559 Köpfe zählende Bevölkerung der Stadt zu 78 % aus Deutschen, zu 13 % aus Polen und zu 9 % aus Juden zusammen. 25 Jahre später lebten bereits 33 533 Menschen in Lodz; davon waren 67 % Deutsche und 20 % Juden. Bis 1884 hatte sich die Bevölkerungszahl auf 107 000 erhöht; davon betrug der deutsche Anteil nur noch 38 %, während der polnische auf 33 % und der jüdische auf 29 % angewachsen war. 1911 lebten 522 518 Menschen in Lodz, davon waren 50 % Polen, 32 % Juden und nur noch 18 % Deutsche.[1]
Die kleinen Holzhäuser der Kolonisten waren inzwischen ebenso verschwunden wie die klapprigen Webstühle der alten „schläsischen Wäber". An ihre Stelle waren Fabriken gerückt und die aus Stein gebauten neuen Mietskasernen, die das Wohnungsproblem aber nicht lösen konnten. Weitaus mehr Menschen strömten in die Stadt, als Wohnungen vorhanden waren. 1913 lebten in einem Zimmer 4,2 Personen. Die Altstadt, Baluty und das Arbeiterviertel blieben dunkel und eng, ein von Rauch und Ausdünstungen der Fabrikstadt geschwärztes Häusergewirr.
Wo sich die Neubauten von Scheibler, das Siemens-Haus, das Grand-Hotel, Haus Kindermann, die Banken und Bürohäuser befanden und der Korso mit

den Prachtfassaden seiner Wohnhäuser, wurden bereits 1869 die ersten Gaslaternen in Betrieb genommen und Asphaltbürgersteige angelegt. 1898 wurde der Straßenbahnverkehr aufgenommen, 1907 wurden die ersten Elektrizitätswerke gebaut, aber alle diese Anlagen reichten kaum über das Stadtzentrum hinaus.
Für deutsche Fabrikanten blieb Lodz auch weiterhin eine Goldgrube. Einige waren bereits Millionäre geworden, andere hofften es noch zu werden. Aufstände und Unterdrückung der Polen interessierten sie wenig, solange der Zar ihnen Vorteile einräumte. Und der Zar zeigte sich ihnen gegenüber höchst gnädig. Anläßlich der Eröffnung der „Fabrikzweiglinie", die den Anschluß an die Bahnlinie Warschau-Wien herstellte, genehmigte er 1866 sogar die Eröffnung deutscher Schulen in Lodz, während in allen anderen Schulen des „Königreichs Polen" nur in russischer Sprache unterrichtet werden durfte.
Die polnischen Arbeiter in Lodz waren, wie im gesamten Kongreß-Polen dreifach unterdrückt: vom russischen Zarismus, vom ausländischen Kapital und von der eigenen Bourgeoisie, deren ökonomische Machtentfaltung von der zaristischen Bürokratie so lange nicht behindert wurde, wie sie zu ihrer „Schutzmacht" hielt. So stieg dieses „Königreich" in der zweiten Hälfte des 19. Jahrhunderts zu einer industriell führenden Provinz des Zarenreiches auf. Industriezentren waren Warschau und Lodz, die vom ausländischen Kapital beherrscht wurden. Aber auch der polnische Kapitalismus entwickelte sich, je besser er sich dem Zarismus anpaßte[2]. Sein Klasseninteresse überflügelte sehr schnell das nationale Anliegen: Freiheit und Unabhängigkeit. In den zunehmenden Auseinandersetzungen mit der Arbeiterschaft bildeten zaristische Bürokratie, polnische Bourgeoisie und ausländische Kapitalisten eine Allianz. Politische Bewegungen der Arbeiter und Streikkämpfe waren verboten. Rigoros wurden Führer und Mitglieder von Arbeiterorganisationen verfolgt, in Gefängnisse geworfen oder nach Sibirien deportiert.
Die Arbeitsverhältnisse in den Fabriken entsprachen der schonungslosen Ausbeutung der Arbeiter in anderen Staaten. „Man war gezwungen, zwölf Stunden am Tage unter furchtbaren Bedingungen zu arbeiten, da die Fabrikanten sich überhaupt nicht darum kümmerten, die Werkstätten entsprechend einzurichten (man stand in der Feuchtigkeit, denn der Fußboden war schlecht, und die Luft war voller Dampf, da keine Ventilation vorhanden war)"[3], beschreibt Julian Marchlewski die Arbeitsbedingungen, unter denen er selbst in einer Textilfabrik in Warschau arbeitete und die er später auch in anderen Färbereien in Lodz antraf. Im Februar 1891 hatte ihn der Verband Polnischer Arbeiter als einen seiner besten Leute nach Lodz geschickt, das sich zu einem der größten Industriezentren Europas entwickelt hatte. Marchlewski hatte vorher in Deutschland und in der Schweiz in verschiedenen Textilfabriken und Färbereien gearbeitet und kannte die Probleme der Arbeiterbewegung Westeuropas. In Lodz arbeitete er nacheinander in der Färberei von Walewski, in einer kleinen Fabrik bei August Kerpert und in einer der größten Lodzer Textilfabriken, bei I. K. Poznanski, als Färbermeister. So verschaffte er sich einen guten Überblick über die Lage der Arbeiter in Lodz. Die Arbeitsbedingungen, die er hier vorfand, waren noch schlimmer als anderwärts. „Der Arbeitstag betrug in der Regel 13 Stunden; die Löhne waren völlig unzureichend, und die Fabrikbesitzer kassierten noch einen großen Teil davon in Form von Strafen für verschiedene ‚Vergehen' ein; die Arbeiter genossen keinerlei Arbeitsschutz."[4]

Julian Marchlewski begann, den Verband Polnischer Arbeiter in Lodz aufzubauen. Zentrum wurde die Kesselfabrik von Stephanus. Marchlewski leitete Aktionen und sorgte für illegales Agitationsmaterial in deutscher und polnischer Sprache, das in Kisten verpackt über Posen illegal nach Lodz geliefert wurde. Bald gab es kaum noch eine Fabrik oder Werkstatt, die nicht mit sozialdemokratischen Broschüren und Flugblättern versorgt war. Arbeiterzirkel wurden gebildet, das Einsammeln von Beiträgen für eine Streikkasse organisiert und das in polnischer und deutscher Sprache gedruckte Statut der „Widerstandskasse" in unzähligen Exemplaren verbreitet. Im Herbst 1891 umfaßte die „Widerstandskasse" bereits mehrere tausend Lodzer Arbeiter.[5] Bildungszirkel, Flugblätter, Broschüren, marxistische Literatur, Versammlungen und Massenversammlungen, die außerhalb der Stadt stattfanden, sorgten dafür, daß die Arbeiter über die Möglichkeiten zur Verbesserung ihrer Lage aufgeklärt wurden und erfuhren, wie die sozialistischen Bewegungen Westeuropas den ökonomischen und politischen Kampf führten.
Im November 1891 wurde Julian Marchlewski von der zaristischen Gendarmerie verhaftet. Er wurde in das berüchtigte Untersuchungsgefängnis für politische Gefangene eingeliefert, in den X. Pavillon der Warschauer Zitadelle[6]. Trotzdem klebten am 1. Mai 1892 an vielen Hauswänden Maiaufrufe des Verbandes Polnischer Arbeiter. Viele Lodzer Arbeiter folgten dem Aufruf. Trotz starken Polizeiaufgebots ruhte in vielen Betrieben die Arbeit. Die Verhaftungswellen der zaristischen Behörden hatten wenig Erfolg. Am 5. Mai hatte die Streikbewegung bereits die Form des Generalstreiks angenommen. Die Unternehmer hatten so etwas noch nicht erlebt. Sie riefen die zaristischen Behörden zu Hilfe. Gemeinsam organisierten sie zur Abwehr ein Pogrom gegen die Juden der Stadt, das den Vorwand liefern sollte, starke zaristische Militäreinheiten einzusetzen, um „Ordnung und Ruhe" wiederherzustellen. Die Arbeiter kämpften in Straßenkämpfen mit Ziegeln und Pflastersteinen gegen Kosakenpeitschen und Gewehrkugeln. Der Kampf dauerte bis zum 10. Mai und ging als „Lodzer Aufruhr" in die Geschichte ein. 217 Personen wurden getötet oder verwundet, 82 Streikende verhaftet und dem Richter vorgeführt. Zum erstenmal hatte die polnische Arbeiterklasse ihre ökonomischen Interessen im Kampf gegen Gendarmerie und Militär, gegen die Machtorgane des zaristischen Regimes verteidigt. Und das in Lodz, dem Zentrum des polnischen Industrieproletariats. Das internationale Aufsehen war groß. Die Hoffnung der Sozialisten wuchs.
Die sozialistische Bewegung in Polen, die durch Namen wie Rosa Luxemburg und Julian Marchlewski bekannt wurde, sah in den russischen, deutschen und österreichischen Arbeiterbewegungen ihre Verbündeten. Besonders die deutsche Sozialdemokratie betonte die Bedeutung des gemeinsamen Kampfes. 1897 erinnerte Liebknecht auf dem sozialdemokratischen Parteitag in Hamburg an das, was Marx in bezug auf die polnische Frage gesagt hatte: „Bei der gegenwärtig veränderten Lage Mitteleuropas, und namentlich Deutschlands, ist es mehr als je notwendig, daß wir ein demokratisches Polen haben, da ohne es Deutschland ein Anhängsel (outwork) der Heiligen Allianz, mit ihm der Bundesgenosse (cooperator) des republikanischen Frankreich sein wird; die Bewegung der Arbeiterklasse wird fortwährend unterbrochen, lahmgelegt und aufgehalten werden, bis diese große europäische Frage zur Ruhe gebracht ist ....

Besonders ist es Pflicht der deutschen Arbeiterklasse, in dieser Frage die Initiative zu ergreifen, weil Deutschland eine der Mächte ist, die Polen geteilt haben.“ Liebknecht schloß seine Ausführungen: „Den Polen ist schweres Unrecht geschehen; und gerade wir deutschen Arbeiter sollten, wie Marx gesagt hat, in erster Linie den Polen gegenüber gerecht sein.“[7]

Rosa Luxemburg, die mit dem Verband Polnischer Arbeiter in der Schweizer Emigration Kontakt gehalten hatte, schätzte den Verband „von Anfang an, schon in seinem Kern“ als „ein Ergebnis der Massenbewegung des wirklichen Klassenkampfes im weitesten, unmittelbaren Sinne des Wortes. Darum war er seinem Wesen nach eine sozialdemokratische Organisation, eine gesunde und an Perspektiven reiche Erscheinung, die dem Sozialismus in Polen einen neuen und breiten Entwicklungsweg bahnte.“[8] Friedrich Engels schrieb: „Die Unabhängigkeit Polens hat der Adel weder erhalten noch wiedererkämpfen gekonnt; der Bourgeoisie ist sie heute zum mindesten gleichgültig. Und doch ist sie eine Notwendigkeit für das harmonische Zusammenwirken der europäischen Nationen. Sie kann erkämpft werden nur vom jungen polnischen Proletariat, und in dessen Händen ist sie gut aufgehoben. Denn die Arbeiter des ganzen übrigen Europa haben die Unabhängigkeit Polens ebenso nötig wie die polnischen Arbeiter selbst.“[9]

1893 vereinigten sich der Verband Polnischer Arbeiter und die Partei „Proletariat“ zur Socjaldemokracja Krolestwa Polskiego, der Sozialdemokratie des Königsreiches Polen (SDKP). Ihr Kampf war in erster Linie auf den Sturz des Zarismus gerichtet, der nach ihrer Meinung nur mit Hilfe des russischen Proletariats möglich war. Sie erstrebte eine demokratische Republik, mit dem Ziel des Sozialismus. Den revolutionären Kampf verband sie mit dem Kampf der Arbeiter um höhere Löhne und bessere Arbeitsbedingungen, um Einführung eines demokratischen Fabrikgesetzes, um Arbeiterversicherung und das Recht des Arbeiters auf Bildung, Kultur und menschliche Lebensbedingungen.

Die polnische Bourgeoisie dagegen verbündete sich mehr und mehr mit den zaristischen Unterdrückern. Die im Fabrikantenverband zusammengeschlossenen Unternehmer von Lodz sperrten die Arbeiter aus (lock-out's) und spendeten eine halbe Million Rubel für den Ausbau des zaristischen Polizeiapparats.

Als sich das russische Volk 1905 gegen die zaristische Regierung erhob, lebte vor allem in Warschau und Lodz der polnische Freiheitskampf wieder auf. Dabei kam es in Lodz zu Zusammenstößen zwischen Anhängern der Nationaldemokraten, die unter dem Galizier Roman Dmowski in den Deutschen und Deutschland den Hauptfeind des Polentums sahen, und den Anhängern Pilsudskis, die sich 1892 in Paris zur Polska Partia Socjalistyczna (P.P.S.)[10] zusammengeschlossen hatten. Ihr Hauptfeind waren die russischen Unterdrücker. Angesichts der Unruhen in Rußland und des russisch-japanischen Krieges hofften sie, einen neuen polnischen Aufstand gegen die zaristische Vorherrschaft entfachen zu können. Die Nationaldemokraten lehnten diese Pläne ab, da ihrer Meinung nach jede Schwächung Rußlands eine Stärkung Deutschlands bedeutete. Die Gegensätze beider Gruppen verschärften sich, aber zu Aufständen gegen Rußland kam es nicht.

Bismarcks Polenpolitik und die „Neuordnung Europas“

Die Entwicklung der Ostexpansion ist nicht zu trennen von der Politik Preußens unter Bismarck. Er und sein König waren – wie ihre Vorgänger – an einem Bündnis mit Rußland und seinem Zaren mehr interessiert als an einem guten Verhältnis mit dem polnischen Nachbarvolk. Das gemeinsame Klasseninteresse hatte in der Vergangenheit die Expansion auf Kosten Polens zum Vorteil beider begünstigt. Die Unterdrückung der polnischen Bevölkerung im preußischen Posen entsprach der Unterdrückung jeglicher Freiheitsbestrebungen im russischen Teil Polens, zu dem Lodz seit dem Wiener Kongreß gehörte. Für Lodz hatte die Politik Bismarcks dementsprechend kaum Auswirkungen – sie betraf vor allem die polnische Bevölkerung in Posen. Dennoch scheint mir der Rückblick zum Verständnis der Ostexpansion notwendig, zeigt er doch, wie sehr „die Arbeiter des ganzen übrigen Europa die Unabhängigkeit Polens ebenso nötig (hatten) wie die polnischen Arbeiter selbst.“[1]
Die Losung der Polen „Für Eure und unsere Freiheit“ war seit der Niederschlagung des Aufstandes von 1831 zur Losung aller fortschrittlichen Menschen geworden. Mit dem Kampf der Polen für Unabhängigkeit solidarisierten sich Schriftsteller und Philosophen, Intellektuelle und Arbeiter in Deutschland. Der Kampf gegen die „Heilige Allianz“ wurde zum Kampf gegen die eigenen Unterdrücker. Im März 1848 brach in Deutschland die Revolution aus. Kurz darauf erfolgte der Aufstand der Polen in Posen, der von April bis Mai dauerte. Er wurde von Preußen ebenso blutig niedergeschlagen wie die 1848iger Revolution im eigenen Land. Das Bündnis zwischen der alten preußischen Kaste der Feudaljunker und dem jungen Kapitalismus, dem aufstrebenden Bürgertum, besiegelte die Niederlage des deutschen wie des polnischen Volkes. Nach dem 18. März 1848 in Berlin[2] hatte Preußen den Polen eine „Nationale Reorganisation“ versprochen. Die Polen glaubten an den guten Willen in Berlin und wurden hintergangen. „In der polnischen Frage benahm sich die deutsche Bourgeoisie wie immer, ebenso kopf- wie treulos. Im Vormärz hatte sie ganz gut begriffen, wie eng die deutsche und die polnische Sache zusammenhingen, und noch nach dem 18. März hatten ihre Weisen auf dem sogenannten Vorparlament in Frankfurt feierlich erklärt, daß die Wiederherstellung Polens eine heilige Pflicht der deutschen Nation sei.“[3] Die „heilige Pflicht“ der „nationalen Reorganisation“ aber löste sie im Interesse der Junker, indem sie mehr als zwei Drittel der Provinz Posen dem Deutschen Bund anschloß. Die Frankfurter Nationalversammlung, „dies entartete Kind der Revolution, segnete die Missetat der Gegenrevolution“[4]. Dieser Verrat an Polen war zugleich Verrat an der deutschen Revolution. Der mit der Niederschlagung der 1848iger Revolution eingeleitete Kompromiß zwischen Bürgertum und Junkern führte schließlich unter Bismarck zur großdeutschen Politik der Einigung Deutschlands durch Blut und Eisen. 1862 war Otto von Bismarck Ministerpräsident und Minister des Auswärtigen geworden. 1863 schlossen er und Zar Alexander II. gegen die liberal-panslawistische Bewegung die Alvenslebensche Militärkonvention[5]. Als kurz darauf der große polnische Aufstand losbrach, der alle Teile des Volkes erfaßte und sich über Kongreß-Polen und weite Teile Litauens ausdehnte, gab Bismarck dem Zaren politische Rückendeckung.

Während England, Frankreich und Österreich Noten an Rußland zur Unterstützung von Reformen in Polen schickten, erklärte Bismarck: „Haut doch die Polen, daß sie am Leben verzagen, ich habe alles Mitgefühl für ihre Lage, aber wir können, wenn wir bestehen wollen, nichts anderes tun, als sie ausrotten."[6] Für ihn war „jeder Erfolg der polnischen Nationalbewegung" eine „Niederlage für Preußen". Seine Schlußfolgerung: „Wir können den Kampf gegen dieses Element nicht nach den Regeln der bürgerlichen Gerechtigkeit, sondern nur nach denen des Krieges führen. Der Polonismus mit allen seinen Einzelheiten kann von uns nicht humanistisch und unparteilich, sondern nur feindselig beurteilt werden ... zwischen uns und irgendwelchem Versuch zur Herstellung Polens ist kein Frieden möglich"[7]. Bis 1865 führten die Polen ihren Volks- und Partisanenkampf, der etwa 30 000 Polen das Leben kostete. Etwa 400 Patrioten wurden hingerichtet, weitere 30 000 zur Zwangsarbeit verurteilt und nach Sibirien verschickt.[8] Der Befreiungskampf wurde blutig niedergeschlagen mit Unterstützung Bismarcks, der sich damit Rückendeckung für seine Kriege erkaufte: 1864 gegen Dänemark, 1866 gegen Österreich, 1870 gegen Frankreich. Am Ende dieser Kriege stand die Einigung des Reiches „von oben". Am 18. Januar 1871 wurde Wilhelm, preußischer König von Gottes Gnaden, als „siegreicher Oberfeldherr der Deutschen" im Spiegelsaal des Versailler Schlosses zum Kaiser gekrönt.

Die „Neuordnung" begann mit dem Siegeszug des deutschen Kaisers durch den Arc de Triomphe in Paris und der Demütigung der Franzosen. Wieder in Berlin, versprach der Kaiser, das „neue Deutschland" werde ein zuverlässiger Bürge des europäischen Friedens sein: Es sei stark und selbstbewußt genug, um sich die Ordnung seiner eigenen Angelegenheiten als sein ausschließliches, aber auch ausreichendes Erbteil zu bewahren. Am 21. März 1871 erklärte er bei der Eröffnung des Reichstages: „Wir haben erreicht, was seit der Zeit unserer Väter für Deutschland erstrebt wurde ..."[9] Die Ordnung der Schwierigkeiten überließ er seinem bewährten „Eisernen Kanzler" Bismarck. Er hatte durch die Gründung des Reiches das Kräfteverhältnis zugunsten der Protestanten verändert. Der Schlag, den die katholische Welt durch den Sieg des protestantischen Preußen und seine „Neuordnung" erlitt, war nicht zu übersehen. Pius IX. soll nach der Schlacht von Königgrätz geäußert haben: „Die Welt geht unter!"

Der weitere Kampf wurde auf dem Rücken der im neuen Deutschen Reich lebenden Polen ausgetragen. Die polnischen Katholiken schlossen sich als Partikularisten in der Zentrumspartei gegen die neu-reichsdeutsche Herrlichkeit zusammen — vorwiegend in katholischen Gegenden am Rhein, in Schlesien, Bayern und in Polen. Der Anschluß der Polen an das Zentrum gab Bismarck den erwünschten Vorwand. 1871 löste er die „katholische Abteilung" im preußischen Kultusministerium auf. Sie war für die Rechte der Polen eingetreten, hatte den Anteil der amtlich als polnisch anerkannten Bevölkerung Schlesiens, Posens und Westpreußens erhöht und war für eine Polonisierung und damit Stärkung des Katholizismus. Gegenüber der polnischen Minderheit, die immerhin 10 % der preußischen Gesamtbevölkerung (!) ausmachte, ahmte Bismarck nun die Methoden des Zaren nach. 1872 erließ er das Gesetz über die Schulaufsicht. Schulinspektoren durften nun nicht mehr durch die Kirche ernannt werden, sondern nur durch den Staat. 1873 wurde die deutsche Sprache obligatorisch im Schulunterricht und ab 1876 alleinige Amts- und Geschäftssprache. Wie der Zar nur russisch sprechende Untertanen wünschte, hoffte nun Bismarck mit dieser Methode die polnischen Volksteile in Posen und Westpreußen assimilieren, und die Polonisierung der sogenannten „Wasserpolakken" in Schlesien rückgängig machen zu können. Jeder, der sich nicht fügte, wurde als „Reichsfeind" gebrandmarkt und in den „Reichsbann" getan. Virchow fand dafür den Namen „Kulturkampf"[10], der nach Bismarcks eigenen Aussagen primär gegen die nationale Tätigkeit der polnischen Geistlichkeit gerichtet war.

Der Erfolg der preußischen Maßnahmen blieb mehr als begrenzt durch den Widerstand der Polen, der das ganze Volk einschließlich seiner Kirchenväter erfaßte. Erzbischof Ledochowski und viele polnische Priester ließen sich absetzen, in Festungshaft oder ins Gefängnis bringen und wurden so zu Märtyrern ihrer nationalen Überzeugung. Die „Neuordnung" und Sicherung des europäischen Friedens durch das „neue Deutschland" entlarvten sich als brutaler Germanisierungswille. 1878, nach dem Tode Papst Pius IX., lenkte Bismarck ein. Die klare Trennung zwischen Kirche und Staat wurde beibehalten, aber die Kirche erhielt einige Privilegien zurück. Bismarck brauchte die Kirchen jetzt zur Unterstützung seiner Politik gegen die Arbeiterschaft. 1878 erließ er eine antisozialistische Ausnahmegesetzgebung, die als das „Sozialistengesetz" in die Geschichte einging. Er erreichte allerdings das Gegenteil – das Gesetz stärkte die Kampfkraft der deutschen Arbeiterklasse und schärfte ihr Bewußtsein für ihre Rechtlosigkeit. Unter den Bedingungen der Ausnahmegesetze erstarkte die Sozialdemokratische Partei und erhielt mehr als das Doppelte ihrer bisherigen Wahlstimmen. Diese Niederlage führte 1890 zum Rücktritt Bismarcks. Der Kampf und Sieg der deutschen Sozialdemokratie dagegen stärkte auch ihre solidarische Haltung zum Freiheitskampf der Polen. Wiederholt hatte sie sich gegen die Unterdrückung der Polen im Deutschen Reich ausgesprochen. Für sie war die polenfeindliche Politik Bismarcks und seiner Nachfolger nur eine Teilerscheinung der herrschenden Reaktion. Während Friedrich II. mit seiner Kolonisierung den Polen noch das Recht ließ, nach ihrer eigenen Fasson selig zu werden, hatte Bismarck versucht, die Kulturautonomie der polnischen Minderheit in den sog. „Ostprovinzen" aufzuheben, um die Bevölkerung zu assimilieren. Nach dem Scheitern des „Kulturkampfes" begann man, die Polen zu vertreiben, und auf das schlimmste zu unterdrücken.

1886 wurde im Preußischen Landtag ein Ansiedlungsgesetz verabschiedet, das hundert Millionen Mark zur Ansiedlung deutscher Bauern in Posen und Westpreußen aus dem Staatssäckel freimachte. 1894 folgte die Gründung des Deutschen „Ostmarkenvereins (DOV)", eines Vereins zur Förderung des Deutschtums im Osten, der u. a. die planmäßige Ansiedlung von Deutschen in den polnischen Gebietsteilen betrieb. Als private Siedlungsorganisation getarnt, versuchte er, durch zahlreiche bürokratische Schikanen die Polen zu vertreiben. 1904 inspirierte er ein Dekret, das die Bildung von Bauernhöfen durch Parzellierung sowie Errichtung von Gebäuden „mit Schornstein" (d. h. Wohnhäusern) für Polen verbot. 1908 folgte das Gesetz über die mögliche Enteignung polnischer Grundstücke zur „Sicherung des gefährdeten Deutschtums". Nationale Schulen wurden geschlossen und der polnischen Bevölkerung im Verkehr mit den Behörden der Gebrauch der Muttersprache untersagt. Namen von Städten und Ortschaften wurden geändert. Der polnische Bodenbesitz wurde

teilweise enteignet und Deutschen übergeben. Schließlich ging die Germanisierung so weit, daß deutsche Behörden polnische Kinder zwangen, deutsch zu beten und den Schulunterricht in deutscher Sprache zu hören. 1901 wurde der deutsche Religionsunterricht für 250 000 Kinder polnischer Muttersprache angeordnet. Polnischer Privatunterricht wurde mit Gefängnisstrafe bedroht und verfolgt. Der wachsende Widerstand der Polen, unterstützt von der deutschen Sozialdemokratie, führte 1906 dazu, daß mehr als 100 000 Kinder den Schulbesuch einstellten. Repressalien gegen die jugendlichen Opponenten wurden angewandt. Man schreckte nicht davor zurück, sie mit Ruten zu verprügeln.[11]
Der Erfolg war, daß bis 1910 der Anteil der polnischen Bevölkerung gegenüber der Zunahme der Deutschen wieder zurückging, die polnischen Wählerstimmen wurden weniger. 1910 zählte man in Westpreußen ein Drittel, in Posen zwei Drittel der Bevölkerung als polnisch oder kaschubisch.[12] Im Deutschen Reich lebten 1914 ca. 3 Millionen Polen, nachdem man 30 000 Polen österreichischer und russischer Staatsangehörigkeit 1885 aus Preußen ausgewiesen hatte, auch wenn sie seit Jahrzehnten dort ansässig gewesen waren. Wieder einmal hatte man die Polen ihrer ,,wohllöblichen Rechte und Volksbräuche" beraubt. Aber das von Bismarck geschaffene Deutschland begnügte sich nicht mit den einmal eroberten Gebieten. Der Kaiser und seine Generale wollten mehr, unter anderem auch jene Gebiete ,,zurückholen", die wie Lodz seit dem Wiener Kongreß zum ,,Königreich Polen" gehörten. Bismarcks Machtpolitik zielte auf eine Vorherrschaft Deutschlands über Europa ab. Thomas Mann schrieb darüber: ,,unbeschadet aller Modernität, aller nüchternen Tüchtigkeit knüpfte das Kaisertum von 1871 an mittelalterliche Ruhmeserinnerungen, die Zeit der sächsischen und schwäbischen Herrscher an. Dies eben war das Bedrohliche: die Mischung von robuster Zeitgemäßheit, leistungsfähiger Fortgeschrittenheit und Vergangenheitstraum, der hochtechnisierte Romantizismus. – Durch Kriege entstanden, konnte das unheilige Deutsche Reich preußischer Nation immer nur ein Kriegsreich sein. Als solches hat es, ein Pfahl im Fleische der Welt, gelebt, und als solches geht es zugrunde . . ."[13]

Der Erste Weltkrieg und die Lösung der ,,polnischen Frage"

Der Ausbruch des Ersten Weltkrieges machte die ,,polnische Frage" wieder aktuell. Jeder der an der polnischen Teilung beteiligten Staaten war an der Kriegsbeteiligung der Polen für seine Zwecke interessiert. Die Russen appellierten, gegen den gemeinsamen Feind der Slawen, die Deutschen, zu ziehen und versprachen die Vereinigung der durch die Teilungen zerrissenen polnischen Gebiete – unter der Herrschaft der Romanows. Österreich-Ungarn erteilte die Erlaubnis zur Aufstellung polnischer Legionen unter seinem Oberbefehl in der Hoffnung auf antirussische Diversionen. Deutschland betrieb — vorerst — unverbindlich Militärpropaganda zur Werbung junger Arbeiter und Bauern polnischer Herkunft für den Kriegsdienst.
Auch die Polen hatten Pläne. Für Pilsudski[1] schien der Augenblick gekommen,

auf den er solange gehofft hatte. Am 6. August 1914 begann er im österreichischen Galizien mit der Aufstellung einer polnischen Legion gegen die Russen. Eine von Deutschland unterstützte polnische Armee hoffte er später dem deutschen Einfluß entziehen zu können. Versprechungen auf gutes Zusammenleben und eine glückliche Zukunft nährten seine Hoffnung auf nationale Selbständigkeit. Sogar polnische Selbstverwaltungen wurden in den okkupierten Gebieten zugelassen, und das russifizierte Schulwesen erhielt wieder polnischen Charakter.

Am 19. August 1915 erklärte Reichskanzler Bethmann Hollweg im Berliner Reichstag: „Unsere und die österreichisch-ungarischen Truppen haben die Grenze von Kongreß-Polen gen Osten erreicht, und beiden fällt die Aufgabe zu, das Land zu verwalten. Geographische und politische Schicksale haben seit langen Jahrhunderten Deutsche und Polen gegeneinander zu kämpfen gezwungen. Die Erinnerung an diese alten Gegensätze mindert nicht die Achtung vor der Leidenschaft, Vaterlandsliebe und Zähigkeit, mit der das polnische Volk seine Freiheitsliebe gegen das Russentum verteidigt und auch durch das Unglück dieses Krieges bewahrt hat. Die gleisnerischen Versprechungen unserer Feinde ahme ich nicht nach, aber ich hoffe, daß die heutige Besetzung der polnischen Grenze gegen Osten den Beginn einer Entwicklung darstellen wird, die die alten Gegensätze zwischen Deutschen und Polen aus der Welt schafft und das vom russischen Joch befreite Land einer glücklichen Zukunft entgegenführen wird, in der es die Eigenart seines nationalen Lebens pflegen und entwikkeln kann. Das von uns besetzte Land werden wir unter möglichster Heranziehung der eigenen Bevölkerung gerecht verwalten, die unvermeidlichen Schwierigkeiten, die der Krieg mit sich bringt, auszugleichen und die Wunden, die Rußland dem Lande geschlagen hat, zu heilen suchen."[2]

Am 25. August 1915 wurde General von Beseler Chef der Verwaltung des „Generalgouvernements Warschau", das den nördlichen Teil Kongreß-Polens umfaßte. Pilsudski mußte erkennen, daß er trotz militärischer Erfolge die Anerkennung eines unabhängigen polnischen Heeres nicht erreichte. Aus Protest legte er deshalb im September 1916 die Führung seiner Legion nieder. Deutschland fürchtete Unruhen in Polen, die es sich unter den Bedingungen des Krieges nicht leisten konnte. So gab es schließlich nach. Am 5. November 1916 wurde auf Initiative des „Reichs" durch die Zweikaisererklärung[3] die Wiedergründung eines polnischen Königreiches proklamiert. Dabei unterließ man wohlweislich die genaue Definition der Grenzen, in der Hoffnung, sie nach einem siegreichen Kriegsende diktieren zu können. In den Vorstellungen der deutschen Reichsleitung war Polen bestenfalls als politisch, militärisch und ökonomisch abhängiger Pufferstaat denkbar.[4] Der Passus über die Grenzen – „die genauere Bestimmung der Grenzen des Königreichs Polen bleibt vorbehalten" – sollte die Annexionsabsicht verschleiern. Seite Ende 1914 wurde unter dem Stichwort „polnischer Grenzstreifen" eine Erweiterung der deutschen Grenze geplant, die Ende 1915 bereits bis an die Warthe-Narew-Bobr-Njemen-Linie reichte.[5] Verschiedene Vertreter des Grenzstreifen-Plans begnügten sich mit der „einfachen" Annexion, andere koppelten die Besetzung mit Aussiedlungs- und Germanisierungsplänen, die ihre schreckliche Verwirklichung während des Zweiten Weltkrieges fanden und wegen dieser Bedeutung hier ausführlicher dargestellt werden. Die Pläne entsprangen alten Wunschträumen, die von dem 20 Jahre vor Kriegsausbruch gegründeten „Ostmarkenverein" genährt und jetzt mit Denkschriften, Eingaben und „Druck" unterstützt wurden. So wurde bereits zu Beginn des Krieges von diesen Kreisen ein Grenzstreifen gefordert, der „frei von Menschen" gemacht werden sollte, um „dem deutschen Volk als Siedlungsland zur Verfügung"[6] zu stehen. Die „Freimachung von Räumen" begründeten sie u. a. mit völkischen Rassevorstellungen, die später von den Nazis übernommen und weiterentwickelt wurden allerdings mit dem Unterschied, daß jetzt auch Lodz (als „Litzmannstadt") in das Reichsgebiet einbezogen wurde.

Auch maßgebende Wirtschafts- und Landwirtschaftkreise im Reich waren sich mit den Militärs einig, einen möglichst breiten Grenzstreifen Polens zu annektieren. Sie hatten sich noch immer nicht mit der vor 100 Jahren auf dem Wiener Kongreß festgelegten Grenzziehung abgefunden und wünschten, Polen und Juden „fernab der Grenze abzuschieben, damit für den Frieden ein für uns günstiger nationaler Besitzstand geschaffen wird."[7] Hinter den Wünschen nach einem germanisierten Grenzstreifen standen Ziele und Ansprüche der Schwerindustrie, die mehr und mehr die militärischen und siedlungspolitischen Aspekte bestimmten. Für Besitz und Ausbeutung der polnischen Erz-, Kohle- und Landwirtschaftsgebiete waren sie sogar bereit, auf das Lodzer Industriegebiet – das ihnen genausowenig gehörte – zu „verzichten".[8]

Grotesk – aber nicht neu – war, daß man für derartige Kriegsziele von Polen auch noch „Soldatenmaterial" wollte, weil „unsere Erschöpfung sich bekanntlich auf diesem Gebiet zuerst bemerkbar machen dürfte"[9]. Eine erfolgreiche Rekrutenwerbung versprach man sich nun von der Proklamation eines neuen polnischen Staates und der Bildung einer polnischen Armee. General Beseler vertrat bereits im April 1916 in einem Geheimbericht an den Reichskanzler die Meinung, daß die Polen die Abtretung des Grenzstreifens annehmen und den ewigen Verzicht auf die Gebiete als Preis und Dank für die Wiedererrichtung eines polnischen Staates durch Deutschland aussprechen sollten![10]

Die Polen dachten nicht daran, angesichts der ungeklärten Grenzfrage ihre Haut auch noch freiwillig in einem Krieg, der nicht der ihre war, zum Markte zu tragen. Die intensive Aufklärung der Militärorganisation Pilsudskis, der POW, tat ein übriges. Die Aktion zur Aufstellung polnischer Truppen unter deutschem Kommando scheiterte. Obendrein verweigerte auch noch die Krakauer Legion den Eid auf das neue Königreich Polen. Die Unruhen gegen die Teilungsmächte wuchsen, der Widerstand des polnischen Volkes erhielt Auftrieb. Hinzu kam, daß weder die deutsche Armee noch die spätere deutsche Verwaltung Kongreßpolen als befreites in Zukunft verbündetes Land behandelten, sondern als erobertes Feindesland.[11] Im Juli 1917 wurde Pilsudski verhaftet und auf die Festung Magdeburg gebracht. Deutschland dachte nicht einmal angesichts der sich verschlechternden Kriegslage daran, auf seine „Vorrechte" zu verzichten. Polen blieb polnischer Rumpfstaat, der kein Völkerrechtssubjekt war.

Rußland hatte aus seiner Sicht mit den verbündeten Ententemächten gegen die Ausrufung der Unabhängigkeit eines Königreichs Polen protestiert, das „russische Gebiete" umfassen sollte. So warfen sich die einst verbündeten Teilungsmächte Polens die Neuverteilung als Einmischung in „ihre inneren Angelegenheiten" vor, während sich die politischen Konstellationen längst veränderten.

Die Februar-Revolution in Rußland änderte die Einstellung der Entente Polen gegenüber. Die Unterzeichnung der Deklaration des Petrograder Arbeiter- und Soldatenrates und die Bestätigung der Unabhängigkeit Polens durch die Provisorische Regierung bewirkte, daß auch die Entente den Aufbau eines unabhängigen Polens in ihre Kriegsziele einbezog. Das von Roman Dmowski und Ignaz Paderewski in Paris geleitete Polnische Nationalkomitee wurde als offizielle Vertretung Polens anerkannt. Nach der Oktober-Revolution 1917 bestätigte auch die Sowjetmacht die Unabhängigkeit Polens. Nur das deutsche Militär dachte nicht daran, seine Annexionspläne aufzugeben.

Am 22. Dezember 1917 begannen die Friedensverhandlungen in Brest-Litowsk zwischen Deutschland und Sowjetrußland. Noch einmal zeigte sich mit aller Deutlichkeit die Absicht deutscher Ostexpansionspolitiker. Jetzt zielten sie darauf ab, das russische Reich „von Finnland bis zum Schwarzen Meer, von Lappland bis nach Baku aufzulösen“[12]. Die Pläne im Hinblick auf einen unter deutscher Vorherrschaft stehenden polnischen Staat stellten nur einen Teil ihrer Expansionsbestrebungen dar — wenn auch einen wesentlichen. Unter dem Deckmantel, das „Selbstbestimmungsrecht der Völker“ durchsetzen zu wollen, zielte diese Politik auf eine deutsche Vorherrschaft in Litauen, Kurland, Livland, Estland, Finnland und der Ukraine. Diese Gebiete sollten, militärisch abgesichert und politisch entmündigt, deutschen Konzernen zur Ausbeutung überlassen werden. Der „Griff nach der Weltmacht“ mißlang. Die Pläne aber wurden später von Hitler und seinen Militärs wieder aufgegriffen. Hindenburg wollte wenige Monate vor Kriegsende noch Kalisch und Konin in den „Grenzstreifen“ einbeziehen, um „durch deutsche Besiedlung des Grenzstreifens eine zuverlässige Bevölkerung und dadurch einen Wall“ zu schaffen „zwischen dem zukünftigen Königreich Polen und den Polen in Preußen“. Für ihn war der Grenzstreifen „in einem zukünftigen Krieg der Aufmarschraum an der preußischen Ostgrenze“[13], wie er am 5. Juli 1918 an den Reichskanzler schrieb.

Inzwischen war der Krieg, dem Polen seine Auferstehung verdankte, beendet. Er kostete sieben Millionen Menschen das Leben, 14 Millionen Menschen wurden verwundet. 55 Millionen Männer waren mobilisiert worden. Europa hatte sich verändert. Neue Realitäten waren entstanden. Am 7. Oktober 1918 proklamierte der Regentschaftsrat in Warschau die völlige Unabhängigkeit Polens; am 14. November übergab er die Staatsgewalt an Pilsudski.

Nach 123 Jahren und drei Teilungen wurde in einem Teil Polens die volle Unabhängigkeit wieder hergestellt. Ende Oktober wurde die österreichische Besatzung, am 11. November die deutsche im ehemaligen Kongreß-Polen beendet. Mit Hilfe polnischer Bevölkerung wurden Armee und Gendarmerien der Besatzungsmächte entwaffnet.

Für Deutschland endete der Krieg mit der November-Revolution 1918 und der Ausrufung der Republik. Der Kaiser war geflohen – die Generäle blieben. Es blieben auch die Interessenten an fremdem Boden und Bodenschätzen. So schleppte sich die Republik am Ballast aus Preußens Glanz und Gloria zu Tode. Was überlebte, war der Wille zur Expansion und Revision der in Versailles beschlossenen Grenzen.

Lodz unter der deutschen Besetzung 1915

Zu Beginn des Ersten Weltkrieges spielte die nationalistische Gruppe Lodzer Deutscher nicht zuletzt deshalb eine besondere Rolle, weil ,,ihre“ Stadt aus dem Grenzstreifenprojekt des deutschen Kaiserreichs ausgeklammert wurde. Dieses Deutschland wollte zwar eine neue ,,Provinz Südpreußen“, nicht aber das politische Risiko eines preußisch-polnischen Zentrums. Seit langem hatten nationalistische Lodzer Deutsche versucht, ihren Wunschträumen durch Zusammenschluß in einem politischen Verband nach dem Muster des ,,Deutschen Ostmarkenvereins“ Nachdruck zu verleihen.[1] Aber alle Pläne zur Gründung eines politischen Vereins waren gescheitert, sie mußten sich damit begnügen, ihren Einfluß auf die deutsche Minderheit über diverse kulturelle Vereine auszuüben.

Vor Ausbruch des Krieges existierten allein in Lodz fünf deutsche Kulturvereine, 16 deutsche Gesangvereine, 12 deutsche Sportvereine, ein Schützenverein und eine Anzahl beruflicher Vereine. Es gab einen Verband deutschsingender Gesangvereine im Königreich Polen, der 24 Gesangvereine umfaßte. Außerdem wurden zu deutschen Gründungen die Freiwillige Feuerwehr und der Christliche Wohltätigkeitsverein gezählt.[2] Besonderer nationalistischer Beeinflussung unterlag die nachwachsende Generation in Lodz geborener Deutscher im Deutschen Gymnasium Lodz, aus dem nicht wenige hervorgingen, die während des Zweiten Weltkrieges das nazistische Schreckensregime in Lodz vertraten.

Als im Februar 1915 die deutsche Armee in Lodz einmarschierte, beeilte sich die nationalistische Gruppe, der deutschen Reichsleitung die Polen als ,,den Erbfeind allen Deutschtums“, der ,,nie und nimmer ... zu einem Freunde Deutschlands gemacht werden wird“[3] hinzustellen. Sie fürchtete, daß die unter den Bedingungen des Krieges von kaiserlich-deutschen Behörden gemachten Zusagen über ,,bürgerliche und politische Freiheiten auch den Polen zugute kommen“[4] könnten. Unter zaristischer Oberherrschaft hatten sie ihre Vorzugsstellung als ,,russische Untertanen deutschen Stammes“ gegen Polen und Juden genutzt und sich als Fabrikanten, Kaufleute und Stadtverordnete Schlüsselpositionen erobert. Jetzt befürchteten sie, daß Lodz zum ,,selbständigen Königreich Polen“ kommen könnte. Sie dagegen wünschten den ,,Anschluß“ an das Deutsche Reich und die Festsetzung der Grenze ,,westlich von Warschau“.

Hauptsprecher dieser Gruppe war der Zeitungsverleger, Kaufmann und Stadtverordnete Adolf Eichler. Er setzte seine Hoffnungen vor allem auf den neuen Polizeipräsidenten von Oppen, der seit dem Einmarsch deutscher Truppen im Rahmen des ,,Bürgerkomitees“ die Stadt verwaltete. Mit seiner Hilfe konnte Eichler ab 1. Juli 1915 eine wöchentlich erscheinende ,,Deutsche Post“ herausgeben, mit der er versuchte, alle Deutschen des Gebietes unter Führung der Gruppe Lodzer Nationalisten zu organisieren, um die Einbeziehung von Lodz in das Grenzstreifenprojekt zu erzwingen.

Dagegen standen allerdings die Interessen der deutschen Schwerindustrie, der es um Erz, Kohle und landwirtschaftliche Gebiete ging. Die oberschlesische Industrie wollte die Kohlefelder des Kreises Bendzin, damit Österreich weiter von Deutschland abhängig und der Eisenexport Oberschlesiens an die russisch-polnischen Eisenhütten in deutscher Hand blieb. Außerdem „brauchte" sie die Erzvorkommen des Kreises Olkusz. Deshalb empfahl der Chef der deutschen Zivilverwaltung im Generalgouvernement, von Kries, dem Reichskanzler, „auf den Erwerb des Lodzer Industriereviers" zu verzichten, in der Hoffnung „daß Österreich-Ungarn gegen das Lodzer Industriegebiet und Konzessionen im Kohlengebiet den Kreis Bendzin und den westlichen Teil des Kreises Olkusz preisgeben wird". In seiner entsprechenden Denkschrift vom 19. Juli 1915[5] heißt es: „Dies wäre namentlich auch im Interesse der oberschlesischen Zinkindustrie ... ferner auch von Vorteil für die preußisch fiskalische Bleihütte in Friedrichshütte, welche bisher die gesamte Produktion der Bleierzgruben von Olkusz durch dritte Hand käuflich erwerben mußte." Da man den Österreichern Zugeständnisse machen mußte, schlug von Kries die Überlassung des Lodzer Industriegebietes vor, das „gegenwärtig mit etwa 800 000 Einwohnern unter deutscher Verwaltung steht". Bedingung dabei sollte sein, daß die Warschau-Wiener Bahn vollständig in deutscher Verwaltung bliebe, die für „die Ausfuhr Oberschlesiens nach Rußland, deren Förderung ein dringendes deutsches Interesse erheischt", von ausschlaggebender Bedeutung sei. Als politische Gründe führte er an, daß es nicht erwünscht sei, „daß man den Polen ein preußisch-polnisches Zentrum gibt, das ihrem Einfluß in ganz anderem Maße wie in Posen unterstehen würde". Hinzu käme, daß die Industrie, besonders die Textilindustrie, durch die Annexion in sehr schwierige Verhältnisse käme. Für von Kries und seine Kreise war die Lodzer Textilindustrie „künstlich auf dem unbeschränkten Absatz nach Rußland und den hohen Zöllen gegen Deutschland aufgebaut" und uninteressant. „Wir haben kein Interesse an ihr, um so weniger, als sie erst durch ein Jahrzehnt mit besonderer Zollbegünstigung seitens Rußlands, die schwer zu erlangen sein würde, an deutsche Verhältnisse gewöhnt werden müßte", hieß es.

Eichler, dem diese Absichten offenbar nicht unbekannt waren, ließ seinerseits mit Vermittlung des Polizeichefs von Lodz, Mathias von Oppen, und des Generalgouverneurs von Beseler am 9. Dezember 1915 eine Denkschrift[6] an den Reichskanzler von Bethmann Hollweg überreichen. Sie war von verschiedenen Vorsitzenden der diversen deutschen Vereine, darunter Fabrikbesitzer, Apotheker, Pastor und Direktor, Oberlehrer, Schulvorsteher des Deutschen Gymnasiums, und Stadtverordneten, unterschrieben worden. Ihr Inhalt ist von besonderer Bedeutung bei der Aufklärung über die Rolle, die deutsche nationalistische Kreise auf dem Wege spielten, der von Lodz nach Litzmannstadt führte. In dieser Denkschrift begründeten sie die Forderung, die „deutsche Ostmarkengrenze" weit nach Osten vorzuschieben, damit, daß die an das deutsche Reich angrenzenden Teile Russisch-Polens eine starke deutsche Bevölkerung hätten.[7] Dabei dachten sie an: Kalisz (Kalisch), Piotrków (Petrikau) – einschließlich Stadt und Gebiet von Lodz – und Plock, und betonten die Notwendigkeit einer „intensiven Kolonisierung durch deutsche Ansiedler", die nach ihrem Vorschlag aus „anderen Teilen des jetzigen Königreiches Polens" kommen sollten. Zu diesen „anderen Teilen" zählten sie unter anderem Wolhynien, Podolien und Bessarabien, wo Deutsche wohnten, deren Vorfahren einmal aus ökonomischen oder politischen Gründen aus Polen nicht nach Deutschland zurück, sondern weiter nach Osten ausgewandert waren. Mit der Einbeziehung der genannten Gebiete wollten sie den „vom Zentrum des Polentums herüber-

strömenden Einfluß paralysieren" und durch „Stärkung des deutschen Elements im nordwestlichen Grenzgebiet Russisch-Polens" einen deutschen „Sicherheitsgürtel um die bedrohte deutsche Ostmark legen"[8]. Alle diese Pläne fanden ihre schreckliche Verwirklichung während des Zweiten Weltkrieges.
Anfang 1916 versuchten die Kreise um Eichler, einen „Bund der Deutschen in Polen" zu gründen, um ihren Anschlußwünschen mehr Gewicht zu verleihen. Aber den extrem-nationalistischen Bestrebungen standen sowohl Kreise der evangelischen Kirche, große Teile der deutschen Einwohner, industrielle Kreise, als auch die deutsche Reichsleitung ablehnend gegenüber. Als Eichler gar in seiner „Deutschen Post" die Flucht nach vorn antrat, indem er die nationalistischen Forderungen zu offen formulierte, entzog ihm die deutsche Zivilverwaltung ihre Unterstützung. Amtliche Kreise in Warschau und Berlin „fürchteten, in den Ruf zu kommen, in Polen Germanisierungspolitik zu treiben"[9]. Eine Entwicklung, die solange unerwünscht war, wie man um Polens Unterstützung in diesem Krieg bemüht war. Industrielle Kreise in Lodz gingen sogar so weit, einen wirtschaftlichen Boykott gegenüber der Druckerei zu veranlassen, in der die „Deutsche Post" gedruckt wurde. Die Gründung des „Bundes der Deutschen in Polen" wurde nicht genehmigt.
Den Nationalisten blieb auch diesmal nur der Umweg über einen „unpolitischen Verein", der innerhalb des Verwaltungsbezirks erlaubt wurde mit der Auflage, „die politische Zukunft Polens nicht zu diskutieren".[10] Weder die Intervention des „Schutzherrn" der Lodzer Deutschen, des „Vereins für das Deutschtum im Ausland" in Berlin, noch des Generalgouverneurs von Beseler nutzte angesichts der offenen Opposition der deutschen Nationalisten von Lodz gegen die Politik der Deutschen Reichsregierung. Daraufhin bereitete Eichler mit von Oppen die Gründung eines „Deutschen Vereins von Lodz und Umgebung" vor, der am 5. März 1916 aus der Taufe gehoben wurde. Von ihm sagte von Kries offen, er sei ein Ableger des „Ostmarkenvereins".[11] Obwohl dies aus taktischen Gründen abgestritten wurde, war bekannt, daß enge Verbindung zu dem prominenten Ostmarkenführer Georg Cleinow bestand. Außerdem gehörten zu den Inspiratoren der bereits erwähnten „Denkschrift" führende Kräfte des Vereins für das Deutschtum im Ausland und des Alldeutschen Verbandes.
Anläßlich der evangelisch-augsburgischen Synode in Lodz am 18. Oktober 1917 wurde ein weiterer Versuch gemacht, Unterstützung zu erhalten, indem man die Denkschrift als Anhang zu der polemischen Schrift von Fiedler,[12], „Die Deutschen in Polen", verteilte – wobei die Autoren bewußt unerwähnt blieben. Es hieß lediglich, das Memorandum sei ausgearbeitet von Personen, „die führende Positionen unter den deutschen Einwanderern von Lodz einnehmen". Es waren die gleichen Personen und Kreise, die versuchten, über die lutherische Kirche ihre nationalistischen Wunschträume unter den Deutschen im russischen Teil Polens zu verbreiten. Dabei hofften sie, ein neues Gesetz durchzubringen, mit dem die ganze lutherische Kirche im Königreich Polen germanisiert werden könnte. Diesem Zweck diente die Vorlage ihrer Beschlüsse auf der Synode am 18. Oktober 1917, in denen unter anderem gefordert wurde, daß die deutsche Sprache die offizielle Sprache der lutherischen Kirche werden sollte; daß nur solche Kandidaten als Pastoren zugelassen werden sollten, die Theologie an einer Universität „mit Studium der deutschen Sprache" studiert

hatten; daß das Konsistorium von Warschau nach Lodz verlegt werden sollte, wo die örtlichen Nationalisten größere Möglichkeiten gehabt hätten, es zu kontrollieren. Derartige Versuche der Germanisierung trafen allerdings auf die Opposition nicht nur polnischer Mitglieder der lutherischen Kirche, sondern auch solcher Teilnehmer der Synode, die nicht wollten, daß die lutherische Kirche ein Instrument antipolnischer politischer Aktivitäten würde. Das Ergebnis war, daß 102 Teilnehmer der Synode einschließlich 32 der 44 anwesenden Pastoren demonstrativ die Sitzung der Synode verließen, so daß die für eine Abstimmung erforderliche Zweidrittel-Mehrheit nicht erreicht werden konnte.
Bedenken gegen den „Erwerb" mittelpolnischer Industriegebiete waren sowohl politischer als auch ökonomischer Natur. In Lodz selbst waren die Meinungen geteilt. Der Einfluß nationalistischer Bestrebungen auf deutsche Arbeiter, kleine Händler und Handwerker war zwar vorhanden, aber im Vordergrund stand für sie, wie für die Kaufleute, in erster Linie die Existenzfrage. Sie waren auf den örtlichen und auf den großen russischen Markt angewiesen. Die katastrophale Folge der Trennung der Lodzer Industrie von ihrem natürlichen Hinterland zeigte sich bald nach der Besetzung durch die Deutschen. Alles Schienenmaterial wurde von den Militärbehörden requiriert. Die Lodzer Industrie verfiel der totalen Stagnation. Als die Situation auch später nicht besser wurde, beabsichtigten deutsche Manufakturbesitzer, mit ihren Fabriken nach Rußland auszuwandern, was allerdings durch den Ausbruch der Revolution in Rußland verhindert wurde.[13]

2. Teil
Von der Propaganda zur Tat

Das Leben in Lodz zwischen den Weltkriegen

Für Lodz bedeutete der Erste Weltkrieg vier Jahre deutsche Okkupation. Die gesamte Summe der Kriegsverluste in Lodz wurde auf etwa 500 Millionen Goldrubel geschätzt[1]. Rohstoffe, Garn- und Fertigwarenlager, Bankguthaben und Außenstände in Rußland, in Wertpapieren angelegte Kapitalien gingen verloren. Die Industrie wurde stillgelegt. Die Beschlagnahme sämtlicher vorhandener Rohstoffe, Halb- und Fertigwaren, ferner der Motoren, Treibriemen und Maschinenteile aus Buntmetall, die Ausschlachtung aller industriellen Werte hatte die Wirtschaft geschädigt. Der Aufbau des neuen, unabhängigen Polen wurde durch die Kriegsfolgen doppelt erschwert.
Dazu kam der Verlust der Absatzmärkte im Osten. Zwar gelang es der Bevölkerung, 1919 bereits die ersten Betriebe wieder in Gang zu setzen und bis 1923 sogar die Produktionszahlen der Baumwollindustrie von 1914 zu überschreiten[2], aber für das tägliche Leben fehlte es noch an allem. Der wirtschaftlichen Belebung in der Nachkriegszeit folgte in Lodz, wie überall in Europa, die Krise. Die Beschäftigtenzahlen sanken von 102 100 im Jahre 1923 auf 50 700 im Jahre 1925. Dem Aufschwung von 98 800 Beschäftigten im Jahre 1927 folgte in der Weltwirtschaftskrise 1931 der Rückgang auf 64 900[3]. Nur allmählich konnte sich die Textilindustrie in Lodz davon erholen. Die Beschäftigtenzahlen von 1934 wiesen darauf hin, daß der Tiefpunkt überwunden war. Mit einer Arbeiterschaft von rund 150 000 strebte die Textilindustrie einem neuen Höhepunkt zu. Die Wertsteigerung der Jahresproduktion auf eine Milliarde Zloty entsprach kaufkraftmäßig fast einer Milliarde Reichsmark. Es gab 5 000 Großbetriebe. Zahllose kleinere Betriebe waren meist in jüdischem Besitz. Aber auch die deutsche alte Handweberei war noch zu finden. Ihre Zunft hatte 500 deutsche Mitglieder. Sie arbeiteten zum Teil wie ihre Väter in kleinen Fabriken mit Arbeitern und Arbeiterinnen, die täglich acht bis neun Stunden an Handwebestühlen in niedrigen Räumen standen. Sie webten Tischdecken und Bettlaken. Andere Betriebe hatten ein ganzes System von Fabriken: eine Weberei, Spinnerei, Druckerei, Färberei, Bleiche, Appretur, Lagerei, mechanische Werkstatt, Stahlgießerei, ein Elektrizitätswerk und ein Maschinenhaus. Große Fabrikhallen, in denen ägyptische Baumwollballen verarbeitet wurden, lagen nebeneinander. Der Schriftsteller Alfred Döblin schrieb über den Produktionsablauf in diesen Fabriken: „Neue Schlagmaschinen teilen und reinigen ihn (den Baumwollballen) weiter, der Staub wird durch Siebtrommeln abgefangen. Jetzt haben

sie aus der Baumwolle ein breites Wattewickel gemacht. Das tun sie an Vorreißmaschinen, die Faserstränge ausziehen, kämmen, entwirren. Und das sind die lockeren runden Bänder, weiße Bänder, die wunderlich wie Riesenwürste in die Rundtöpfe steigen. Es ist alles auf Säle ausgedehnt, auf weite Stockwerke. Walzen pressen Bänder zu einer dicken Watte zusammen; das Vlies streckt man aus, die Fäden werden parallel gelegt: Dublieren. Sie machen so ein feines Band. Vorspinnarbeit: die Vorspinnmaschinen drehen Fäden um die eigene Achse, so daß sie fest werden; dann laufen die Fäden auf Spulen. Und das ist ein ungeheures Theater, wie das Vorgespinst gedreht wird, durch Spulenumlauf. Der Spulenwagen trägt die Spulen bis zu 120 Spulen. Dieser Anblick wird aber schwach vor dem der Selfaktorsäle. Garn wird gemacht: Fäden werden aus dem Fasergut gezogen, werden zusammengedreht, schraubenförmig, und gezogen. Da fahren Spindelwagen, mit schiefstehenden Spindeln bewehrt, auf Schienen hin und her. Es ist ein Streckwerk. Die Spindeln drehen sich, von ihrer Spitze gleitet das Garn ab auf das Spulengestell. Welch Raffinement von Erfindungen! ... Die Weberei verarbeitet die Garne. 120 000 Spindeln lassen sie laufen. Wie wenig Menschen in Riesensälen. Es funkelt vor Sauberkeit. Die langen Treibriemen in der Mitte, eine ganze sausende Allee. Vor dröhnenden Maschinen liegen die Watteballen ... Überall die weißen Schläuche, die Bänder, die aus den Töpfen steigen. Die Säle vibrieren im Pfeifen und Rollen, auf Rädern gleiten die Wagen, still und lang ziehen sich die Fäden aus. Die Weberei, 3 000 Stühle." Döblin berichtet dann weiter, wie die Arbeiter in einem anderen Saal barfüßig herumlaufen. „Es wird gewaschen, gekocht. Überall sehe ich Bänder, die man zieht, zwischen Rollen preßt. Die Leinenbänder werden getrocknet, gebleut, gelegt, über Walzen geplättet. Heizräume, Spannräume... Gießerei, Tischlerei, Schmiede, Sägemühle. 400 Morgen Land gehören zu der Fabrik; sie haben eigene Ökonomie."[4]

Die deutsche Wirtschaft war auch nach dem Krieg in Lodz in starkem Maße vertreten und verdiente gut. Es gab weiterhin eigene deutsche Schulen, Gymnasien und offizielle Volksschulen mit deutscher Unterrichtssprache. Die Zahl der Schüler, die deutschen Sprachunterricht wünschten, verminderte sich allerdings von Jahr zu Jahr. Von ungefähr einer halben Million Einwohnern in Lodz waren fast 100 000 Deutsche. „Unter sich sitzen die Deutschen, wie es sich gehört, in Vereinen zusammen. An die dreißig Stück gibt es. Sie bilden zwei Parteien: eine deutsch-bürgerliche, die ziemlich schwach und wenig rege ist, und eine soziale mit völkischem Einschlag, eine deutsche Arbeiterpartei."[5] Die deutsche Arbeiterpartei hatte eine Arbeitsgemeinschaft mit der Polnischen Sozialdemokratischen Partei (PPS). Viele Deutsche waren Industrielle oder Besitzer mittelständischer Unternehmen. Sie wählten, wie Döblin schrieb, weder deutsch noch polnisch, sondern – einen Industriellen. Viele polnische Arbeiter wählten christlich-sozial oder christlich-demokratisch. Deutsche und Polen hatten als Katholiken ihren Bischof in Lodz. Sie alle lebten mehr oder weniger friedlich nebeneinander – die polnische, die deutsche und die jüdische Bevölkerung. Unter den 150 000–200 000 Juden in Lodz gab es ebenso Industrielle, Kaufleute und Handwerker wie unter den polnischen und deutschen „Lodzern". Alfred Döblin, der Lodz zwischen den beiden Weltkriegen besuchte, berichtete darüber „... meine lieben Deutschen, meine lieben Juden, hier treffe ich euch nun nebeneinander. Welch sonderbare Situation! Ihr seid nun beide Fremdvölker! Gleichberechtigt in der fehlenden Gleichberechtigung. Sieh da, kuriose Suppe. Ihr ähnelt euch sonst nicht sehr; ob ihr jetzt etwas aneinander findet – es braucht nicht gleich die Taufe zu sein, seitens der Juden, oder Tifillinlegen seitens der Deutschen ...“[6]

Die Modernisierung der Stadt begann 1925 mit dem Bau der Kanalisation. 1934 folgte der Bau einer Wasserleitung. 1931 hatten erst 8,5 % aller Wohnungen Elektrizität- und Wasseranschluß. Die Einwohnerzahl, während des Krieges fast auf die Hälfte zusammengeschrumpft, stieg in den Jahren von 1918 bis 1939 von 341 800 auf 672 000 und übertraf damit den Vorkriegsstand.

Die über einhundert Jahre währende Fremdherrschaft hatte nicht nur die ökonomischen Verhältnisse in den einzelnen Teilgebieten geprägt, sondern auch die Menschen. Obwohl sie ohne Rücksicht darauf, unter welcher Besatzung und Fremdherrschaft sie lebten, immer nach nationaler Unabhängigkeit, zum Teil unter größten Opfern, gestrebt hatten, war ihre Vorstellung von dieser Unabhängigkeit keineswegs die gleiche.

Pilsudski, Vertreter der rechten Sozialdemokratie (PPS), wurde 1918 erster Staatspräsident des unabhängigen Polen. Er versuchte, das Land im Interesse der polnischen Großbourgeoisie und Großgrundbesitzer zu führen. Dagegen hatten die Arbeiter unter dem Einfluß der russischen Oktoberrevolution ein provisorisches Revolutionskomitee als ihre Interessenvertretung gegründet. An seiner Spitze stand Julian Marchlewski, der bereits in Lodz die Arbeiterschaft organisiert hatte. Das Revolutionskomitee rief die Arbeiter und Bauern auf, sich von ihren Gutsbesitzern und Fabrikanten zu befreien. Aber der erhoffte Aufstand blieb aus. Ähnlich wie in Deutschland kam es im Dezember 1918 zur Gründung einer Kommunistischen Arbeiterpartei (KPRP), die den Kampf um Veränderung der sozialen und politischen Machtverhältnisse anstrebte. Pilsudski, der von Arbeiter- und Bauernräten genausowenig hielt wie Deutschlands neuer Reichspräsident, Friedrich Ebert, verband sich mit extrem nationalen Gruppen, die von einer Zusammenfassung aller slawischen Stämme träumten. Seinen Haß auf das zaristische Rußland übertrug er auf Sowjetrußland und beteiligte Polen an den Interventionskriegen der Westmächte. Am 18. März 1921 wurde der polnisch-sowjetrussische Krieg durch den Frieden von Riga beendet. Polen annektierte Ostgalizien, die Westukraine und Westbelorußland. Für die Westmächte war Pilsudski der Mann, der Polen als Wall gegen den Bolschewismus aufbauen sollte. So wurde Polens ökonomischer Nachholbedarf weniger auf den modernen technischen Aufbau des Landes gelenkt, als auf die Expansion nach Osten – gegen die Sowjetmacht. Doch die Mehrheit des Volkes entschied sich bei den Wahlen zum polnischen Parlament (Sejm) im November 1922 gegen Pilsudski, der zurücktreten mußte. Diese Entwicklung paßte weder den polnischen Generalen noch den Nationalisten. Der neue Präsident Narutowicz wurde wenige Tage nach seinem Amtsantritt angeblich von einem „Fanatiker“ ermordet. Die Generale riefen den Belagerungszustand aus. Eine Übergangsregierung unter General Sikorski sorgte für „Ruhe und Ordnung“. Innenpolitische revolutionäre Kämpfe wurden niedergeschlagen. Im Oktober 1923 rief die Kommunistische Arbeiterpartei Polens (KPRP, ab 1925 KPP) in Oberschlesien einen Generalstreik aus. Aber nur die Eisenbahner, die Warschauer Arbeiter und die Textilarbeiter von Lodz folgten dem Aufruf. Die Regierung verhängte den Ausnahmezustand. Der Streik scheiterte. Es kam zu

Machtverhältnissen, die – wie in Deutschland – einer zukünftigen Diktatur Vorschub leisteten.

Außenpolitische Aufgabe wäre es gewesen, den Staat gegen das Deutsche Reich abzusichern, das nach dem Krieg zwar eine Republik wurde, in der es aber immer noch starke Kräfte gab, die sich trotz aller Verträge nicht mit den Gebietsverlusten abfinden wollten. Für sie wurde der um diese Zeit noch kaum bekannte Adolf Hitler der Mann, der die Revision der Grenzen und den neuen „Griff nach der Weltmacht" mit allen Mitteln durchsetzen würde.

Im Mai 1926 konnte Pilsudski, gestützt auf eine Gruppe junger, ehrgeiziger Offiziere, durch einen Staatsstreich die Macht wieder an sich reißen und eine Militärdiktatur errichten. Während er in der Folgezeit durch Nichtangriffspakte mit der Sowjetunion und Deutschland versuchte, sein Land außenpolitisch abzusichern, verstärkten sich im Innern des Landes faschistische Tendenzen.

Diese Entwicklung kam auch jenen zugute, die sich als Hitlers „fünfte Kolonne" verstanden. Kreise, wie sie sich früher um Eichler und seine „Deutsche Post" in Lodz gesammelt hatten, fanden sich nun an anderer Stelle zusammen. Es gab eine Lodzer deutsche Zeitung und ein spezielles Lodzer Deutsch. Und es gab deutschen Nationalismus und Antisemitismus. Alfred Döblin berichtete darüber: „Da gehe ich über den Damm in der Petrikauer Straße. Und gerade – mein Dämon führt mich – stoße ich auf eine Buchhandlung, eine deutsche... Zwei Schaufenster hat der Buchladen; das polnische mit seinen Hieroglyphen lasse ich. Dann zwei Schritt links ‚Die Sünde wider das Blut' ... Und da sehe ich – das Hakenkreuz auf dem Umschlag, und der Name eines deutsch-völkischen Agitators steht darüber. Seine Evangelien! Seine! Ja, das ist gut, nun bin ich im Bilde, nun ist Ordnung im Schaufenster ... Teure Heimat sei gegrüßt ... Wie ist es mit der interessanten Situation der Deutschen und Juden. Sie werden fünf Schritt zusammengehen. Aber ich glaube, es ist nichts mit dem Tifillinlegen der Deutschen."[7]

Nur ein Buch im Schaufenster? Dahinter steckte mehr als primitiver Antisemitismus. Polens „Drang nach Osten" unter Pilsudski war nichts anderes als der antikommunistische Feldzug Hitlers unter dem Zeichen des Hakenkreuzes. Beiden ging es um Land und Bodenschätze. Die Juden spielten dabei vorerst nur die Rolle des Prügelknaben. Von Völkermord wollte damals noch keiner etwas hören. Die nach 1934 von Pilsudski eingeleitete Annäherung Polens an das faschistische Deutschland wurde nach seinem Tode (12. Mai 1935) von seinen Nachfolgern fortgesetzt. Letztlich wirkte sie sich als Begünstigung des Überfalls Nazideutschlands auf Polen aus.

Das Verhältnis Polen – Weimarer Republik

Aus der Sicht des wiedererstandenen Polen wurden mit Ende des Ersten Weltkrieges die ihm zurückerstatteten Gebiete dem Polentum gerettet, darunter Pommerellen (ohne Danzig), die Provinz Posen und ein Teil Schlesiens.

Die deutschen Großraumpolitiker aber wollten sich nicht damit abfinden. 1922 erklärte General von Seeckt: „Polens Existenz ist unerträglich, unvereinbar mit den Lebensbedingungen Deutschlands. Es muß verschwinden und wird verschwinden."[1] Der amerikanische Historiker Shirer schrieb dazu in seinem Buch „Aufstieg und Fall des Dritten Reiches": „Die Deutschen übersahen oder wollten wohl übersehen, daß der größte Teil des in Versailles den Polen zugesprochenen deutschen Gebietes bei den Teilungen Polens von Preußen annektiert worden war. Er wurde immer noch weitgehend von Polen bevölkert."[2]

Aus der Sicht deutscher Nationalisten und Revanchisten, aber auch amtierender Politiker, handelte es sich bei den abgetrennten Gebieten um „urdeutsches" Land, das es galt zurückzuholen. Inzwischen begann die deutsche Bevölkerung aus diesen Gebieten abzuwandern. Von rund 1,1 Millionen Deutschen, die in Posen und Westpreußen ansässig waren, kehrten bis 1922 rund zwei Drittel[3] „heim ins Reich". Kenner der Verhältnisse hatten bereits davor prophezeit, daß beim Fortfallen der bisher geübten Praxis künstlicher Subventionen und Stützung des Ostmarkendeutschtums eine Abwanderung einsetzen würde. Sogar der deutsche militärische Überleitungskommissar in Posen bezeichnete am 11. Juli 1919 die „panikartige Flucht" vieler Deutscher als „eine Folge des Ostmarkenbeamtensystems, das zur Unselbständigkeit erzog"[4].

Auf der einen Seite versuchten amtliche preußische und deutsche Politiker und nationalpolitische Führer des Deutschtums, in Posen und Westpreußen deutsche Minderheiten-Organisationen ins Leben zu rufen, auf der anderen Seite wurde die „Flucht" durch Entschädigungen, die das Reich den „Flüchtlingen" zahlte, begünstigt. Der größte Teil der kleinen Leute ging wie üblich leer aus. Sie durften für Polen optieren oder nach Deutschland umsiedeln. Mit ihren polnischen Nachbarn hatten sie friedlich zusammengelebt. Jetzt wurde die Folge verfehlter Ostpolitik von Kaiser und Reich auf ihrem Rücken ausgetragen. Die im Zuge der Ostmarkenpolitik als völkischer „Vorposten" angesiedelten Beamten und Grundbesitzer dagegen gaben gegen gute Entschädigung ihr „Heimatgefühl" zu dem Land leicht auf, in das ihre Politiker sie geschickt hatten. Ihre Haltung schwächte allerdings die Revisionsansprüche und stärkte das polnische Argument von den „unzähligen überflüssigen" Deutschen, die aus dem preußischen Staatsfonds genährt und durch ihn demoralisiert worden seien. Sie würden jetzt „das Weite suchen", da die Favorisierung durch die Regierung zu Ende sei.[5]

Die Propagandisten in Deutschland stellten dagegen die Abwanderung als Folge der „Drangsalierungen deutscher Menschen" dar. Die Grenzziehung und ihre Folgen wurden benutzt, Emotionen gegen Polen hochzuspielen. Die Tränen des großen Krieges waren noch nicht getrocknet, als die rechte Presse das Schicksal der „kleinen Leute" im Zeitungskrieg gegen Polen ausschlachtete.

Das Verlangen nach Revision der deutschen Ostgrenze blieb unverändertes Axiom deutscher Politik der Weimarer Zeit. Die Nichtanerkennung der Grenze verhinderte normale staatliche, wirtschaftliche und kulturelle Beziehungen zwischen Deutschland und Polen. Die Außenpolitik Stresemanns hatte Deutschland mit der Unterzeichnung des „Locarno-Paktes" einseitig an den Westen gebunden. Warnungen vor schlimmeren Folgen solcher Ostpolitik wurden nicht beachtet. Ernst Thälmann, Abgeordneter der Kommunistischen Partei, erklärte am 24. November 1925 im Reichstag: „Was hier von der deutschen Bourgeoisie im Stillen organisiert wird, kann morgen zu einem ungeheuren blutigen Abenteuer werden. Die deutschen Arbeiter müssen achtgeben, daß die Versuche der deutschen Bourgeoisie zur Rückeroberung der verlorengegangenen Ostprovinzen nicht die Einleitung zum nächsten Krieg bedeuten."[6] Aber verantwortliche Politiker wie der Außenminister Stresemann gaben sich der Hoffnung hin, Polen würde bald einem innerpolitischen und wirtschaftlichen Zusammenbruch erliegen, aus dem Deutschland seinen Nutzen ziehen könne. 1926 erklärte Stresemann deshalb, es sei anzustreben, ,,eine endgültige und dauerhafte Sanierung Polens solange hinauszuschieben, bis das Land für eine unseren Wünschen entsprechende Regelung der Grenzfrage reif und bis unsere politische Machtstellung genügend gekräftigt ist". Eine Lösung der Grenzfrage sei nicht zu erreichen, ,,ohne daß die wirtschaftliche und finanzielle Notlage Polens den äußersten Grad erreicht und den gesamten polnischen Staatskörper in einen Zustand der Ohnmacht gebracht hat"[7].

Vielleicht hoffte Stresemann, Polen auf diese Weise ohne Krieg die deutschen Grenzvorstellungen aufzwingen zu können. General Seeckt dagegen, erster Militär der Weimarer Republik, dachte noch immer an eine kriegerische Lösung der sogenannten ,,polnischen Frage". Er hatte schon Ende 1915 einen der weitestgehenden Vorschläge zur Annexion des polnischen Grenzstreifens gemacht.

Sechzehn Jahre später sah man ihn als Reichstagsabgeordneten der Deutschen Volkspartei auf dem Treffen der Harzburger Front! Sein Übergang vom Kaiserreich zum Dritten Reich entsprach seinen Plänen – warum sollte er sich ändern angesichts der Position, die ihm die Weimarer Republik gab? Schließlich war nur der Kaiser gegangen, die Generäle und alle, die dem Kaiserreich treu gedient hatten, waren geblieben. Nach dem Tode des ersten sozialdemokratischen Reichspräsidenten, Friedrich Ebert, war sogar der alte Generalfeldmarschall Hindenburg zu seinem Nachfolger gewählt worden.

Ohne moralische oder christliche Skrupel steuerten Deutschlands Regierende das nächste rollback an, obwohl nicht zu übersehen war, daß sich innenpolitisch das Chaos ausbreitete. Zahlreiche Veröffentlichungen rechtsextremistischer und völkisch-rassentheoretischer Schriften sowie revanchistische Programme halfen dabei und bereiteten den Boden vor, auf dem Hitler die imperialistische Ostpolitik Deutschlands fortsetzen konnte. Alfred Rosenberg, der nicht nur als Parteiideologe, sondern damals auch als außenpolitischer Experte der NSDAP hervortrat, schrieb 1927 in ,,Der Zukunftsweg der nationalsozialistischen Außenpolitik": die ,,Schaffung einer gemeinsamen Grenze" zwischen Deutschland und der Ukraine sei ,,völkisch und staatliche Notwendigkeit für eine deutsche Politik", durch die auch die ,,Wegräumung des polnischen Staates" erreicht werden würde[8]. Und der damals von den meisten Menschen kaum ernst genommene Hitler schrieb 1928[9] unter anderem eine ,,Kritik" der preußischen Ostmarkenpolitik vor dem Ersten Weltkrieg. Dabei sah er vor, unter keinen Umständen die Polen mit der Absicht zu ,,annektieren", um ,,aus ihnen eines Tages Deutsche machen zu wollen". Man müsse ,,entweder diese rassisch fremden Elemente abkapseln ... oder ... sie überhaupt kurzerhand entfernen und den dadurch freigewordenen Grund und Boden den eigenen Volksgenossen überweisen". In seinem Buch ,,Mein Kampf" sprach er – wie seine Vorgänger – von der ,,Germanisierung des Bodens" als dem einzig wirksamen Mittel, um eine dauerhafte nationale Expansion durchzusetzen. Damit sprach er das aus,

was die offizielle Politik noch nicht wieder zu sagen wagte. Die Verwirklichung irrationaler Hoffnungen wurde wieder einmal zur fixen Idee deutscher Politiker, von der der englische Diplomat Bruce Lockhart sagte: „Die deutsche Republik krankte im Hinhalten von Hoffnungen."[10]
In den wieder polnisch gewordenen „Ostprovinzen" wurden diese Hoffnungen vor allem bei deutschen Lehrern, Beamten und Pensionären illegal finanziell und moralisch unterstützt, wenn sie bereit waren, im Osten „auszuhalten" – auch wenn sie die polnische Staatsbürgerschaft annehmen müßten. Tarnorganisationen wie die Deutsche Stiftung entwickelten ein System finanzieller Unterstützung aus Reichs- und preußischen Staatsmitteln, das sich unter anderem auf das deutsche Schul- und Vereinswesen erstreckte, auf Subventionierung der deutschen Presse in Polen, um sie wirtschaftlich gegen polnische Eingriffe zu sichern und gleichzeitig besser im Griff deutscher außenpolitischer Interessen zu haben.
Polnische Politiker versuchten ihrerseits, eine Polonisierung der Gebiete zu erreichen. Mit Hilfe des polnischen Agrarreformgesetzes vom 28. Dezember 1925 zur staatlichen Parzellierung von Großgrundbesitz über 150 Hektar hofften sie, die deutschen Großgrundbesitzer zu verdrängen, und durch wirtschaftlichen und gesellschaftlichen Boykott deutsche Kaufleute und Unternehmer zur Abwanderung zu veranlassen. Aber gegenüber der vom Völkerbund unterstützten kulturellen und wirtschaftlichen Förderung deutscher Minderheiten waren sie hilflos.
So wurden die deutschen Ansprüche auf Grenzrevision „volkstumspolitisch" untermauert, bis man die imperialistischen Ziele beim Namen nennen konnte. In einer Aufzeichnung des Auswärtigen Amtes vom 14. Juli 1928 heißt es: „Die Reichsregierung hat es stets als eine wesentliche Aufgabe unserer Außenpolitik betrachtet, mit allen Mitteln das heute noch in den abgetretenen Gebieten ansässige Deutschtum zu erhalten, da dies die Voraussetzung für eine günstige Lösung der Korridor- und der oberschlesischen Frage ist."[11]
Unter diesem Aspekt stand auch die deutsche Minderheitenfrage, von der der französische Delegierte Berenger während einer Minderheitendebatte am 6. Oktober 1932 im Völkerbund bemerkte: Unter dem Vorwand des Schutzes der Minderheiten sei einst auch Katharina II. nach Polen einmarschiert, die Folge davon sei die Teilung Polens gewesen.[12]

Hitler und die Polen

Am 30. Januar 1933 hatte mit der Ernennung Hitlers zum Reichskanzler die letzte Stunde der Weimarer Republik geschlagen. Bald darauf wurde jede Opposition mit bisher nicht gekannter Brutalität zerschlagen. Die nationalsozialistischen Machthaber konnten mit der Verwirklichung ihrer in Hitlers Buch „Mein Kampf" sehr deutlich angekündigten Pläne beginnen.
Bereits am 2. März 1933 machte der Deutsche Ostbund eine entsprechende Eingabe an Hitler, in der die Erwartung ausgesprochen wurde, daß die Reichsregierung „... die tatkräftige Vertretung der Forderung auf Abänderung der

Ostgrenze und Rückgabe des uns geraubten Gebietes..“[1] anstrebe. Am 7. April 1933 erklärte Hitlers Außenminister, Freiherr von Neurath, in einer Sitzung des Reichskabinetts: „Unser Hauptziel bleibt die Revision der Ostgrenze. Nur eine totale Lösung kommt in Frage. Zwischen- und Teillösungen sind abzulehnen ... Eine Verständigung mit Polen ist weder möglich noch erwünscht. Die Spannung mit Polen muß aufrecht erhalten werden, und sei es nur, um zu verhindern, daß das Interesse der Welt an einer Revision der deutsch-polnischen Grenze abstirbt.“[2]

Diese Einstellung gegenüber den Grenzregelungen des Versailler Vertrages entsprach durchaus der Haltung der Regierungen der Weimarer Republik, die sich auf die Dauer nicht mit den Gebietsverlusten an Polen abfinden wollten. Sie ignorierten ganz einfach die Tatsache, daß es sich bei den Verlusten durch Grenzkorrekturen hauptsächlich um Gebiete gehandelt hatte, die einstmals von Preußen annektiert worden waren. Doch das Naziregime stand erst am Anfang seines Weges. Es war bestrebt, zunächst aus der außenpolitischen Isolierung herauszukommen, bei gleichzeitiger Durchsetzung seiner Ziele.

Polen, das unter Pilsudski von einem diktatorischen Regime beherrscht wurde, war einer Annäherung an das nationalsozialistische Deutschland nicht abgeneigt. Im September 1933 konferierte Goebbels mit dem polnischen Außenminister, Oberst Beck, über eine Beendigung des deutsch-polnischen Zeitungskrieges. Die propagandistischen Friedensbeteuerungen Hitlers häuften sich. Als Pilsudski im November 1933 Garantien forderte, erhielt er zur Antwort: „Der Reichskanzler erklärt, daß alle Angriffe seiner Politik widersprächen und daß ein Krieg eine Katastrophe für alle wäre. Jeder Krieg könne nur den Kommunismus nach Europa bringen, der eine furchtbare Gefahr darstelle. Polen aber sei ein Vorposten gegen Asien. Der Reichskanzler greift den Gedanken auf, daß jede Kriegsmöglichkeit aus den polnisch-deutschen Beziehungen ausgeschlossen bleiben muß, wobei er bemerkt, daß diesem Gedanken in der Form eines Vertrages Ausdruck gegeben werden könnte.“[3]

Am 16. Januar 1934 wurde der auf 10 Jahre befristete deutsch-polnische Nichtangriffspakt geschlossen, der für beide Teile verbindlich den Verzicht auf jeden Angriffskrieg erklärte. Damit war für das Dritte Reich gleichzeitig die außenpolitische Isolierung an wesentlicher Stelle durchbrochen. Am 5. November 1937 folgte die gemeinsame deutsch-polnische Erklärung über den Schutz der beiderseitigen Minderheiten. Eingeweihte Kreise allerdings wußten, was Hitler bereits Ende Oktober 1933 im engsten Vertrautenkreis erklärt hatte: Er sei bereit, alle Grenzen zu garantieren, und Nichtangriffspakte, mit wem auch immer, zu schließen, denn es sei einfältig, sich solcher Mittel nicht zu bedienen, nur weil man später eventuell einmal in die Lage komme, feierliche Abmachungen zu brechen.[4] Diese Meinung vertraten auch die damaligen deutschen Ostforscher. Die Norddeutsche Forschungsgemeinschaft zum Beispiel erklärte in einem „vertraulichen Bericht“, Verträge im Osten seien „nur bedingt heilig“ und „wir dürfen unser Geschichtsbild nicht zertrümmern aus irgendwelchen politischen Rücksichten“, die Gegnerschaft sei gegenüber Polen im Grunde „unverändert“. Shirer interpretierte den deutsch-polnischen Pakt als große Hilfe für Hitler bei seinem Vorhaben, das Rheinland, Österreich und die Tschechoslowakei zu besetzen. „All diese Schritte, die Deutschland stärkten, den Westen schwächten und den Osten bedrohten, betrachteten Beck und die

anderen Obersten in Warschau mit Wohlwollen: eine unerklärliche Blindheit."[5]
Dabei ist allerdings zu berücksichtigen, daß Polen durchaus ein Interesse an der Bedrohung der Sowjetunion hatte. Polens Beziehungen zur Sowjetunion waren seit seinem Angriffskrieg 1920 auf das durch Weltkrieg und Bürgerkrieg geschwächte Land durchweg schlecht gewesen. Polen hatte seine Ostgrenze auf Kosten der Sowjetunion um 240 km über die ethnographische Curzon-Linie hinaus erweitert. 4,5 Millionen Ukrainer und 1,5 Millionen Weißrussen waren unter polnische Herrschaft geraten.
Als Pilsudski, der Polen diktatorisch regiert hatte, 1935 starb, setzte eine Obristengruppe aus seiner ehemaligen Polnischen Legion die Militärdiktatur fort. Ihre Außenpolitik unter Oberst Beck wurde zunehmend prodeutsch, verstärkt durch die sich fortsetzende antisowjetische Haltung. Als dann die nationalsozialistischen Truppen am 15. März 1939 die Slowakei „zum Schutze ihrer Selbständigkeit" und Böhmen und Mähren besetzten, war Polen nicht nur im Norden, in Pommern und Ostpreußen, sondern auch im Süden, in der Slowakei, von der deutschen Wehrmacht flankiert. Seine militärische Position war unhaltbar geworden. Am 31. März 1939 kündigte Hitler den deutsch-polnischen Nichtangriffspakt von 1934.
Hitler vertrat seine Forderung, daß Danzig und der sogenannte polnische Korridor „heim ins Reich" gehöre, immer aggressiver, aber er beabsichtigte noch nicht – wie General von Brauchitsch, der Oberbefehlshaber des Heeres, jedenfalls notierte, „die Danziger Frage" gewaltsam zu lösen. „Ich möchte Polen dadurch nicht in die Arme Englands treiben"[6], schrieb er. Und weiter: „Eine in naher Zukunft erfolgende Lösung müßte besonders günstige politische Voraussetzungen haben. Polen soll dann so niedergeschlagen werden, daß es in den nächsten Jahrzehnten als politischer Faktor nicht mehr in Rechnung gestellt zu werden braucht. Der Führer denkt bei dieser Lösung an eine vom Ostrand Ostpreußen bis zur Ostspitze Schlesiens vorgeschobene Grenze."[7] Wie Brauchitsch sehr wohl wußte, handelte es sich bei dieser Grenze um die durch Versailles beseitigte deutsche Ostgrenze der Vorkriegszeit, als es noch kein selbständiges Polen gab.
Öffentlich erklärte Hitler allerdings noch immer: „Deutschland denkt nicht daran, andere Völker anzugreifen."[8] Er kündigte sogar an, seinen Parteitag 1939 „Parteitag des Friedens" zu nennen. Inzwischen wurde hinter den Kulissen der sogenannte „Fall Weiss" vorbereitet, der den militärischen Überfall auf Polen festlegte. Das Ziel: ... die polnische Wehrkraft zu zerschlagen und eine „den Bedürfnissen der Landesverteidigung entsprechende Lage im Osten zu schaffen".
Die Aufgaben der Wehrmacht: „... die polnische Wehrmacht zu vernichten. Hierzu ist ein überraschender Angriffsbeginn anzustreben und vorzubereiten."[9] In einer Ansprache, die Hitler am 22. August 1939 auf dem Obersalzberg vor der dorthin bestellten Generalität hielt, sagte er: „So habe ich meine Totenkopfverbände bereitgestellt mit dem Befehl, umbarmherzig und mitleidslos Mann, Weib und Kind polnischer Abstammung und Sprache in den Tod zu schicken. Nur so gewinnen wir den Lebensraum, den wir brauchen."[10]
William L. Shirer, der sich nach der Besetzung der Tschechoslowakei durch deutsche Truppen in Polen befand, um zu untersuchen, wie die Polen politisch und militärisch auf diesen deutschen Angriffskrieg reagieren würden, schrieb

später darüber: „Soweit zu erkennen war, wollten die Polen kämpfen, doch befanden sie sich militärisch und politisch in katastrophaler Lage. Ihre Luftwaffe war veraltet, ihre Armee zu schwerfällig und ihre strategische Position – auf drei Seiten von den Deutschen umgeben – fast hoffnungslos. Zudem hatten die Deutschen ihren Westwall verstärkt, was eine englisch-französische Offensive im Falle eines Angriffs auf Polen außerordentlich erschwerte. Schließlich war es offenkundig, daß die starrsinnigen polnischen ‚Obersten' selbst dann keine russische Hilfe annehmen würden, wenn die Deutschen vor den Toren Warschaus stünden ..."[11]
Inzwischen hatten zwischen England, Frankreich und der Sowjetunion Verhandlungen über ein Bündnis gegen die Expansionsbestrebungen Hitlers stattgefunden. Polen sollte an diesem Bündnis teilhaben und den Russen ein Durchmarschrecht durch Polen gestatten. Oberst Beck lehnte das ab. Seine Haltung verzögerte die Verhandlungen der Großmächte. Am 23. August 1939 unterzeichnete Stalin den deutsch-russischen Nichtangriffspakt.

Die Faschisten kommen

Am 1. September 1939, um 6 Uhr morgens, wurde in Lodz zum erstenmal Fliegeralarm gegeben. Er dauerte bis 8.30 Uhr. Während die Lodzer kaum wußten, was eigentlich geschah, fielen in Warschau die ersten Bomben. Im Schlaf wurden Menschen getroffen, die nicht wußten, daß der Krieg ausgebrochen war... Kurz danach überschritten deutsche Truppen die polnische Grenze.
Die da einmarschierten ahnten kaum, daß Hitler und seine Generale mit diesem Überfall auf Polen den Zweiten Weltkrieg auslösten. Es waren Söhne deutscher Arbeiter und Bauern in der Uniform der Hitler-Wehrmacht. Sie glaubten, einer vaterländischen Pflicht zu genügen, wenn sie blind den Befehlen ihrer Führer folgten. Sie hatten nie gelernt, die ökonomischen Interessen des imperialistischen Monopolkapitals zu durchschauen. Ihr Vaterland war zwar ein moderner Industriestaat mit einer starken Arbeiterbevölkerung und einer traditionsreichen Arbeiterbewegung, aber das hatte sie und ihre Väter nicht gegen die Verlockungen der modernen Verführer gefeit. Sie wollten nicht glauben, daß das nationalsozialistische Regime Krieg bedeute. Und die, die es ihnen warnend gesagt hatten, waren längst in den Konzentrationslagern der Diktatur verschwunden. Große Teile des deutschen Volkes erkannten nicht, daß ihre Arbeit für die Rüstung zwar jenen Profite brachte, die immer daran verdient hatten, ihnen selbst aber alles nehmen würde: Das Dach über dem Kopf, das Familienleben, die Ruhe und Ordnung, nach der sie sich sehnten, die Sicherheit und schließlich das Leben. Sie glaubten, was der erste Wehrmachtsbericht am 1. September 1939 verkündete: „Auf Befehl des Führers und Obersten Befehlshaber hat die Wehrmacht den aktiven Schutz des Reiches übernommen. In Erfüllung ihres Auftrages, der polnischen Gewalt Einhalt zu gebieten, sind Truppen des deutschen Heeres heute früh über alle deutsch-polnischen Grenzen zum Gegenangriff angetreten. Gleichzeitig sind Geschwader der Luftwaffe

zur Niederkämpfung militärischer Ziele in Polen gestartet. Die Kriegsmarine hat den Schutz der Ostsee übernommen."[1]
In den Abendstunden des 8. September erschienen die ersten Patrouillen der 8. Deutschen Armee in Lodz und besetzten das Hauptpostamt.[2] Am 9. September erfolgte der Einmarsch der Einheiten dieser Armee. Um diese Zeit lebten in Lodz ca. 700 000 Menschen, darunter 69 465 Volksdeutsche, 361 358 Polen, 227 067 Juden und Angehörige anderer Völker.[3] In ihr gemeinsames Leben brach nun, kaum 21 Jahre nach Beendigung des Ersten Weltkrieges, der deutsche Faschismus ein und veränderte das Leben der Stadt, die den größten Anteil deutscher Bevölkerung in Mittelpolen beherbergte. Sie war, das zeigte allein schon die große Anzahl deutscher Verbände, auch zwischen den Weltkriegen Zentrum der Wojewodschaft für die deutsche politische und kulturelle Tätigkeit geblieben.
Der größte Teil der Verbände war bereits vor Kriegsbeginn nazistisch unterwandert. Aus ihnen rekrutierte sich sofort ein bewaffneter „Selbstschutz", der zum erstenmal in der Stadt in jener Nacht vom 8. zum 9. September auftrat und in den ersten Monaten nach der Besetzung eine wesentliche Rolle bei der Eskalation der Terrormethoden spielte[4].
Die polnische und jüdische Bevölkerung wehrte sich wie in anderen Städten verzweifelt gegen den Überfall der deutschen Truppen. Spontane Kundgebungen fanden statt, die zur Selbsthilfe aufriefen. Männer, Frauen und Kinder waren bereit, den Feind zurückzuschlagen. Gold- und Kupfermünzen wurden für den Krieg gesammelt. Gewerkschaften, Arbeiter einzelner Betriebe, Innungen und Vereine, der polnische Schützenverband, die polnischen Pfadfinder, hoben geschlossen Luftschutzgräben aus. Der größte Teil der Volksdeutschen aber begrüßte jeden Fliegeralarm „genauso freudig, wie die Ankündigung des Führers, daß ‚Gewalt nun mit Gewalt beantwortet' werde"[5].
Als es hieß, Hitler komme anläßlich einer Frontbesichtigung auch nach Lodz, avancierten viele Volksdeutsche zur „Hilfspolizei". Mit Hakenkreuzarmbinde, Zivilanzug und umgehängtem Gewehr assistierten sie, wie der „Selbstschutz", der deutschen Polizei, der SS und der Wehrmacht. Sie bekamen Macht und „übten" sich auf „die Juden" ein, die nun unter ihrem Befehl die Straßen wieder befahrbar machen mußten, die Hitler benutzen sollte. Im typisch antisemitischen Jargon berichtete die Presse, wie „hunderte Juden, zum Teil noch mit dem Kaftan bekleidet und die schmierigen ostjüdischen Käppchen auf dem Kopf, damit beschäftigt sind, die Straße zuzuschütten und sie wieder befahrbar zu machen. Volksdeutsche Hilfspolizei überwacht ihre Arbeit – die erste produktive Arbeit, die diese Ostjuden in ihrem Leben leisten."[6]
Als Hitler dann die zweitgrößte Stadt Polens besuchte, war das Straßenbild bereits beherrscht von Deutschen. Aus vielen Wohnungen, von Volksdeutschen belegt, wehten Hakenkreuzfahnen. Volksdeutsche Anhänger der Nationalsozialisten sorgten für Wochenschau-Begeisterung, die deutsche Presse war beherrscht vom Siegestaumel. „Die Volksdeutschen können es gar nicht fassen, daß der Führer, auf den sie seit so vielen Jahren vertrauten, nun wirklich unter ihnen weilt – wurde doch Lodz erst am Wochenende von deutschen Truppen genommen. Hell tönen die Heilrufe in den Straßen, die der Führer durchfährt. Die Gesichter der Deutschen von Lodz leuchten vor Freude und Ergriffenheit, die Arme steigen zum Gruß empor – vergessen sind in diesem Augenblick die

unermeßlichen Qualen zweier Jahrzehnte: Der schönste Augenblick ihres Lebens ist da."[7]
Für die Reporter schien das Lodzer Gebiet „ein Bild des Friedens". Wie das Bild wirklich aussah, zeigen andere Berichte, die von großen Zerstörungen, von dem Widerstandskampf der Polen sprechen und davon, daß ganze Straßenzüge in anderen Städten der Wojewodschaft Lodz in Schutt und Asche gelegt worden waren, während Lodz unzerstört blieb.
Inzwischen waren den Truppen der Wehrmacht bereits die „Männer der Partei", die gefürchteten Einsatzgruppen der SS, gefolgt. Am 11. September traf der Stab der Einsatzgruppe III mit seiner Operations-Abteilung Einsatzkommando 1/III ein und begann mit den Vorbereitungen zu größeren terroristischen Aktionen gegen die polnische und jüdische Bevölkerung.[8]
Als Hitler am 20. September 1939 von Danzig aus seinen „Dank an die Soldaten" aussprach, war der „Blitzkrieg" in Polen zwar beendet – der Weltkrieg aber hatte begonnen. Hitler erklärte: Das Polen von Versailles wird niemals mehr auferstehen ... Das Reich von heute und der Staat von 1918 sind grundverschieden. Jeder Gegner treffe nunmehr auf ein Deutschland friderizianischen Geistes und solle wissen, daß „wir für unsere Lebensrechte kämpfen werden bis zum letzten"[9]. Welche Rolle dabei dem einzelnen zugedacht war, geht aus dem Kommentar hervor den die „Armee Nachrichten" am 21. September veröffentlichten: „Das neue Deutschland ist vom Geist des Führers erfüllt und marschiert in friderizianischer Haltung, daß heißt ohne Rücksicht auf privates Wohlergehen, Opfer, Leben oder Sterben des einzelnen, fanatisch nur ein Ziel im Auge habend: den Sieg!"

Lodz wird „eingedeutscht"

Am 24. September 1939 veranstaltete der deutsche Bevölkerungsteil von Lodz eine „Befreiungskundgebung"[1], zu der mit den Worten aufgerufen wurde: „Deutsche! Der Führer hat uns freigemacht! Das Großdeutsche Reich hat uns in seinen Schutz genommen"[2]. Am 9. November 1939 wurde die Stadt dem „Großdeutschen Reich" eingegliedert. Gauleiter und Reichsstatthalter Greiser vollzog den Akt, Gauinspekteur und Regierungspräsident Uebelhoer legte das „Treuegelöbnis zu Führer und Vaterland" ab. Kurz darauf folgten die ersten Nominierungen in Lodz. Mit Wirkung vom 13. November 1939 wurden auf Vorschlag SS-Gruppenführers Lorenz in die SS übernommen: der Führer des Deutschtums im ehemaligen Mittelpolen, Ludwig Wolff, als SS-Obersturmbannführer; Eugen Nippe, Funktionär im „Deutschen Volksverband" Lodz bis 1939, als SS-Hauptsturmführer; Heinrich Boltz als SS-Obersturmführer. Ihre Übernahme in so hohe SS-Ränge war der Dank für die Rolle, die die Volksdeutschen bei der Vorbereitung des Überfalls auf Polen gespielt hatten. Ludwig Wolff wurde sehr bald erster Kreisleiter der Partei in Lodz und Eugen Nippe Führer des Selbstschutzes.[3]
Inzwischen war auch der „neue Herr des Hauses am Freiheitsplatz", Parteigenosse Schiffer, als erster kommissarischer Oberbürgermeister eingesetzt worden.[4] Zu den „dringlichsten Aufgaben der Stadtverwaltung" gehöre, so erklärte

er, daß Lodz nun „ein deutsches Antlitz" erhielte: „Es wird ein deutscher Stadtkern geschaffen, in dem Volksdeutsche und Baltendeutsche eingesiedelt werden", die Industrie soll verlagert werden, Neubauten an die an „friderizianische Klassik" erinnernden Bauten aus Lodz' „guter Zeit" angelehnt werden; Repräsentativbauten entstehen: Rathaus, Haus der NSDAP, Polizeipräsidium, Stadtkommandantur und – „jeder Arbeiterfamilie ihre Dreizimmerwohnung".[5] Um überhaupt auseinanderhalten zu können, wer „deutsch" ist, begann man mit der Kennzeichnung der Einwohner: als Volksdeutsche, Polen und Juden. Erste Gesetze und Verordnungen wurden erlassen, Kundenlisten eingeführt, Reichsmarkwährung, Regelung von Dienstverhältnissen. Es wurden Überwachungsstellen eingerichtet – für Edelmetalle, Seide, Kunstseide, Zellwolle und – für Menschen.

Schließlich leitete man die Umbenennung der Stadt ein, weil den neuen Herren der Name Lodz zu „slawisch" klang. (Im Schriftbild hatten sie ihn bereits „verdeutscht" als Lodsch.) Sie begann mit einer „Volksbefragung": „Wie soll Lodsch heißen?"[6] Polen, Juden und die Angehörigen anderer Völker, die alle Lodzer Bürger waren, zählten bereits nicht mehr zum „Volk" dieser Stadt. Am 12. April 1940 verkündeten die Lautsprecher: „Lodz heißt fortan Litzmannstadt." In der Sporthalle wurde von Volks- und Reichsdeutschen eine Massenkundgebung inszeniert, auf der Greiser erklärte, daß „von dieser Sekunde an Lodsch den Namen des Generals Litzmann, des Führers in der Durchbruchsschlacht von Brzeziny und des nationalsozialistischen Vorkämpfers" trage. „Lodsch gibt es nicht mehr. Es gibt nur noch Litzmannstadt ... So wissen wir, daß diese Entscheidung unumstößlich ist und für alle Zukunft gilt."[7]

Auf „Befehl des Führers" hieß Lodz nun „Litzmannstadt", und alle, die an das glaubten, was man ihnen vorsetzte, marschierten – vorerst nur in die Sporthalle. Gemeinsam schickten sie ein „Danktelegramm an den Führer": „In Ausführung Ihres Befehls soeben in Ihrem Auftrag der von deutschen Handwerkspionieren gegründeten und von deutschen Arbeitern und Kaufleuten besiedelten großen Industriestadt Lodsch den Namen Litzmannstadt gegeben ..."[8] Wie makaber und zynisch der Jubel der Volksdeutschen in den Ohren der dort beheimateten Polen und Juden klang, darüber dachten wohl die wenigsten nach. Die Volksdeutschen hofften auf ein besseres Leben für sich, ohne zu fragen, auf wessen Kosten ...

Den Polen war die Rolle der Arbeitssklaven zugedacht. Am 31. Oktober 1939 fand in Lodz eine Konferenz statt, an der höchste Staatsfunktionäre teilnahmen wie unter anderen Reichsminister Seyss-Inquart, Reichshauptamtsleiter Dr. Frauendorfer und Oberregierungsrat Leutert. Vorerst wollte man „zumindest während der Aufbauzeit" nicht auf die polnische Arbeitskraft verzichten. Bedenken, daß ihre Anwesenheit der Erhaltung Polens dienen könne, wurden mit den Worten zerstreut, der Nationalsozialismus hätte die genügende Kraft in sich, „dieser Gefahr von vornherein zu begegnen und die Polen nur als dem Deutschtum dienende Kräfte zu halten". Es bestünde keinesfalls die Gefahr, wie im kaiserlichen Deutschland, daß „eine polnische Unterwanderung eintrete".[9]

Die „Eindeutschung" begann mit der Beseitigung der polnischen Verwaltung, mit der „stufenweisen Zurückdrängung des polnischen Einflusses" und mit der

„Ausschaltung“ der Juden aus dem Geschäftsleben. Bald wurden die Polen aus dem Landkreis genauso von Haus und Hof vertrieben wie ihre Landsleute aus den Mietskasernen der Stadt. Viele wurden als Zwangsarbeiter nach Deutschland deportiert, wo Konzernherren nach Fremd- und Zwangsarbeitern verlangten, die ihren Profit erhöhten. Aus dem Tagebuch von Hans Frank geht hervor, daß sie ganze Belegschaften aus ihren sogenannten Zweigwerken in Polen nach Deutschland verschleppten.[10] Die Zellwoll AG Schwarza holte sich polnische Arbeitskräfte genauso aus ihrem Zweigwerk „Zellgarn AG Litzmannstadt“, wie die deutsche Zellwollindustrie sich Zwangsarbeiter aus der Lodzer Textilindustrie „organisierte“. Bis 1942 hatte der sogenannte „Litzmannstädter Raum“ über 100 000 Polen als Zwangsarbeiter an das „Altreich“ abgegeben, darunter Tausende von Facharbeitern. Die meisten von ihnen sahen ihre Heimat nie wieder.
Andere Einwohner aus Lodz wurden aufgrund von Denunziationen dort lebender Volksdeutscher inhaftiert und in dem zum „Polizeigefängnis Radegast“ umgewandelten Fabrikgebäude im Vorort Radogoszcz festgehalten. Dieses Gefängnis, das den Charakter eines Konzentrationslagers besaß, stand unter Verwaltung der SS und Gestapo. Ihre Häftlinge – in der Mehrheit Polen – wurden später nach Auschwitz und in andere Lager gebracht oder in den Lucmierskie- und Chelmsnie-Wäldern exekutiert. Als sich Anfang 1945 die russischen Truppen der Stadt näherten, zündeten die fliehenden Nationalsozialisten in der Nacht vom 17. zum 18. Januar 1945 das Gebäude mit den darin eingesperrten Häftlingen an und schossen auf die aus den Fenstern des brennenden Hauses springenden Opfer. Nur wenigen Häftlingen gelang es, ihr Leben zu retten.[11]

Die Nachfolger der „Väter von Lodz“

Die deutsche Wirtschaft begann ihren Raubzug in Polen nach dem Muster der „Arisierung“ in Deutschland. Am 12. November 1938 erklärte Göring in einer Besprechung zur sogenannten „Judenfrage“ unter Bezug auf den Beschluß, „die deutsche Wirtschaft zu arisieren, den Juden aus der Wirtschaft heraus- und in das Schuldbuch hineinzubringen“, es müßten „endlich Schlag auf Schlag die notwendigen Maßnahmen zur Arisierung der Wirtschaft“ getroffen werden. Konkret forderte er, jüdische Geschäfte durch Treuhänder des Staates abschätzen zu lassen, wobei der Betrag „selbstverständlich an sich schon möglichst niedrig zu halten“ sei. Der Treuhänder sollte das Geschäft in arischen Besitz überführen, wobei „ein Aufschlag zu erzielen sei!“ Mit kleineren und mittleren Fabriken sollte ähnlich verfahren werden. Dabei sollte geprüft werden, ob die Fabrik überhaupt gebraucht werde oder ob man nichts anderes daraus machen könne. Göring erklärte: „Wenn die Fabrik notwendig ist, wird sie arisiert. Wenn sie nicht notwendig ist, werden ihre Anlagen jener Aktion zur Verfügung gestellt, die ich sowieso in den nächsten Wochen durchführen muß, nämlich der Aktion zur Umwandlung von nicht lebensnotwendigen Produktionswerkstätten in lebenswichtige. Dazu werde ich noch sehr viel Raum und sehr viele Fabriken brauchen.“[1]

Die Entscheidung darüber, was „lebensnotwendig" war und was nicht, traf letzten Endes die Rüstungsindustrie. Ihre Monopole hatten sich seit langem mit der faschistischen Macht vereinigt. Ihre Vertreter, als „Betriebsführer" bereits zu unumschränkten Herrschern in den Betrieben gemacht, bekleideten mehr und mehr wichtige Positionen auch in anderen staatlichen Bereichen. Ab Dezember 1937 waren etwa 400 führende Monopolvertreter zu Wehrwirtschaftsführern ernannt worden.[2] Ihr besonderer Auftrag war die ökonomische Kriegsvorbereitung, zu der die Sicherung der Rohstoffversorgung gehörte. Die Bemühungen waren besonders auf die Versorgung mit Treibstoffen, Gummi, Eisenerzen, Textilrohstoffen, Leichtmetallen, Fetten, usw. gerichtet. Die Rohstoffbewirtschaftung wurde eingeführt; staatliche Rohstoffreserven wurden angelegt. Um auf der Grundlage neuer wissenschaftlicher Erkenntnisse die eigene Rohstoffproduktion zu erweitern (Kohleverflüssigung, Buna-, Zellwollproduktion usw.), ging man daran, entsprechende neue Kapazitäten zu schaffen.[3]

Nach dem Überfall auf Polen holte man sich Raum, Bodenschätze, Fabriken und Rohstoffe bei dem östlichen Nachbarn. Am 15. September 1939 erhielt Frank als Hauptvollstrecker und Bevollmächtigter den Auftrag, „die Verwaltung der eroberten Ostgebiete aufzunehmen, mit dem Sonderbefehl, diesen Bereich auszupowern ... in seiner wirtschaftlichen, sozialen, kulturellen, politischen Struktur zu einem Trümmerhaufen zu machen."[4] Die Rauferei zwischen den Nazi-Organisationen um fremden Besitz begann bereits während des Überfalls. Jeder nahm sich, was er konnte, bevor am 4. November 1939 der sogenannte Beauftragte des Generalgouvernements für die besetzten Gebiete die Bekanntgabe der Lagerbestände verlangte. Am 28. November 1939 folgte ein Erlaß des Ministerpräsidenten, Generalfeldmarschall Görings, als „Vorgesetzter des Ministerrates für die Verteidigung" über die Zuständigkeit für Beschlagnahmen. Jetzt galt noch mehr, was Göring bereits 1938 gesagt hatte: „Je größer, umfangreicher und gewinnbringender das Unternehmen ist, desto stärker wird sich der Drang auch all der Herren Gauleiter und Statthalter von den verschiedenen Seiten bemerkbar machen, in den Besitz der Anteile zu kommen."[5]

Am 8. Oktober 1939 unterzeichnete Hitler einen Erlaß über „Gliederung und Verwaltung der Ostgebiete", der die Einverleibung von fast 50 % des von den Faschisten besetzten Teiles Polens in das deutsche Reich vorsah. Damit vollzog er die Einverleibung der reichsten Gebiete Polens. Das bedeutete den Raub der landwirtschaftlich wertvollsten Böden sowie sämtlicher industrieller Gebiete Vorkriegspolens. Die ökonomischen Hintergründe waren offensichtlich und wurden durch die nachträgliche Einbeziehung der Textilstadt Lodz in die „eingegliederten Gebiete" betont.[6] Die östlichen und südöstlichen Randgebiete des früheren Lodzer Textilbezirkes – Tomaszow und Petrikau – blieben im sogenannten Generalgouvernement. Die „Auspowerung" der Textilstadt Lodz begann mit der Aneignung samtlicher Vorräte an Rohstoffen und Fertigwaren. Die Juden wurden aus ihren Betrieben und aus dem Geschäftsleben der Stadt vertrieben. Treuhänder übernahmen, was sie bekommen konnten, zwecks späterer Überführung in „arischen" Besitz. Der Einfluß der polnischen Bevölkerung sollte vorerst nur zurückgedrängt werden, um „angesichts der außerordentlich geringen Zahl ortsansässiger deutscher Kaufleute die Schulung der neuen Geschäftsinhaber oder kommissarischen Verwalter" erst durchzuführen.[7]

Die riesigen Vorräte der Textilindustrie an Fertigwaren waren bald verkauft. Die Industrie mußte noch während des „Blitzkrieges" die Arbeit wieder aufnehmen. Die Spinnstoffbewirtschaftung wurde in dem nun zum „Großdeutschen Reich" gehörenden „Warthegau" eingeführt. Sämtliche Vorräte an Wolle und Baumwolle und noch verbliebene Fertigwaren wurden der „gesamtdeutschen Wirtschaft" zugeführt. Am 26. Januar 1940 wurde eine Meldepflicht von Behördenaufträgen an die Textilindustrie eingeführt. Wehrmachtsaufträge, Aufträge der SS und sonstiger Formationen, SA, Polizei, Eisenbahn, Post und aller anderen Behörden konnten nun nur noch angenommen werden, wenn die Rohstoffe von dem Beauftragten für die Rohstofferfassung freigegeben wurden.[8]

Am 25. November 1939 hatte bereits in Posen eine Besprechung unter Leitung des SS-Sturmbannführers Rapp über die Behandlung jüdischer und polnischer Vermögenswerte stattgefunden, die „im Zuge der Evakuierungsmaßnahmen zu Gunsten des Reiches" verfielen.[9] In Anwesenheit des Vertreters der Treuhandstelle Ost, Bankdirektor Ratzmann, wurde erörtert, wie die politischen Maßnahmen der Evakuierung mit den Erfordernissen der Wirtschaft in Einklang gebracht werden könnten. Die Abschreibungsaktion sollte auf keinen Fall Störungen im Wirtschaftsleben mit sich bringen. Dabei bat Rapp die Vertreter der Wirtschaft, „laufend diejenigen Personen namhaft zu machen, die augenblicklich aus dem Wirtschaftsprozeß noch nicht herausgenommen werden können".[10]

Im April 1940 besuchte Staatssekretär Dr. Landfried Lodz und bekundete das außerordentliche Interesse der Großindustrie an den wirtschaftlichen Verhältnissen im „Litzmannstädter" Raum, über die er auch „Reichsmarschall" Göring berichten sollte.[11] Der Präsident der Industrie- und Handelskammer, Dr. Karl Weber[12], hielt einen Vortrag über die Entwicklung und Bedeutung der Textilindustrie des Raumes, bevor man gemeinsam die Textilbetriebe der Vereinigten Industriewerke von Scheibler-Grohmann AG besichtigte und sich mit „hiesigen Industriellen" traf.[13] Im November 1940 sprach Staatsrat Dr. Schieber über die zukünftigen Aufgaben der Deutschen Zellstoff- und Zellwollindustrie. Die Hauptversammlung der „Thüringischen Zellwolle AG Schwarza (Saale)" beschloß die Ausschüttung einer Dividende von unverändert 5 v. H. auf das Grundkapital[14] und hoffte auf größere Geldgeschäfte. Die „Thüringische Zellwoll AG Schwarza" arbeitete zusammen mit der Alfalint-Edelzellstoff GmbH in Peschelmühle, der Westfälischen Zellstoff AG in Wildhausen und der Schwäbischen Zellwolle AG in Ehingen (Donau). Die enge Zusammenarbeit mit der Zellwolle- und Papierfabrik Lenzig AG in Agerzell – einem Unternehmen, das seinen damaligen Bedarf an Zellulose für die Zellwollerzeugung in eigener Fabrikation in veredeltem Zustand herstellte – sollte der Thüringischen Zellwolle helfen, auch für Schwarza veredelte Zellulose in Zukunft einzusetzen. „Die Ausweitung der deutschen Zellwollindustrie ist außerordentlich"[15], hieß es.

Eine entscheidende Rolle dabei spielte Lodz. Pläne wurden gemacht, die an die Stelle der „einseitig entwickelten Wirtschaft eine vielseitig, standortgemäße Wirtschaft"[16] vorsahen, deren Kräfte sich im Herzen des Raumes, in Lodz, sammeln, gleichzeitig aber den ganzen Raum organisch entfalten sollten. Das Programm sah vor:

1. Die allgemeinen Lebens- und Arbeitsbedingungen der Menschen sollen so beschaffen sein, daß „der Deutsche hier tatsächlich Wurzel schlagen kann“,[17]
2. sollten Grundbedingungen geschaffen werden, die das Entstehen einer neuen Landwirtschaft, einer neuen Industrie, neuen Handels und Handwerks ermöglichen.

Das Ziel war alt: „Der Raum soll deutsches Land werden“, formulierte kurz und bündig Wehrwirtschaftsführer Dr. Weber. Der Weg dahin war genausowenig neu: Der Raum soll mit deutschen Menschen „aufgefüllt“ vereinheitlicht und mit dem „Großdeutschen Reich verschmolzen“ werden. „Will man eine das Land im Osten eindeutschende Siedlung durchführen, so muß man sich darüber klar sein, daß das nur möglich ist, wenn sich die dort angesetzten deutschen Menschen wohlfühlen“[18], hieß es. Welche Gefühle die Einwohner des Landes bewegten, interessierte die Eroberer und Neuordner genausowenig wie ihre Vorfahren.

Für die Polen sahen sie die Rolle der Arbeitssklaven vor. Am 31. Oktober 1939 fand in Lodz eine Konferenz, die Arbeitspflicht der Polen betreffend, statt, an der unter anderen Reichsminister Dr. Seyss-Inquart, Reichshauptamtsleiter Dr. Frauendorfer und Oberregierungsrat Leutert teilnahmen.[19] Generalgouverneur Frank ordnete an, daß die Entlohnung der Arbeitspflichtigen nicht nach den normalen Grundsätzen erfolgen dürfe. Außerdem sollte das polnische Recht in Fragen der Arbeitslosenunterstützung außer Kraft gesetzt werden. Bald folgte die Aufhebung der zwischen Gewerkschaft und Arbeitgeberverbänden erkämpften Tarifverträge. Jetzt entschied nur noch der Reichstreuhänder der Arbeit. Im übrigen dachte man nur daran, „zumindest während der Aufbauzeit“ nicht auf polnische Arbeitskräfte zu verzichten. Die Tarifänderung vom 11. Dezember 1939[20] galt außer für technische und kaufmännische Angestellte für alle „Gefolgschaftsmitglieder“ in Betrieben der Baumwolle, Baumwollabfall, Streichgarn- und Kammgarnspinnereien, Wollkämmereien, Appreturanstalten und Bleichereien. Betriebe, in denen Strick- und Wirkwaren oder Strümpfe hergestellt wurden, sollten später eine Regelung erhalten. Die Arbeitszeit wurde auf 48 bis 60 Stunden festgesetzt. Dabei wurde propagandistisch alles getan, den Arbeitern einzureden, es handle sich um Verbesserungen, zum „Schutz der Beschäftigten“, die auch das Versprechen einschließen würden, daß diese Arbeitsbedingungen „auch für Krisenzeiten gültig“ seien. Im Wirtschaftsteil der „Lodscher Zeitung“ zum Neujahrsmorgen 1940 konnte man lesen: „Die Lodscher Wirtschaft hat die Gewißheit, daß sie leben wird, das Lodscher Deutschtum die Sicherheit seiner freien Entwicklung und seiner wirtschaftlichen Existenzmöglichkeit.“ Und in Erinnerung an den Ersten Weltkrieg, dessen Folgen Warnung genug hätten sein müssen, sich nicht wiederum auf diesem Polen gehörenden Boden niederzulassen, versprach man: „Im Gegensatz zu damals wird keine Stillegung deutscher Betriebe erfolgen, sondern sie haben trotz Rohstoffknappheit die Möglichkeit, ihre Arbeit fortzusetzen.“ Die „nationalsozialistische Wirtschaftsführung“ wolle Spindeln und Webstühle „für Großdeutschland wieder surren und klappern“ lassen, unter „deutscher Leitung“ an „deutschen Maschinen“ mit „deutschen Betriebsführern“.

Dementsprechend wurden bald alle Kleinst- und Mittelbetriebe, die man ihren jüdischen Besitzern weggenommen hatte, zusammengefaßt und deutschen Un-

ternehmern übergeben. Das nannte man „auch den kleinen deutschen Unternehmern und Handwerkern eine gesunde Existenzgrundlage"[21] schaffen. Große Geschäfte versprach man unter anderem baltendeutschen Industriellen. Im August 1940 kamen 50 Industrielle, Umsiedler aus Estland und Lettland, zur Besprechung mit der Deutschen Umsiedler-Treuhand-Gesellschaft nach Lodz. Vorausgegangen waren gründliche Untersuchungen ihrer wirtschaftlichen Chancen. SS-Hauptsturmführer Schefe hatte bereits im Januar festgestellt, „daß die wirtschaftlichen Aussichten in Lodsch auf längere Sicht bedeutend besser sind als in Posen und anderen Städten des Warthegaues, besonders was die Großindustrie betrifft"[22]. Voraussetzung für die Ansiedlung von Baltendeutschen sei allerdings „eine sehr großzügige und zweckentsprechende Behandlung der Wohnungs- und Lohnfragen". Auf jeden Fall glaube er, nachdem er die wirtschaftlichen Möglichkeiten in Lodz kennengelernt habe, „daß es nicht nur möglich sein wird, sondern daß es sogar zwecks Festigung des Deutschtums unbedingt notwendig ist, eine recht große Zahl von Baltendeutschen hier anzusiedeln, und zwar fachlich und charakterlich gutes Material."[23]
Ob Baltendeutsche, Polen, Wolhynier, sogenannte Reichsdeutsche oder Juden – für die Wirtschaft blieb es „Material", das nur so lange von Interesse war, wie sich daran verdienen ließ. Dementsprechend wurde „aussortiert". Eine dafür geschaffene Stelle bei dem „SS- und Polizeiführer Warthe" zur „Festigung des deutschen Volkstums", hatte die Aufgabe, die ökonomischen Interessen der Industrie wahrzunehmen. Dazu gehörte sowohl die Vertreibung jüdischer und polnischer Familien aus ihren Wohnungen wie die Ansiedlung Baltendeutscher in Lodz, die vorher auch noch einer „rassischen Musterung" unterzogen wurden.
Am 12. Februar 1940 wurde eine Verordnung erlassen, nach der „alle land- und forstwirtschaftlichen Betriebe und Grundstücke, die in den eingegliederten Ostgebieten liegen und am 1. September 1939 nicht im Eigentum von Personen deutscher Vokszugehörigkeit gestanden haben, der öffentlichen Bewirtschaftung unterliegen".[24] Zur Durchführung wurde eine „Ostdeutsche Landbewirtschaftungsstelle mbH (Ostland)" in Berlin gegründet und zum Generalverwalter für die nach der Verordnung öffentlich zu bewirtschaftenden Betriebe und Grundstücke bestellt. Sie setzte sogenannte Betriebsleiter ein und in Betrieben, die aufgrund der „Verordnung über Sicherstellung des Vermögens des ehemaligen polnischen Staates" vom 15. Januar 1940 beschlagnahmt waren, kommissarische Verwalter. Später sollten sogenannte Rücksiedler „in den später von ihnen zu erwerbenden Grundbesitz oder Gewerbebetrieben als Treuhänder eingesetzt" werden. Das Grundstückseigentum oder der gewerbliche Betrieb sollte später auf sie übertragen werden.[25] So wurde allen alles versprochen, und viele hofften, daß unrecht erworbenes Gut in alle Ewigkeit ihr Eigentum bleiben würde. Am 31. August 1940 nahm Gauleiter und Reichsstatthalter Greiser an der ersten Aufsichtsratssitzung der Siedlungsgesellschaften teil. Am 8. September 1940 stellte der Landrat von „Litzmannstadt" fest: „Auf dem Lande sind zahllose ehemals polnische Wirtschaften in deutschen Händen. Überall in den Städten haben die Rückwanderer aus Wolhynien und Galizien, dem Baltikum und dem Altreich polnische Betriebe übernommen. Die Judenfrage ist weitgehend gelöst .... Der polnische Schmutz ist deutscher Sauberkeit gewichen."[26]
Er und seinesgleichen waren stolz auf dieses „deutsche Gesicht" der Stadt.

Ein Jahr nach dem Einmarsch deutscher Truppen in Lodz verkündete der Präsident der Industrie- und Handelskammer „Litzmannstadt“, Dr. Karl Weber: „Vor einem Jahr fand das über ein Jahrhundert lang weit draußen im östlichsten Raum gleichsam wie auf einer Insel lebende und ausharrende deutsche Volkstum durch den Führer seine nie berechnete, aber wohl verdiente Belohnung für die innere Treue .... Es wurden von ihnen nicht nur Fabriken errichtet, sondern auch Straßen und Eisenbahn, Gas- und Elektrizitätswerke, deutsche Kirchen und Schulen, Krankenhäuser, Theater und Vereinshäuser, deutsche Heime und damals schon Arbeiterwohnungen .... Der Nationalsozialismus brachte völlig neue politische, soziale und wirtschaftliche Formen der Staatsführung.“ Wie neu diese Formen waren, zeigt die historische Entwicklung der Stadt von Lodz bis „Litzmannstadt“. Sie begannen mit der Beseitigung der polnischen Verwaltung, mit der „stufenweisen Zurückdrängung des polnischen Einflusses“, mit der „Ausschaltung der Juden aus dem Geschäftsleben“, mit der „Vertreibung aus tausenden Fabriken und sonstigen Geschäftsräumen“.[27] Sie setzten sich fort mit der Aneignung jüdischen und polnischen Vermögens, der Evakuierung der polnischen Bevölkerung, der Gettoisierung der jüdischen Polen bis zur Vernichtung und Ausrottung eines Teils der Einwohner dieser Stadt, dieses Bezirkes, dieses Landes.

Getreu dem Vorbild deutscher Kolonisationsbestrebungen preußischer Könige wurde wieder einmal geworben: „Schwabensiedler in den Osten“[28]. Der Reichsnährstand beabsichtigte, aus Baden mindestens 60 000 Familien und aus Württemberg 50 000 Familien auszusiedeln, um in Polen „gesunde Besitzverhältnisse zu schaffen“. Insgesamt sollten weit über 100 000 Familien in den „Freiteilungsgebieten verfügbar werden, wenn die Gesamtgesundung dieser Gebiete erreicht werden soll“[29]. Dabei war nicht einmal klar, wo die Ansiedlung der „freiwerdenden“ Familien im Osten erfolgen sollte. Klar war nur, daß es sich um „gesunde, rassisch wertvolle und beruflich tüchtige Familien“ handeln müsse, „die eine sichere Gewähr bieten, daß sie im Osten bewußte Kämpfer für das Deutsche Volkstum werden“.[30] Ziel war „nicht nur deutsche Bauerngaue im Osten, sondern auch wiedergeborenes Bauerntum im Westen“!

Sowohl die vertriebenen Polen wie die Deutschen, die an ihre Stelle gesetzt werden sollten, wurden zu Objekten eines unmenschlichen Gesamtprogramms. Während Lebensmittel und Textilien für die Bevölkerung mehr und mehr rationiert wurden, Rüstung und Krieg das Volksvermögen auffraßen, wurden großartige Pläne gemacht, die fehlenden überseeischen Rohstoffe durch Rohstoffgewinnung im „Litzmannstädter Raum“ zu ersetzen. Das Zauberwort dieser Zeit hieß „Zellwolle“. Zwei Zellwoll-Erzeugungsstätten standen bald zur Verfügung die Kunstseidenfabrik in Tomaszow und die „Zellgarn AG Litzmannstadt“ – deren Hauptaufgabe während des Krieges die Erzeugung von Erntebindegarn wurde. Diesen Zellwollwerken sollten Zellulosefabriken vorgeschaltet werden. Das infolge der Waldarmut des Gebietes fehlende Holz wollte man durch „künftig gerade im Warthegau anfallendes Kartoffelkraut als Rohstoff für die Zellstoffwerke“ ersetzen. Das nannte man „Verbindung zwischen Landwirtschaft und Textilindustrie hergestellt“.[31]

Als besonders zukunftsreich wurde die Erzeugung von Flockenbast gepriesen, einer Bastfaser, die durch Herauslösung der Pflanzenleime mittels chemischen Verfahrens in ihre Elementarfasern zerlegt wird. Dieses in Lodz während des

Krieges entwickelte Verfahren basierte auf Ölflachs als Rohstoff. So plante man den Anbau von Ölflachs in der Hoffnung, die Ölproduktion zu steigern und gleichzeitig einen neuen Textilrohstoff zu gewinnen. Dabei versprach man sich, daß der „Litzmannstädter Flockenbast eine mit Baumwolle verspinnbare Leinenfaser von ausgezeichneten textilen Eigenschaften" würde. „Es werden bereits heute mehrere tausend Hektar Ölflachs im Warthegau und in Danzig-Westpreußen angebaut, deren Stroherträge ausschließlich der Litzmannstädter Industrie zur Verfügung stehen. Für die kommenden Jahre wird es ein Mehrfaches sein"[32], erklärte der zum „Wehrwirtschaftsführer" avancierte Professor Dr. Weber 1942. Für wen der Wehrwirtschaftsführer und Präsident der „Wirtschaftskammer Litzmannstadt" die solchermaßen aus Flockenbast und anderen Nebenprodukten des Ölflachses, wie „Holzteilchen", gemanschte Zellwolle vorsah, zeigt sein Vorschlag zur „Verwendung bei Herstellung von Waren, wie Militärunterkunftswäsche oder eines haltbaren Arbeiterkleiderstoffes, der insbesondere für die Ostarbeiter verwendet wird"[33].
Zu dieser Zeit stand der Regierungsbezirk „Litzmannstadt" mit rund 125 000 Beschäftigten in der Industrie bereits an der Spitze der drei Regierungsbezirke des „Warthegaues" („Litzmannstädter" Raum, Regierungsbezirk Posen und Hohensalza). Außer der in Lodz konzentrierten Bekleidungsindustrie hatte der überwiegende Teil der eisen- und metallverarbeitenden Industrie, der papierverarbeitenden und der Papierindustrie dort seine Standorte. Welche Gewinnchancen sich die Eroberer in diesem Gebiet ausrechneten, zeigt der Hinweis, daß im „Litzmannstädter Raum" 10 % der gesamten großdeutschen Textilindustrie konzentriert seien, die in der kommenden Friedenswirtschaft das „riesige Hinterland im besetzten Osten, das historische Absatzgebiet Lodschs" beliefern sollte. Außerdem sollte es seinen „Anteil am künftigen Wachstum der deutschen Textilindustrie" haben, „die nach siegreichem Kriegsende sicher einmal Mengen herstellen muß, die englischem Konsum entsprechen."[34] Stolz berichtete Wehrwirtschaftsführer Weber, daß die in Lodz gemachten „erfolgreichen Bestrebungen, von der Wolle und Baumwolle zur Zellwolle und zum Flockenbast überzugehen" im „Altreich" übernommen wurden. Desgleichen die Ausschaltung unmoderner Maschinen, die „nach Litzmannstädter Muster im ganzen Reich durchgeführt werden" sollte und „jetzt nur durch das allgemeine Friedensplanungsverbot gehemmt" sei. Nur durch das „Friedensplanungsverbot" – welcher Erfindungsreichtum bei der Schaffung von Worten, hinter denen sich ein ganzes Programm verbarg.
Ein weiteres „Programm" stellte die „Lockprämie" dar, die wieder einmal, „ähnlich wie es übrigens schon seit Jahrhunderten bei der Erschließung des Ostens getan wurde"[35], den Unternehmern vom Staat, das heißt von Steuergeldern, in Form von Steuervergünstigungen, Investitionshilfen und Abschreibungen gewährt wurde. Während sich in Stalingrad bereits die Kriegswende ankündigte, Goebbels im Sportpalast in Berlin das „Ja" zum „totalen Krieg" provozierte[36], träumten die Herren der Textilwirtschaft noch von dem ganz großen Geschäft nach „siegreichem" Kriegsende. Sie gaben sich Fantasien von einem „eurasischen Wirtschaftsraum" hin und bauten im Geiste bereits eine Autobahn Berlin-Lodz-Moskau.
Inzwischen betrieben die Interessenvertreter des deutschen Monopolkapitalismus ungeachtet des Arbeitskräftemangels in Lodz brutalen Menschenraub. Aus

dem Tagebuch von Hans Frank[37] geht hervor, daß Konzerne ganze Belegschaften aus ihren sogenannten Zweigwerken in Polen nach Deutschland verschleppten. Die Zellwoll-AG Schwarza schickte Werber in ihr Zweigwerk „Zellgarn AG Litzmannstadt“, die mit Hilfe von Treuhändern polnische Arbeiter unter dem Vorwand nach Deutschland lockten, sie könnten in Lodz nur weiterbeschäftigt werden, wenn sie sich drei Monate lang in Schwarza in der Herstellung von Viskose und der Bedienung chemischer Apparate ausbilden ließen.[38] Die deutsche Zellwollindustrie holte sich ebenfalls Zwangsarbeiter aus der Lodzer Textilindustrie. Bis 1942 hatte der „Litzmannstädter Raum“ über 100 000 Polen als Zwangsarbeiter an das „Altreich“ abgegeben, darunter Tausende von Facharbeitern. Sie fehlten andererseits der Lodzer Industrie. Aus einem Bericht des Gauamtes für Volkstumspolitik vom März 1942 geht hervor, daß die Qualität der Umsiedler nicht ausreichte und „in vielen Fällen die alten polnischen Meister wieder eingesetzt werden, um den Betrieb aufrecht zu erhalten“.[39]
Das Durcheinander wurde noch sichtbarer, als die Rohstoffknappheit groteske Formen annahm. Anfang Juli 1943 rief Greiser zur Holzabfuhr auf: „Zum Kriegführen werden Rohstoffe gebraucht. Eisen, Kohle und Holz ... Das Heer fordert Holz ... die Luftwaffe fordert Holz ... die Marine ... die Rüstung ... die Reichsbahn und Reichspost ... auch die Landwirtschaft ... Der Krieg als solcher verschlingt Holz in unvorstellbaren Mengen“, erklärte er. „Aus Faserholz fertigen unsere Ingenieure Zellwolle, ohne die die Wehrmacht keine Uniform hätte und die Zivilbevölkerung keine Kleidung. Auch die Sprengstoffüllungen für Granaten und Torpedos sind auf die Zellulose angewiesen, die aus Faserholz gewonnen wird.“[40] Entsprechend imperialistischer Einschätzung über das, was „lebenswichtig“ ist, wurden in die Textilfabriken von Lodz jetzt Rüstungsindustrien aus Westdeutschland verlagert. Hier hofften sie, vor Luftangriffen sicher zu sein. Aufträge zur Herstellung von Uniformen und Mannschaftswäsche übernahm mehr und mehr die Wirtschaftsleitung des Gettos. Aus Lumpen und Resten mußte die jüdische Bevölkerung, vom Greis bis zum Kind, unter unvorstellbaren Arbeitsbedingungen diese Kleidungsstücke herstellen. Wer nicht mehr arbeitsfähig war, wurde nach Kulmhof in das Vernichtungslager transportiert. Die Kleidungsstücke der Menschen, die hier durch Gas umgebracht wurden, wurden über das Winterhilfswerk „Heimkehrern“ und Volksdeutschen gegeben, die mittellos geblieben waren, da sie weder zu den Industriellen noch zu den Großgrundbesitzern gehörten. Sie freuten sich über das „Geschenk“, ohne zu ahnen, woher es kam.
Inzwischen hatten neue Geschäftsinhaber und kommissarische Verwalter für die „Gesundung“ stillgelegter Textilgroßunternehmen in Lodz eine beträchtliche Rüstungswirtschaft verschiedener Branchen aufgezogen. Filialgründungen der „bestrenommierten Werke aus dem Reich“[41] entstanden. Wirtschaftsbosse und Wehrwirtschaftsführer überschlugen sich, den Grund für eine eigene „bodenständige Rüstungsindustrie“ zu legen. Betriebe, zum Teil von „Treuhändern“ bereits gewinnbringend weiterverkauft, wurden von der Haupttreuhandstelle Ost 1943 kriegswichtigen Konzernen übergeben, darunter: Ascania, die in der ehemaligen Textilfabrik Allart i. Rousseau ein Fluggerätewerk einrichtete. Telefunken bekam die Fabrik, die ehemals M. Kohn und K. Bennich gehörte. Das Bayerische Motorenwerk, die AEG und Vorwerk Wuppertal wurden nach Lodz verlagert. Die Schwarza-Zellgarn AG (Thüringische Zellgarnwolle AG)

bekam die Gebäude der ehemaligen Widzewska Manufaktura, stellte dort neue Maschinen auf und richtete sich häuslich ein. Die IG Farben bekam im Kreis „Litzmannstadt“ die ehemalige Chemische Fabrik von Boruta-Zgierz, Phrix (Zellwolle) in Tomaszow die Tomaszowskie Zaklady a Presemyslu Jedwabniczego. Sogar für Peenemünde wurden in der ehemaligen Metallfabrik J. John in Lodz-Stadt Teile hergestellt. Rheinmetall Borsig kam in die ehemals I. K. Posnański gehörende Textilfabrik. Posnański hatte sie einem Treuhänder geben müssen, der sie an Speidel & Weber verkaufte, die regen Anteil an der „Eindeutschung“ der Wirtschaft nahmen.[42] Sie gehörten zu jenen, die als 5. Kolonne im polnischen Lodz der 20iger und 30iger Jahre für eine „Befreiung“ bzw. Rückeroberung deutsch-polnischer Gebiete eintraten und aktiv an der deutschen faschistischen Machtergreifung in Polen teilnahmen. Als Wehrwirtschaftsführer, Professor, Beisitzer und Vorstandsmitglied verschiedener Werke avancierte Weber bis in die höchste Spitze der Wirtschaftsgruppe Textilindustrie. Im August 1943 berief ihn der Reichswirtschaftsminister zum Leiter der Wirtschaftsgruppe Textilindustrie. Damit stand er „an der Spitze der gesamten Textilindustrie des Großdeutschen Reiches“[43]. Gleichzeitig rückte Dr. Adolf Speidel nach, als neuer „Litzmannstädter“ Wehrwirtschaftsführer von Greiser berufen.[44] Als „alter Litzmannstädter“ war er Vorstandsmitglied der Textilwerke Adolf Horak AG und der Baumwollmanufaktur Posnański AG. Neben ihm im Präsidium der Kammer saßen außerdem Vizepräsident Erwin Jungnickel, Vizepräsident Franz Somya, Vizepräsident Alois Schwarzhuber, alle mehr oder weniger bereits vor 1933 Faschisten und als solche in der 5. Kolonne tätig. Somya[45] war Gründungsmitglied der Ortsgruppe „Litzmannstadt“ der Auslandsorganisation der NSDAP. Nach dem Überfall der Hitlerwehrmacht auf Polen wurde er Sonderbeauftragter dieser Auslandsorganisation. Im Dezember 1939 gründete er eine Firma „Ostschrott Franz Somya“. Für ihn war der Krieg eine gute Einnahmequelle. Als Leiter der Wirtschaftsgruppe Groß- und Außenhandel, Bezirksstelle „Litzmannstadt“, und Vorsitzender verschiedener Verbände verfügte er über nutzbringende Beziehungen. Andere, wie Schwarzhuber, kamen erst 1939 mit den Eroberern. Als Altnazi und „Träger des Blutordens“ brachte er es bis zum SS-Hauptsturmführer, „erwarb“ nach der Okkupation Polens in Lodz eine Konditorei, und saß schließlich mit am Tisch der „Väter von Litzmannstadt“, der Wehrwirtschaftsführer, Ratsherren, Gestapoleiter und Organisatoren der Vertreibung und Vernichtung der polnischen und jüdischen Einwohner dieses Landes.
Ihr Wohlleben näherte sich allerdings bald seinem Ende. 1943 rief die zuständige Wirtschaftsgruppe „zum Schutz gegen feindlichen Terror“[46] auf. Der Krieg, den die Deutschen über das Land gebracht hatten, schlug zurück. Die Hoffnungen der kleinen Leute, die sich aus Schwabenland und anderswo hatten anwerben lassen um hier „Wurzeln zu schlagen“, zerschlugen sich, wie die Hoffnungen jener armen Weber und Spinner, die einhundert Jahre vorher ins „Gelobte Land“ ausgezogen waren. Diesmal waren sie aus Deutschland als Feinde gekommen, um Nutznießer des faschistischen Überfalls auf Polen zu werden. Sie mußten es bitter büßen. In einem nie dagewesenen Amoklauf riß der deutsche Imperialismus nieder, was seine kapitalistischen Väter in Lodz einst aufgebaut hatten.

Die Vertreibung des polnischen Volkes

Von Oktober 1939 bis zum März 1940 kam es zur ersten Vertreibungs- und Verschleppungswelle von Juden nach dem Teil Polens, den die nazistische Geographie als Generalgouvernement bezeichnete. Am 30. Oktober 1939 wurde im Rahmen einer allgemeinen Anordung (Himmler) zur Verschleppung der Juden des sogenannten Warthegaues die Vertreibung eines Teils der Lodzer Juden beschlossen. Sie sollten „vorerst" in das „Generalgouvernement umgesiedelt" werden, um das einverleibte Gebiet „judenfrei" zu machen. Etwa 20 000 Juden wurden aus Lodz nach Warschau, Krakau und Lublin verschleppt, vor allem Angehörige der Intelligenz. Sie waren die ersten Vertriebenen der großen erzwungenen Völkerwanderungen auf Lodzer Boden. Ein genauer Umsiedlungsplan für den „Warthegau" sollte von dem Höheren SS- und Polizeiführer Koppe festgelegt werden. Er sah vor, daß alle Juden und Polen, die zur Intelligenz gehörten oder aus anderen Gründen eine Gefahr für das Deutschtum darstellten, „abgeschoben" werden sollten. Das heißt, sie wurden aus ihrer Heimat vertrieben, ob alt oder jung, ob krank, männlich oder weiblich, ohne Rücksicht darauf, ob und wie sie es überlebten. Für die Revanchisten des Dritten Deutschen Reiches gab es nur ein Ziel: „Neuordnung" durch „Säuberung" (sprich Vertreibung von Menschen) und „Sicherung" (sprich Terror und Mord durch SS, SD und Polizei) der neuen deutschen Gebiete. Gleichzeitig wollten sie damit das Problem der Beschaffung von Wohnungen und Erwerbsmöglichkeiten für die Einwanderung Volksdeutscher lösen.

Die Aussiedlungen, die im November begannen, sollten Ende Januar 1940 beendet sein. Laut Brief des SS-Sturmbannführers Regierungsrat Bischoff an den Landrat von Jarocin vom 15. Dezember 1939 sollten gemäß Erlaß des Reichsführers SS vom 29. November 1939 alle Polen und Juden sofort standrechtlich erschossen werden, wenn sie sich entgegen dem Umsiedlungsbefehl noch im Deutschen Reich – vielleicht in einer anderen Provinz – anstatt im Generalgouvernement aufhielten. Die Anweisung lautete, dies sei allen Ältesten der noch bestehenden Judengemeinden ausdrücklich bekanntzugeben.[1]

Nach dem „Nahplan" des Chefs der Sicherheitspolizei und des SD, SS-Gruppenführer Heydrich, sollten bis zum 16. Dezember 1939 „zunächst noch etwa 40 000 Baltendeutsche im Warthegau untergebracht und die doppelte Anzahl, also 80 000 Juden und Polen, zur Freimachung in das Gouvernement abtransportiert" werden. Dabei wurde vorgeschrieben: Täglich 5 000 (Fünftausend) Personen! Die Worte „Abschiebung" und „Abzuschiebende" gehörten bereits zum Amtsdeutsch. In einem an das Reichssicherheitshauptamt Berlin gerichteten Bericht vom 18. Dezember 1939[2] über die Durchführung der „Abschiebung von Juden und Polen aus dem Warthegau" wurde u. a. von „Hindernissen" gesprochen, die zeigten, wie weit der Kreis der unmenschlichen Befehlsausführer damals bereits gesteckt war. Zwar gab es durchaus noch sichtbare Ablehnungen der nazistischen Methode der „Neuordnung" des eroberten Landes, aber „im allgemeinen", so hieß es, hätten sich die Landräte „bewährt", besonders „wo es sich um junge Offiziere und SS-Führer handelte"; nur die „älteren Landräte vom Typ des deutschen Verwaltungsbeamten" ließen zumindest „in einzelnen Fällen" und „anfänglich" die für die „Evakuierung notwendige Härte vermissen ..." Die Landräte wurden u. a. als verantwortliche Träger der ,,Aktionen" beteiligt. Ferner gab es einen beim ,,Höheren SS- und Polizeiführer Warthe" gebildeten Stab für die Evakuierung und Einsatzkommandos der Sicherheitspolizei und des SD als ,,örtliche Gehilfen der Landräte" bei der Menschenjagd. Dazu kamen Reichsbahnangehörige, Polizisten und sogenannte Selbstschutzangehörige ,,als ausführende Organe". Eine Vielzahl von Organen also, die sich alle mehr oder weniger an der Vertreibung der Einwohner dieses Landes beteiligten. Aktive Truppenteile, so hieß es in dem Bericht weiter, zeigten ,,Verständnis für die Abschiebungsaktion", dagegen würden sich die ,,älteren Jahrgänge den Evakuierungsmaßnahmen (gegenüber) passiv bis zur offenen Ablehnung" verhalten. Insgesamt hatten die Landräte von 41 Kreisen ca. 540 000 Menschen zur Vertreibung aus ihrer Heimat vorgesehen. Dabei waren alle Juden, mit Ausnahme der in der Stadt Lodz lebenden, einbegriffen.

In Lodz rechnete man mit ungefähr 230 000 Juden, von denen 80 000 inzwischen vertrieben worden waren. Im Warthegau wurde inzwischen eine Volkszählung eingeleitet, in der Hoffnung, ihre Ergebnisse noch ,,für die laufende Aktion" zu verwenden. Dabei war eine Gesamtzahl von Polen mit ungefähr 600 000 angegeben, die infolge ,,deutsch-feindlicher Haltung oder Zugehörigkeit zur Intelligenz für die Abschiebung in Frage komme".

Bis 30. Januar 1940 waren aus dem ,,Warthegau" rund 87 000 Polen und Juden ausgesiedelt worden[3]. Dazu kam noch eine nicht kontrollierbare Abwanderung durch Flüchtlinge. Hans Frank (seit 8. November 1939 Generalgouverneur des Gebietes, das alle Vertriebenen aufnehmen sollte) wußte bald nicht mehr, wie er der Überfüllung Herr werden sollte, als er den Auftrag erhielt, auch noch etwa 100 000 bis 120 000 Menschen innerhalb seines Gebiets umzusiedeln. Die Blitzkriegstrategen und ihre Generale brauchten jetzt ,,Lebensraum" für Wehrmacht, Luftwaffe und SS-Truppen, bevor sie ihre Formationen nach Rußland in den Tod schickten. Polen wurde Aufmarschgebiet für den nächsten Raubzug. Wieder einmal ging es um ukrainischen Weizen, das Öl von Baku und die Kohlen im Donezbecken; um Bodenschätze, billige Arbeitskräfte und den riesigen Absatzmarkt im sowjetischen Hinterland. Der Krieg war noch lange nicht zu Ende und ,,Friedensplanung" verboten. Ein Chaos bahnte sich an, aber weder die Verantwortlichen des Dritten Deutschen Reiches noch die Mehrheit des Volkes dachte daran, die begonnene Ostexpansion abzubrechen. Der grausame bürokratische Apparat lief genauso auf Hochtouren wie die Kriegsmaschinerie. Generalgouverneur Hans Frank, der nicht mehr wußte, wohin mit den Menschen, wollte jetzt die Judentransporte aus dem ,,Ausland" nicht mehr aufnehmen. In Radom sagte er am 25. November 1939: ,,Die Juden sollen spüren, daß wir gekommen sind ... Die Juden aus dem Reich, Wien und von überall können wir aber nicht gebrauchen."[4]

Trotzdem kamen immer mehr Transporte an, unter anderem auch aus Wien und Böhmen. Arthur Greiser, Gauleiter des ,,Warthelands" berichtete, daß bis zum 12. Februar 1940 bereits 87 000 Juden aus Danzig-Westpreußen abgeschoben worden seien[5]. Aus anderen Städten des ,,Warthegaus" kamen ähnliche Meldungen, als im März 1940 die Deportationen in das Generalgouvernement endlich gestoppt wurden.

In Lodz lebten um diese Zeit noch 180 000 Juden. 20 000 waren durch eine einmalige Aktion vertrieben und verschleppt worden, aber 80 % der jüdischen Vorkriegsbevölkerung waren noch dort. Greiser, dessen Ehrgeiz offenbar dahin ging, „sein Gebiet“ „judenfrei“ zu bekommen, war absolut nicht mit der Einstellung der Deportationen einverstanden. Er berief sich darauf, daß Göring während einer Zusammenkunft in Karinhall Himmler die Wiederaufname der Deportationen aus Lodz versprochen habe. Aber inzwischen hatte sogar Göring bemerkt, wie das Chaos der Vertreibung seine Wirtschaftsinteressen gefährdete. Am 12. Februar 1940 erklärte er auf einer Konferenz in Karinhall, sämtliche Umsiedlungen seien zu unterbrechen, um die Arbeitskraft zu erhalten, und die ganze Wirtschaft nicht durch rücksichtslosen Abzug von Arbeitskräften zu unterminieren. Am 23. März 1940 wurde schließlich auf Erlaß Görings „bis auf weiteres“ jede „Evakuierung“ untersagt. Jetzt wurden die Menschen nicht mehr aus ihrer Heimat vertrieben, sie durften auch nicht mehr flüchten, jetzt mußten sie als Zwangsarbeiter dorthin, wo es die kriegswichtige Aufgabe ihrer Feinde erforderte – ins „Altreich“, ins Konzentrationslager oder ins Getto.

Die Aufgaben der Umwanderer-Zentrale

Kurz nach dem Überfall auf Polen richtete Himmler zur Erhaltung und Festigung des „Lebensraumes“, den Deutschlands Imperialisten zur Ausbeutung für sich beanspruchten, die Dienststelle des Reichsführers SS als „Reichskommissar für die Festigung des deutschen Volkstums“ ein. Dieses Amt verschickte bereits im November 1939 an alle zuständigen Stellen ein Sonderprogramm (auch Plan von Dr. Wetzel und Dr. Hecht genannt)[1], das die Hauptaufgaben der „Ostpolitik“ darlegte. Es sah unter anderem vor: die völlige Germanisierung ausgewählter Schichten, die Beseitigung der für die Eindeutschung ungeeigneten Menschen und die Ansiedlung von Deutschen. „Wie bereits entwickelt, muß das Fernziel die restlose Beseitigung des Polentums sein. Was von den Polen nicht eingedeutscht werden kann, muß in das polnische Restgebiet abgeschoben werden. Von den etwa 6,6 Millionen reinen Polen der neuen Reichsgebiete ... erscheinen allenfalls 1–1,2 Millionen eindeutschungsfähig ... “[2].
Im Januar 1940 wurden die Grundlagen der „Rechtsgestaltung“ deutscher Politik nach volkspolitischen Gesichtspunkten festgelegt. Im Frühjahr 1940 arbeitete Prof. Dr. Konrad Meyer-Hetling von der genannten Dienststelle die Grundsätze für die raum- und siedlungspolitische Gestaltung des ehemaligen Polen aus. Mitte Mai legte Himmler persönlich noch einige Gedanken zur Behandlung der sogenannten Fremdvölkischen im Osten nieder. Im letzten Vierteljahr 1940 ließ er dann alle Einzelpläne zu einen „Generalplan Ost“ zusammenfassen.
Inzwischen war das Chaos der verschiedenen „Abschiebungs-“, Umsiedler-, Evakuierungs- und Neuansiedlungspläne kaum noch zu überbieten. Das seit dem 11. November 1939 in Posen existierende Amt für die Umsiedlung der Polen und Juden, das dem „Reichskommissar für die Festigung des deutschen Volkstums“ unterstand, hatte in Lodz eine Außenstelle. Am 9. Februar 1940

wurde das Amt umbenannt in Umwanderer-Zentrale (UWZ) und Ende April 1940 nach Lodz verlegt. Lodz, inzwischen von der nazistischen deutschen Besatzung in „Litzmannstadt" umbenannt, hatte sich als Verkehrsknotenpunkt, Wirtschaftsmetropole und Hauptort der Aussiedlung der jüdischen Menschen zum Zentrum der gesamten An- und Umsiedlungsbarbarei entwickelt. Jetzt wurde es auch offizielle Zentrale der organisierten Zwangsvölkerwanderung aus dem „Warthegau". Leiter der Umwanderer-Zentrale (UWZ) „Litzmannstadt" wurde SS-Obersturmbannführer Krumey. Ferner arbeiteten in der UWZ Obersturmführer Herbert Otto, SS-Hauptscharführer Goede und SS-Hauptscharführer Franz Ismer. Sie deportierten bis Oktober 1940 pro Monat durchschnittlich 10 000 bis 15 000 Polen in täglichen Transporten von einigen hundert Personen aus den verschiedensten Gebieten des „Warthegaues" über die Lager der UWZ „Litzmannstadt" in das Generalgouvernement [3]. Nach Erfüllung ihrer Aufgabe bei der Zwangsvertreibung von Polen wurden Otto, Goede und Ismer zur Vernichtung jüdischer Menschen in das Vernichtungslager Chelmno (Kulmhof)[3a] abgeordnet.

Himmlers Plan sah vor, das polnische Land „frei von Menschen" zu machen, um die „ideale Siedlungsstruktur" für eine Neubesiedlung mit Reichsdeutschen und Volksdeutschen (Wolhynien-, Balten- und Rußland-Deutschen) zu haben. Die Urväter der letzteren waren vielleicht jene armen schlesischen Weber, die die Not aus der Heimat vertrieben hatte. Hitlers Politik verdankten sie nun die Zwangsrücksiedlung. Jetzt wurden sie wieder gebraucht – und mißbraucht. Sie sollten die Höfe, Wohnungen und Betten der vertriebenen Polen und Juden für das imperialistische deutsche Vaterland besetzen. Einer jener schizophrenen Pläne des Dritten Deutschen Reiches sah vor, 1940 40 000 Polen und Juden aus dem „Warthegau" zu vertreiben. Eine „improvisierte Räumung im Interesse der in den Ostgauen zur Ansiedlung kommenden Wolhyniendeutschen", hieß es. Ein anderes Mal sollten rund 120 000 Polen, möglichst Kongreß-Polen, vorwiegend Bauern, vertrieben werden. Sie sollten als Landarbeiter in den Ostgebieten oder im Altreich eingesetzt werden. Der Höhere SS- und Polizeiführer von Posen, SS-Gruppenführer Koppe, forderte, daß die Aussiedlung sofort mit der Neueinsiedlung verbunden werden sollte, damit keine Unterbrechung der landwirtschaftlichen Arbeit eintrete! Praktisch sah das so aus, daß Umsiedler mit Lastwagen an ihre neuen Siedlerstellen gebracht wurden, die dann die bisherigen Besitzer und Bewohner mit ihren Familien wieder mitnahmen. Dabei mußten diese armen Menschen alles zurücklassen, so daß sich die „Umsiedler" buchstäblich in das gemachte Bett legen konnten. Allein in Lodz wurden nach dem sogenannten „Zwischenplan" vom Februar und März 1940 über 11 000 Polen in Sofortaktionen evakuiert.[4] „Nahpläne" und „Zwischenpläne" sollten die chaotische Inbesitznahme fremden Bodens und Eigentums – bis zu den persönlichsten Besitztümern – regeln. Staatssekretär Backe und Gauleiter Greiser verkündeten einen Zehnjahresplan für die Landwirtschaft des „Warthegaues", und jeder hoffte, auf der Grundlage des vom Staat sanktionierten Diebstahls für sich und seine Nachfahren ausgesorgt zu haben. Man schuf „Erbhofgesetze" für Höfe, die Angehörigen eines anderen Volkes gehörten. Man machte Pläne zur Nutzung von Braunkohlevorkommen im Kreis Konin, die dem polnischen Staat gehörten, und baute im Geiste bereits eine „aus der Kriegszeit heraus geborene Verbindung zwischen Textilindustrie und Landwirtschaft".[5]

Inzwischen hatten sich einige tausend Familien – darunter viele sogenannte „gaueingesessene Volksdeutsche" – Ländereien und Höfe angeeignet. Sie alle erinnerten sich nur an die zehn Gebote Gottes, wenn ihnen etwas genommen wurde. Jetzt wurde ihnen gegeben, und sie nahmen – wie ein Stabsführer der Posener Dienststelle des Reichskommissars für die Festigung des deutschen Volkstums (RKF) berichtete [6]. Jeder wollte sich seinen Teil an der „Konjunktur" sichern. Auch die Dörfer um Lodz wurden den Polen genommen und mit deutschen Umsiedlern besetzt. Deutsche, die ihre Heimat in Rußland verlassen mußten oder verließen in der Hoffnung, dabei zu gewinnen, und andere, die sich als „gaueingesessene" Parteigänger bereicherten. Sie waren nur zu schnell bereit, das Land für ein Tausendjähriges Reich des deutschen Imperialismus zu germanisieren. Inzwischen hatten Hitlers Generäle bereits weiterreichende Pläne gemacht, die vorerst die Arbeit der Umwanderer-Zentrale stoppten. Die Vorbereitung des Überfalls auf die Sowjetunion erforderte große Truppenverlegungen in das bereits total überfüllte Generalgouvernement.
So verhinderten „kriegswichtige Gründe" die weiteren Deportationen dorthin. Die Vertreibung der Polen allerdings ging weiter. Sie kamen jetzt in Arbeitslager oder in das „Altreich", wenn ihre Arbeitskraft zur Fortführung des Krieges als ausreichend angesehen wurde. In einer Nachrichten-Übermittlung des Inspekteurs der Sicherheitspolizei und des Sicherheitsdienstes (SD) Posen vom 13. März 1941 hieß es über die „Bereitstellung von Arbeitskräften aus den eingegliederten Ostgebieten zur Deckung des Kräftebedarfs der Kriegswirtschaft":
„ ... Ich nehme an, daß ... Bedenken gegen die Entsendung von Familien als Arbeitskräfte ins Altreich nicht mehr erhoben werden. Es muß Sorge getragen werden, daß sie nach Beendigung des Arbeitseinsatzes nicht zurück in die eingegliederten Ostgebiete, sondern in das Generalgouvernement kommen. Die Aussonderung aus den Lagern in Litzmannstadt nimmt das Arbeitsamt Litzmannstadt im Auftrage der Abteilung Arbeit des Reichsstatthalters vor ..." [7]
Allmählich sah der Reichsstatthalter Greiser, daß ihm das Land ohne polnische Arbeitskräfte nichts nutzte. Laut Rundschreiben vom 29. August 1941 des Stabsführers der Dienststelle des RKF in Posen [8] ordnete er deshalb an, daß die bei der Ansiedlung von Volksdeutschen zu verdrangenden Polen keineswegs den „Warthegau" verlassen dürften, um als Arbeitskräfte ins Altreich vermittelt zu werden, da der „Warthegau" die Polen als Arbeitskräfte selbst benötige. Schließlich praktizierte man den Plan zur „Eindeutschung von Polen" so, daß man die gestern noch als „Untermenschen" und „primitive Ostmenschen" bezeichneten Polen zwangsweise eindeutschte. Hans Joachim Goetz, ehemals Leiter der Rechtsabteilung im Stabshauptamt des Reichskommissariats für die Festigung des deutschen Volkstums, gehört zu jenen, die später darüber aussagten, daß bei der Einstufung der sogenannten Deutschen Volksliste „auch häufig Menschen gegen ihren Willen unter Androhung von Evakuierung und Beschlagnahme ihres Besitzes zu Deutschen gestempelt" [9] wurden. Im allgemeinen sollte die „Eindeutschungsaktion zunächst auf Land- und Fabrikarbeiter, Handwerker und Kleinbauern" begrenzt bleiben. „Es wird jedoch Einzelfälle geben", so hieß es, „in denen man sich an diese Grenze nicht halten kann, zum Beispiel bei angepolten deutschstämmigen Kaufleuten und Gewerbetreibenden. Deutschstämmige, welche der polnischen Führungsschicht angehörten, Großgrundbesitzer, Industrielle, Angehörige freier Berufe und ähnliche kommen für

die Rückdeutschungsaktion des Jahres 1941 nicht in Frage." Die Aussortierung der bedauernswerten Menschen erfolgte nach sogenannten ,,rassepolitischen" Gesichtspunkten. So hieß es, die ,,Eindeutscher" sollten auf ,,typisch deutsche Fähigkeiten und Begabungen" achten, die ,,auf das Vorhandensein eines deutschen Bluteinflusses in der Familie" schließen lasse, zum Beispiel ,,technische Begabung, Gefühl für Pflege und Ordnung technischer Hilfsmittel in Haus und Hof" und ,,die persönliche und häusliche Sauberkeit" [10]. Diesmal wurde das von Generationen überlieferte Märchen vom sauberen, ordentlichen, fleißigen Deutschen sogar aktenkundig. Praktisch ging es weder um ,,Blut" noch um ,,Sauberkeit", sondern einzig und allein um Arbeitskräfte und Fachkräfte. Dabei war der Plan zur ,,Eindeutschung" von Polen *eine* Methode zur Entpolonisierung, so wie die Vertreibung eine war. Nach der Statistik der Umwanderer-Zentrale ,,Litzmannstadt" wurden bis Ende 1943 im Wartheland 534 000 Polen von Haus und Hof vertrieben [11]. Zweidrittel davon in das ,,Generalgouvernement", andere in das ,,Altreich" zur Zwangsarbeit, andere in die Konzentrationslager und Gettos.

Germanisierung, Sklaventum oder physische Vernichtung – das war das Schicksal, das deutsche Herrenmenschen anderen Völkern und ihren Kindern zugedacht hatten. Polen war das am schlimmsten betroffene Land.

Im Mai 1940 erklärte Himmler: ,,Für die nichtdeutsche Bevölkerung des Ostens darf es keine höhere Schule geben als die vierklassige Volksschule. Das Ziel dieser Volksschule hat lediglich zu sein: Einfaches Rechnen bis höchstens 500, Schreiben des Namens, eine Lehre, daß es göttliches Gebot ist, den Deutschen gehorsam zu sein und ehrlich, fleißig und brav zu sein. Lesen halte ich nicht für erforderlich".

Martin Bormann formulierte die physische Vernichtung der Völker des Ostens im August 1942: ,,Die Slawen sollen für uns arbeiten. Soweit wir sie nicht brauchen, können sie sterben."

Im Oktober 1943 wünschte Himmler den durch ,,Heldentod" eingetretenen Bevölkerungsschwund auszugleichen. Seine Idee der Germanisierung sah vor: ,,Das, was in den Völkern an gutem Blut unserer Art vorhanden ist, werden wir uns holen, indem wir, wenn notwendig, die Kinder rauben und sie bei uns großziehen."

Alle derartigen Pläne wurden in brutalster Weise durchgeführt.

Das Polen-Jugendverwahrlager ,,Litzmannstadt"

Die Absicht Himmlers, polnischen Eltern ihre Kinder wegzunehmen, wenn sie nach nazistischen Richtlinien als rassemäßig ,,wertvoll" befunden wurden, wird zum erstenmal deutlich in einem Schreiben vom 18. Juni 1941, das an den sogenannten Reichsstatthalter Greiser gerichtet war, der seinen braunen Hofstaat in Posen etabliert hatte. Himmler schrieb ihm darin, daß ,,besonders gutrassige kleine Kinder polnischer Familien" in Kinderhorten und Heimen erzogen werden sollten, um sie zu ,,germanisieren". Dabei müßte ,,das Wegholen der Kinder" mit ,,gesundheitlicher Gefährdung begründet werden". Kinder, die nicht

„einschlagen" würden, sollten zurückgegeben werden, von den anderen sollten nach einem halben Jahr Ahnentafeln und Abstammung eingeholt werden, um sie nach ungefähr einem Jahr als „Erziehungskinder in kinderlose, gutrassige Familien zu geben."[1]
Mit der dem System eigenen Perfektion wurde der Kinderraub konzipiert. Erste Phase – die Wegnahme der Kinder von ihren Eltern; zweite Phase – die Selektion nach rassepolitischen Gesichtspunkten; dritte Phase – die Unterbringung in Erziehungslagern; vierte Phase – die Übergabe an deutsche Eltern im „Altreich". Die Spuren der Herkunft der Kinder sollten total ausgelöscht werden, deshalb wurden die Personalien geändert, gesonderte Melderegister eingeführt und falsche Dokumente und Bescheinigungen ausgestellt.[2] Die „Germanisierung fremdvölkischer Kinder" sollte dem Zweck dienen, den nationalen Charakter der eroberten polnischen Gebiete zu tilgen und die Vorherrschaft des Dritten Deutschen Reiches unter anderem durch zahlenmäßige Vermehrung des deutschen Volkes bis zu 100 Millionen Menschen[3] zu festigen. Das Ziel war nicht durch Erhöhung der Geburtenfreudigkeit zu erreichen. Um so weniger, als die Kriegsverluste an Menschen immer größer wurden.
„Rasseminderwertige" Kinder wurden ebenfalls der „Rechtsobhut" ihrer Eltern entzogen und in Lager gesteckt. Aus einer „Übersicht über bisherige Anordnungen und Anregungen" vom 13. Juli 1943 geht hervor, daß Himmler am 6. Januar 1943 einen Befehl zur Errichtung von Kinder- und Halbwüchsigen-Sammellagern erteilte, in dem es heißt: „Die rassisch wertlosen Halbwüchsigen männlichen und weiblichen Geschlechts sind den Wirtschaftsbetrieben der Konzentrationslager als Lehrlinge zuzuweisen. Die Kinder müssen großgezogen werden. Ihre Erziehung hat im Unterricht zu Gehorsam, Fleiß, bedingungsloser Unterordnung und zu Ehrlichkeit gegenüber den deutschen Herren zu erfolgen. Sie müssen bis 100 rechnen, die Verkehrszeichen kennenlernen und auf ihre Fachberufe als Landarbeiter, Schlosser, Steinmetzer, Schreiner usw. vorbereitet werden. Die Mädchen sind als Landarbeiterinnen, Spinnerinnen, Strickerinnen und für ähnliche Arbeiten anzulernen."[4] Manche von ihnen hatten das „Glück", ihre Sklavenzeit als Dienstmädchen deutscher „Herrschaften" zu überleben oder als Knechte auf deutschen Gutshöfen. Viele der Kinder aber starben in den Konzentrationslagern – in Auschwitz, Treblinka, Sobibor.[5]
Andere Kinder kamen in das in Lodz, in der Przemyslowastraße eingerichtete Polen-Jugendverwahrlager der Sicherheitspolizei „Litzmannstadt".[6] Am 3. Dezember 1942 schickte der Reichsminister des Innern, Hermann Göring, aus Berlin einen Schnellbrief an den Oberpräsidenten der Provinz Oberschlesien, die Reichsstatthalter im „Warthegau", im „Reichsgau Danzig", in Westpreußen, im „Sudetengau", und an die Oberpräsidenten der Provinzen Niederschlesien und Ostpreußen über die Unterbringung „fremdvölkischer", insbesondere polnischer Minderjähriger. In dem Schreiben verwies er darauf, daß die „Fürsorgeerziehung ... insb. in den eingegliederten Ostgebieten" dadurch belastet sei, daß aus „Mangel an Einrichtungen fremdvölkische Jugendliche der deutschen Fürsorgeerziehung überwiesen" wurden. Der Reichsführer SS habe deshalb auf Anregung des Reichsminister des Innern ein Lager für polnische Jugendliche in „Litzmannstadt" errichtet, in das seit dem 1. Dezember 1942 eingewiesen werde. Die Prüfung der „Eindeutschungsfähigkeit der Polenkinder" wurde vom Lager im Einvernehmen mit der Außenstelle „Litzmannstadt"

des Rasse- und Siedlungshauptamtes veranlaßt. Aus „praktischen Erwägungen" kamen für die Einweisung „zunächst nur männliche Jugendliche im Alter von 12 bis 16 Jahren in Frage"[7].

Die Begrenzung des Alters wurde bald aufgehoben. In einem vertraulichen Schreiben an die Landräte und Oberbürgermeister der Provinz Oberschlesien heißt es, daß alle für die Verwahrung in Betracht kommenden Jugendlichen, „auch wenn sie der Altersabgrenzung, die im Erlaß des Herrn Reichsminister des Innern aus Zweckmäßigkeitsgründen zunächst gewählt werden mußte, nicht entsprechen" zu melden seien, damit die „lückenlose Erfassung aller fremdvölkischen Jugendlichen, die eine ständige Gefahr für die Ruhe und Sicherheit und die Gefährdung der deutschen Jugend bedeuten, erfaßt werden und auch möglichst beschleunigt in Verwahrung genommen werden können."[8]

Am 22. Februar 1943 schrieb SS-Obersturmbannführer Dr. Brandt, Feldkommandostelle, an den Chef des Wirtschaftsverwaltungs-Hauptamtes: „Der Reichsführer-SS bittet Sie, Kinderlager für Bandenkinder im Alter von 10 bis 16 Jahren einzurichten. Lager für Kinder im Alter von 1 bis 10 Jahren richtet SS-Ogruf. (SS-Obergruppenführer, d. Verf.) von dem Bach ein, mit dem der RF-SS (Reichsführer der SS; d. Verf.) am 19. Dezember 1942 in der Feldkommandostelle gesprochen hat."[9] Am 25. Januar 1943 berichtete SS-Obergruppenführer Pohl: „Unter Bezugnahme auf Befehl vom 6. Januar 1943 habe ich die Errichtung eines Kinder- und Halbwüchsigen-Sammellagers in Lublin angeordnet."[10]

Das Beispiel des 11jährigen Simon Sindera läßt die Größe des Verbrechens an polnischen Kindern, ihr Leid und ihre Tränen, bestenfalls ahnen. Für ihn lautete die bürokratische Begründung des Antrages auf Einweisung eines Jugendlichen polnischen Volkstums in das Polen-Jugendverwahrlager „Litzmannstadt": „Sindera treibt sich seit längerer Zeit im oberschlesischen Industriegebiet umher, bettelt und läßt keine Gelegenheit unausgenutzt, um Diebstähle auszuführen. Verwarnungen und Belehrungen erwiesen sich als zwecklos. Sindera ist sich selbst überlassen, da sein Vater zur Zeit im KL Auschwitz (Konzentrationslager Auschwitz, d. Verf.) untergebracht und seine Mutter verstorben ist. Er droht völlig zu verwahrlosen. Seine Einweisung in das Polen-Jugendverwahrlager Litzmannstadt ist zum Schutz der heranwachsenden deutschen Jugend unerläßlich."[11] Aus dem Antrag ist ersichtlich, daß die Eltern des 11jährigen in Oberschlesien, Kreis Bendsburg, geboren waren. Boleslaus Sindera am 1. Oktober 1900 in Bojkowice Koscielne, und seine Frau Helene Sindera, geb. Palow, am 25. Januar 1910 in Lagischa. Sie waren Polen. Jetzt wurde als „Wohnung" des Vaters angegeben: „Zur Zeit K. L. Auschwitz." Und die Frage nach der „Lagerhaftfähigkeit" des 11jährigen Kindes, wurde mit „Ja" beantwortet.

Ein anderes Beispiel ist der 8jährige Johann Polok, geboren am 1. August 1935 in Weichsel. Der Vater, geboren 1910, war 1942 „verstorben". Das Kind wurde laut Antrag „bereits polizeilich behandelt" und „von der Schule verwiesen". Die Begründung: „Die Eltern gehören zu den „Ernsten Bibelforschern" [die späteren Zeugen Jehovas] und erziehen die Kinder im staatsfeindlichen Sinn. Es besteht die Gefahr, daß andere Kinder durch diese staatsfeindlich beeinflußt werden. Die Einweisung in das Polen-Jugendverwahrlager ist unbedingt erforderlich. Die Kindesmutter ist inzwischen wegen ihrer staatsfeindli-

chen Einstellung ausgesiedelt worden. Da keiner der Elternteile die Aufnahme in die DVL (Deutsche Volksliste)[12] beantragt hat, gilt das Kind als Pole ..."
Wie das Ende solcher Kinder meist aussah, geht aus einer lapidaren Mitteilung einer Kriminalpolizeistelle vom 11. Januar 1943 an das Landesjugendamt in Kattowitz hervor. Sie betraf den „Polnischen Jugendlichen Johann Hartmann, geb. 14. Juni 1928", und lautete: „Nach Mitteilung des Polen-Jugendverwahrlagers Litzmannstadt ist Hartmann am 3. 11. 1943 an Herzmuskelschwäche verstorben. Die Mutter des Hartmann ist von hier aus benachrichtigt worden." Johann Hartmann war vierzehn Jahre alt, als er starb. Für andere polnische Kinder und Jugendliche hieß die „Endstation" Auschwitz. Am 31. Juli 1943 wurde der 1927 in Kattowitz geborene Ceclaus Wrobel nach Auschwitz „in Marsch gesetzt". Die Mitteilung darüber an den Oberpräsidenten lautete: „Wrobel wurde mit Wirkung vom 17. 5. 1943 als Asozialer in polizeiliche Vorbeugungshaft genommen und am 30. 7. 1943 nach dem Konzentrationslager in Auschwitz in Marsch gesetzt." Richard Czernecki, geboren am 10. Mai 1931 in Alexandria, ist am 1. April 1944 nach Mitteilung des Lagerkommandanten des Polen-Jugendverwahrlagers „Litzmannstadt" „an Lungentuberkulose im Lager verstorben." Luzian Sadyn, geboren am 29. September 1928 in Dombrowa, Kreis Bendsburg, „aufenthaltlich im Ersatz-Polizeigefängnis Myslowitz", dessen Eltern „zugehörig zur Volksliste Polen" waren, wurde ebenfalls in das Lager „Litzmannstadt" eingeliefert. Angeblich trieb er sich seit längerer Zeit im oberschlesischen Industriegebiet umher und bettelte. „Da ihm ein Bein und eine Hand fehlt", hieß es, „versucht er bei der Bevölkerung Mitleid zu erwecken... Er droht zu verwahrlosen. Seine Einweisung in das Polen-Jugendschutzlager ist zum Schutz der heranwachsenden deutschen Jugend unerläßlich."
Viele Eltern hofften, durch Aufnahme in die „Deutsche Volksliste" die Verschleppung und Einweisung ihrer Kinder in das Lager in „Litzmannstadt" verhindern zu können. Wie wenig selbst das half, zeigt das Beispiel der Mutter von Gerhard Machnik aus Lubom, der es gelang, vom Kreisjugendamt Ratibor ein Schreiben an den Oberpräsidenten in Kattowitz zu erhalten, daß sie und ihr Sohn Gerhard am 13. März 1943 in die Gruppe 3 der deutschen Volksliste aufgenommen wurden. Demnach sei die Voraussetzung für weitere Unterbringung des Jugendlichen, „nämlich seine fremdvölkische Zugehörigkeit", nicht mehr gegeben. Gleichzeitig bat das Jugendamt um Mitteilung, „ob der Jugendliche aus Litzmannstadt entlassen wird und ob nunmehr seine Unterbringung in Fürsorgeerziehung in Frage käme". Man dachte also keinesfalls daran, der Mutter ihren „eingedeutschten" Sohn zurückzugeben. Sie durfte es als Glück ansehen, wenn er der Fürsorge überstellt wurde. Der 13jährigen Erna Juretzko, die sich bereits in Fürsorgeerziehung im St. Josefstift in Gershain befand, blieb die Überweisung in das Polen-Jugendverwahrlager „Litzmannstadt" erspart, nachdem sie am 27. Mai 1943 in die Gruppe II der Deutschen Volksliste aufgenommen wurde.
Auf Teile der Bevölkerung wurde nicht zuletzt deshalb Druck ausgeübt, sich in eine Deutsche Volksliste aufnehmen zu lassen, um vor aller Welt zu dokumentieren, wie stark der deutsche Bevölkerungsteil in diesen Gebieten sei. So hieß es unter anderem in den Richtlinien des Reichsministeriums des Innern (RMdI): Der Abstammung sei „nicht ausschlaggebende Bedeutung" beizumessen, sonst

könne man auch große Teile der Bevölkerung in Schleswig-Holstein, Ostpreußen und Schlesien nicht als Deutsche anerkennen! Deutschland habe ein Interesse daran, „daß die Zahl der Eingesessenen, die sofort als deutsche Volkszugehörige anerkannt werden, möglichst groß ist". Andernfalls würde man noch nachträglich der deutschen These, daß sich in den nach 1918 abgetretenen Ostgebieten ein starkes deutsches Volkstum erhalten habe, „den Boden entziehen. ... Aktive Betätigung für das Deutschtum sei nicht Voraussetzung für die Anerkennung als deutscher Volkszugehöriger. Auch ein gleichgültiger oder gar ein schlechter Deutscher bleibt ein Deutscher... Volkszugehörigkeit und politische Zuverlässigkeit sind etwas Verschiedenes."[13] In der Praxis der Einteilung von Menschen in vier Volkslistengruppen ging das System genauso durcheinander wie in der Theorie. Bei aller Perfektion des Verbrechens zeigte sich hier wie überall das Chaos. Es bleibt unbegreiflich, wie dennoch der Glaube an deutsches Organisationstalent die Zeiten überdauert.

Wie sich das Schicksal der Kinder in den Schreiben der bürokratischen Organisatoren widerspiegelt, ist bezeichnend für ihre Herzlosigkeit und Menschenverachtung. Die Kinder wurden als rassemäßig „wertvoll", „minderwertig", „fremdvölkisch" oder „eingedeutscht" katalogisiert. Sie wurden dabei heute in diese, morgen in jene Kategorie geworfen. Über ihr Sein oder Nichtsein verhandelten Rassepolitische Ämter, staatliche Behörden, Institutionen. Sie setzten allgemeine Richtlinien fest, gaben Ausführungsverordnungen heraus, gründeten „Hilfsbehörden" und Organe mit Namen wie Reichsbeauftragte für die Festigung des deutschen Volkstums, Reichshauptrassen- und Siedlungsamt, Volksdeutsche Mittelstelle, Lebensborn e. V., Deutsche Heimschulen, Volkswohlfahrt, Kinderlandverschickung, Fürsorgeämter, Reichsadoptionsstelle, Umsiedlungszentrale usw. Namen, hinter denen sich das unmenschliche Tun verbarg, von dem mancher glauben wollte, es diene einem höheren Zweck.

Opfer dieser perfektionierten Rassen- und Germanisierungspolitik wurden aber nicht nur polnische Kinder, obwohl gerade ihre „Germanisierung" mit besonderer Konsequenz durchgeführt wurde. Auch sowjetische, tschechische, jugoslawische, französische, norwegische, belgische und niederländische Kinder wurden daraufhin untersucht, ob sie „eindeutschungsfähig" seien.

Wie es „wiedereindeutschungsfähigen" Kindern ging, wenn ihre Eltern Widerstandskämpfer waren, geht aus einem Schreiben vom 21. Juni 1943 hervor, mit dem Himmler den Auftrag gab, die „Versorgung, Erziehung und Unterbringung von tschechischen Kindern, deren Väter beziehungsweise Eltern als Angehörige der Widerstandsbewegung exekutiert werden mußten", zu klären. „Die schlechten Kinder kommen in bestimmte Kinderlager. Die gutrassigen Kinder, die selbstverständlich die gefährlichsten Rächer ihrer Eltern werden könnten, wenn sie nicht menschlich richtig erzogen werden, müssen, wie ich mir vorstelle, über ein Kinderheim des Lebensborn, in das sie zunächst probeweise aufgenommen und möglichst charakterlich erkannt werden, in deutsche Familien als Pflege- oder Adoptivkinder vermittelt werden."[14] Vielleicht wußten die deutschen Pflegeeltern nicht einmal, woher die Kinder kamen und was Himmler unter „menschlich richtig" verstanden wissen wollte. Die Herrschenden des Volkes verstanden bisher immer unter Menschlichkeit etwas anderes als das „gemeine" Volk. Sie konnten herrschen, solange das Volk den Unterschied nicht merkte. Viele merkten erst, als es zu spät war, daß die Menschlichkeit es erfordert hätte, sich mit der Widerstandsbewegung gegen den Faschismus zu verbünden. Dem polnischen Volk gestanden die Vertreter des Dritten Deutschen Reiches nicht einmal im Sprachgebrauch eine Widerstandsbewegung zu. Sie bezeichneten sie einfach als ,,Banden". Die Frauen wurden als ,,Bandenfrauen" abqualifiziert und jugendliche Widerstandskämpfer als verwahrloste ,,Banditen", die als ,,Asoziale" in ,,polizeiliche Vorbeugehaft" kamen, um in das KZ Auschwitz ,,in Marsch" gesetzt zu werden oder ,,zum Schutz der heranwachsenden deutschen Jugend" in das ,,Polen-Jugendschutzlager" kamen. In jedem Fall wurde die Arbeitskraft der bedauernswerten Kinder noch bis zum letzten ausgebeutet – in den Konzentrationslagern wie in den Gettos, in der Zwangsarbeit der Kriegswirtschaft wie in der Landwirtschaft, in den deutschen Haushalten wie in den Sonderlagern. Waren die Kinder noch zu klein, wurden sie im Lager der Mütter festgehalten, um deren Arbeitskraft besser ausbeuten zu können. Unerschöpflich war die Erfindungskraft kommunaler Herrscher. So erklärte sich SS- und Polizeiführer Globocnik scheinbar großzügig bereit, ,,Bandenfrauen mit Kindern in einem ihm direkt unterstellten Sonderlager Trawniki bei Lublin aufzunehmen und zu beschäftigen", das vorerst in der Lage sein sollte 1 000 Frauen zu ,,beherbergen". Das Reichssicherheitshauptamt (RSHA) schrieb dazu am 10. Juli 1943 (IV D 5-1118/43 g) an den Kommandostab Reichsführer SS, SS-Standartenführer Rohde, Feldkommandostelle, daß bei Bandenbekämpfungsaktionen und Evakuierungen ständig Frauen und Kinder anfielen, deren Männer freiwillig oder gezwungen bei den Banditen sind. Die Einzelunterbringung der Kinder in besonderen Lagern" wäre bisher auf Schwierigkeiten gestoßen, deshalb hätte die Einsatzgruppe B, der Sicherheitspolizei des SD vorgeschlagen, ,,die Mütter von den Kindern nicht zu trennen, sondern diese Familien in besondere Lager unterzubringen. Die Arbeitsfähigkeit der Frauen könnte dadurch erhalten bleiben, daß jeweils eine Frau die Beaufsichtigung der Kinder übernimmt". Außerdem sei die ,,Fluchtgefahr bei Frauen mit kleinen Kindern in fremdem Gebiet erheblich herabgemindert".[15]

Der ganze Umfang des Elends und der Ausrottungsaktion, der die polnische Jugend und die Kinder zum Opfer fielen, ist nicht mehr feststellbar, da von Partei, Gestapo und SS die entsprechenden Dokumente besonders sorgfältig vernichtet wurden. Nur wenige Dokumente blieben erhalten. Schätzungen besagen, daß ungefähr acht- bis zehntausend Kinder durch das Lager gegangen sind. Die meisten davon sind verschollen. Von den 200 000 polnischen Kindern, die während des Krieges nach Deutschland verschleppt wurden, konnte bisher nur jedes Fünfte gefunden werden. Die Zahl der noch unter uns Lebenden ist unbekannt. Wahrscheinlich kennen die meisten ihre eigene Identität nicht, da man sie als Kleinstkinder ihren Müttern wegnahm und ,,germanisierte". Die körperlichen und seelischen Schäden, die die Verfolgung und Angst, die wirtschaftliche Ausbeutung und Unterdrückung bei den Überlebenden bis auf den heutigen Tag verursacht haben, ist weder statistisch faßbar noch durch Wiedergutmachungsgelder oder Anerkennung der Oder-Neiße-Grenze zu heilen. Faßbar bleiben wird die Erinnerung und die sich daraus ergebende Politik der Sicherung gegen jede wie auch immer geartete deutsche Ostexpansion.

Der Widerstand gegen die deutsche Besatzung

Die Widerstandsbewegung der Polen während des Zweiten Weltkrieges war die umfassendste Freiheitsbewegung in der polnischen Geschichte überhaupt. Unter allen von Hitler-Deutschland besetzten europäischen Ländern wurde Polen am wenigsten von den Alliierten durch Waffen und Material unterstützt. Dennoch stellte der polnische Widerstand eine effektive Kraft dar. Die Widerstandskämpfer besaßen eigene geheime Fabriken für automatische Waffen und Munition, wissenschaftliche Laboratorien und Hunderte von Funkstationen, die zum Teil im Untergrund hergestellt worden waren. Sie entwendeten geheime Dokumente und werteten sie technisch aus. Sie gaben Informations- und sogar Fachzeitschriften und Bücher heraus.

In den ersten Monaten des Jahres 1940 waren hunderte Gruppen und Organisationen spontan entstanden, so daß um die Jahreswende 1941/42 die beiden führenden Zentren geschaffen werden konnten: die Polnische Arbeiterpartei (PPR) mit den bewaffneten Partisanenabteilungen der Volksgarde und die Heimatarmee (AK), die der Befehlsgewalt der Londoner Emigrationsregierung unterstellt war.

Der Kampf gegen die deutsche Besatzung war vielfältig. Er reichte von großen Vorstößen der Partisanen bis zu kleinen Sabotageaktionen, von der Kundschaftertätigkeit bis zu dem Schutz des Nachbarn vor Verfolgung. Die Teilnahme an geheimen Lehrveranstaltungen, der Vertrieb von Pressematerialien, Aktionen zur Bewahrung polnischer Menschen vor der Verschickung zur Zwangsarbeit mußten illegal von Widerstandskämpfern organisiert und durchgeführt werden. Alles, was den deutschen Eroberern schadete, war Teil des polnischen Widerstandes. Auf dem Hintergrund einer so breiten Widerstandstätigkeit des Volkes fanden nun die Aktionen der organisierten Widerstandsbewegungen und – als ihr Hauptteil – des bewaffneten Widerstandes statt.

Vom schweren Anfang konspirativer Tätigkeit in Lodz und ihrer Entwicklung bis hin zum organisierten Widerstand in Polen ist hierzulande viel zu wenig bekannt[1]. Viele der Betroffenen sind nicht mehr am Leben oder nach so langen Jahren nur schwer aufzufinden. Ein großer Teil der Beweismaterialien, die von der Geheimorganisation in Archiven gesammelt wurden, ging in den Kriegswirren verloren. Die wenigen Überlebenden sind oft viel zu bescheiden, um über ihre Widerstandstätigkeit zu sprechen. Daß es mir dennoch gelang, dieses Kapitel über den Widerstandskampf in Lodz einzufügen – ohne das der Weg „von Lodz bis Litzmannstadt" unvollkommen wäre – verdanke ich dem Verband der Kämpfer für Freiheit und Demokratie (Zwiazik Bojowników o Wolność i Demokracje) in Warschau und Lodz. Durch seine Vermittlung lernte ich einige der ehemaligen führenden Kräfte des Widerstandes kennen.

Zu ihnen gehört *Jan Piatkowski,* damals Mitglied der Untergrundorganisation für ganz Lodz. Er berichtete: „Während der Okkupation gründeten wir die Widerstandsorganisation ‚Für Eure und unsere Freiheit' im Stadtviertel Lodz-Gurna. Im Vorstand waren nur Linke, Kommunisten und andere. Unsere erste Aufgabe bestand darin, alle zusammenzufassen und für den Kampf vorzubereiten. Im Juni 1940 gründeten wir das Komitee. Wir organisierten Sabotagen und störten den öffentlichen Verkehr. Als die PPR (Polnische Arbeiterpartei) gegründet wurde, gingen wir alle zur PPR, mit deren Hilfe in allen Vierteln der Stadt Widerstandsgruppen entstanden. Der politische Vorstand war die PPR, die bewaffneten Gruppen nannten sich GL, Gwardia Ludowa. Ihr führender Kopf war Oberst Moczar, Kommandeur des zweiten, später des dritten Bezirks der Volksarmee. Verbindungen bestanden auch zur Untergrundbewegung anderer Städte.“

Über die Verbindung zwischen Polen und Deutschen erzählt Jan Piatkowski: „Viele haben sich damals nicht in die ‚Volksliste‘ eintragen lassen, andere haben sich eintragen lassen und Verbindung zu uns gehalten. Polen durften zum Beispiel keine Radioapparate besitzen. Wir hatten aber Verbindung zu einer Familie, die sich in die Volksliste eintragen ließ – ihr Sohn kam daraufhin als Soldat an die Ostfront. Sie vermittelten uns die Radio-Nachrichten. Der Sohn konnte zu den Russen überlaufen und sprang später mit einem Funkgerät vom Flugzeug aus in der Nähe von Lodz ab. Er kam zurück zu uns. Er hieß Leon Burnak. Ein tapferer junger Mensch. Als er von Nachbarn in der Straßenbahn erkannt wurde, erklärte er, er arbeite für die Gestapo. Mit dieser Ausrede gewann er einen kleinen Zeitvorsprung, um in eine andere polnische Stadt zu fliehen. Der ihn erkannt hatte, meldete es sofort den Deutschen. Leon Burnak wurde gefaßt und erschossen. Auch seinen Vater erschossen die Nazis und rotteten bis auf die Mutter die ganze Familie aus.“

Jan Piatkowski, gebürtiger Lodzer, hatte vor dem Krieg als Straßenbahnführer gearbeitet. Bei Kriegsbeginn wurde er Soldat und kam in Gefangenschaft. Er konnte fliehen und ging zurück nach Lodz, wo er wiederum als Straßenbahnfahrer arbeitete. Seinen Straßenbahnwagen mußte er durch das Getto in Lodz fahren. Von seinem Fahrerstand aus sah er unter anderem wie ein Jude an den Gettozaun ging und daraufhin erschossen wurde. Er erlebte aber auch, wie eine Frau während der Durchfahrt durch das Getto aus der Straßenbahn ein Päckchen über den Zaun warf. Er lernte sie später kennen – sie gehörte zum Widerstand. Ihre Gruppe druckte illegal Lebensmittelkarten und versuchte vor allem, den Juden im Getto zu helfen

Zu den Hauptarbeiten aller Untergrundbewegungen gehörten Sabotage, Diversion, Zersetzungsarbeit, geheime Presse, Suche von gesicherten Wohnungen, ärztliche Hilfeleistung, Lieferung gefälschter Dokumente und Hilfsaktionen für Illegale. *Mieczyslaw Sobczyk*, damals Stabschef der Armia Krajowa (AK) in Lodz, erzählte über die Widerstandsarbeit in Lodz: „Im Februar/März 1942 wurde aus vielen kleinen Widerstandsgruppen und verschiedenen Organisationen die Armia Krajowa gegründet mit dem einen Ziel – Kampf gegen die Okkupanten. Ich arbeitete damals als Kassierer der Gaswerke. Anfangs hatten wir in Lodz zwei Widerstandsgruppen, später gab es in der Stadt neun Gruppen. Als Kassierer hatte ich die Möglichkeit, Kontakte herzustellen und Nachrichten zu übermitteln, die in den Betrieben weiterverbreitet werden konnten, vor allem an polnische Arbeiter. Die Betriebe unterstanden deutschen Treuhändern. Auch die Meister waren Deutsche. Wir Polen wurden in bestimmten Stadtvierteln konzentriert, zum Beispiel in Süd-Lodz und Nordbaluti (hinter dem Getto) und in Widzew, da man uns zur Arbeit brauchte. Widerstand zu leisten, war sehr schwer. Er bestand aus vielen Dingen. Er reichte von der Nachrichtenverbreitung bis zur Sabotage. Oft wurden von der deutschen Gendarmerie auf der Straße Verhaftungen vorgenommen, oft Menschen nachts aus ihren

Wohnungen ausgesiedelt. Einmal 5 000 Menschen in einer Nacht. Sie durften nichts mitnehmen. Bei der großen Verhaftungswelle 1941 wurden auch viele unserer Leute vom Widerstand gefaßt. Im Mai/Juni 1942 begann die Polska Partia Robotnicza, (PPR – Polnische Arbeiterpartei), den Widerstand in Lodz zu organisieren. Im Dezember 1943 wurden die meisten Widerstandskämpfer verhaftet. Einigen gelang es, ins Generalgouvernement zu entkommen, darunter Oberst Moczar."

Der Widerstandskampf ging weiter. Es gab Geheimdruckereien wie die Geheimen Militär-Verlags Betriebe, die neben Flugblättern und Broschüren sogar Bücher in einer Auflagenhöhe von 2 000 bis 3 000 Exemplaren druckten. Sie wurden auf den üblichen Wegen der Geheimen Presse, aber auch durch Vermittlung von Mitgliedern der Organisation der ,,Kleinen Sabotage" (Wawer), von Pfadfindern aus den ‚Grauen Reihen' und von Funktionären des Hilfsrates der Juden verbreitet. Sie halfen vor allem, die Öffentlichkeit über den Umfang der Verbrechen aufzuklären, die die Okkupanten begingen, und forderten zur Hilfeleistung auf. Mieczyslaw Sobczyk betonte, daß es auch Deutsche gab in Lodz, die den Polen halfen. ,,Im Gaswerk zum Beispiel war ein Deutscher, der uns mit Lebensmittelmarken unterstützte. Es gab sogar deutsche Meister, die uns als Menschen behandelten."

Daß es nicht wenige gewesen sein müssen, die in den Polen den Mitmenschen, den Arbeitskollegen, den Nachbarn sahen, zeigen die Warnungen führender Nationalsozialisten, ihre häufigen Reden und Artikel, daß es ,,keine Gemeinschaft zwischen Polen und Deutschen" gäbe. Aus Berichten der Kreisamtsleiter wie des Gauamtes für Volkstumspolitik geht hervor, daß noch 1942 ,,nach wie vor der Abstand zum Polentum nicht genügend gewahrt werde" und man sich veranlaßt sah, ,,erneut auf das Verhalten der Deutschen dem Polentum gegenüber und auf die völkische Haltung hinzuweisen". Es wurden besondere einwöchige Lehrgänge zur Ausrichtung der Ortsbauernführer im Kreis ,,Litzmannstadt-Land" durchgeführt, ,,da das Ostproblem zum wesentlichen Teil von unserer volkspolitischen Haltung abhängt"[2], hieß es.

Józef Stolarski war der letzte Kommandant der Armia Krajowa (AK) in Lodz. Von ihm erfuhr ich: ,,Von Anfang an, als die Deutschen einmarschierten, gab es Widerstand. Verschiedene Organisationen, die schon vor dem Kriege existierten, behielten ihre Verbindungen. So kamen Offiziere aus Warschau zu uns, die als Bevollmächtigte von Sikorski den Auftrag hatten, die verschiedenen Organisationen zusammenzufassen. Die größte war die Polnische Militärorganisation (POW) [3], die schon im Ersten Weltkrieg illegalen Widerstand geleistet hatte und später dabei war, als die deutsche Armee von der Bevölkerung entwaffnet wurde."

Über seine Aufgabe im Kampf gegen die nazistischen Okkupanten erzählte er: ,,Erstens ging es darum, militärische Nachrichten zu erhalten und weiterzuvermitteln. Wir erfuhren unter anderem, daß Teile für die V 1 in Lodz gebaut wurden. Diese Nachricht wurde über viele Kanäle nach London weitergegeben. Die zweite Aufgabe war Sabotagen zu organisieren. Eine dritte die ‚Aktion N'." Hierbei handelte es sich um eine spezielle Propaganda, die in der Herausgabe von konspirativen Briefen und Flugblättern in deutscher Sprache bestand. Ihr Ziel war, Verwirrung und Unsicherheit unter den deutschen Okkupanten zu verbreiten mit der Hoffnung, auch bei ihnen einen inneren Widerstand und eine moralische Schwächung der Soldaten der deutschen Wehrmacht zu erreichen. Die Flugblätter waren in deutscher Sprache und unterzeichnet mit ‚Deutsche Untergrundbewegung'." Als vierte und wichtigste Aufgabe nannte Józef Stolarski die Herstellung illegaler Schriften. „Bis Ende 1944 gaben wir unregelmäßig Flugschriften heraus, darunter ‚Dziemik Zolnierza', ‚Trybuna Ludzi', ‚Wolnosc', ‚Tygodniowy Informator' und ‚Biuletyn Sieradzki'."

Reale organisatorische Macht hatten vor allem die Armia Krajowa (Heimatarmee), die Delegatur der Londoner Regierung, die wichtigsten Parteien wie die Polska Partia Robotnicza (PPR, Polnische Arbeiterpartei) und die Gwardia Ludowa (Volksgarde). Daneben gab es auch im Untergrund die verschiedensten Parteien und Organisationen, wie die PPS (Polnische Sozialistische Partei), die Stronnictwo Pracy (Partei der Arbeit), die Bauernpartei, die WNR (Organisation „Freiheit, Gleichheit, Unabhängigkeit") und einige jüdische Verbände, wie den „Bund" (Jüdische Sozialistische Partei). Im Laufe der Zeit entstanden außerdem in den verschiedenen Städten, vor allem im Generalgouvernement, Abteilungen des Hilfsrates für Juden (Deckname Zegota). Die Untergrundpresse illegaler Militärorganisationen und verschiedener politischer demokratischer Organisationen veröffentlichte unter anderem systematisch Informationen über Ereignisse in den einzelnen Gettos. Größte Verbreitung hatte dabei das Biuletyn Informacyjny. Die katholische sozial-erzieherische Untergrundorganisation „Front Odrodzenia Polski" (Front der Wiedergeburt Polens) gab allein nach Beginn der Vernichtungsaktion des Warschauer Gettos einen „Protest" in 5 000 Exemplaren heraus, der in verschiedenen Städten illegal verteilt wurde. Das Organ des ZK der PPR „Trybuna Wolności" (Tribüne der Freiheit) rief zum Widerstand auf: „... Nur kompromißloser Widerstand in jeder Situation, nur eine aktive Haltung und nicht das passive Warten auf das Massaker kann Tausende und Abertausende retten, auch wenn das Opfer kostet. Möge der in Nowogródek und in anderen Städten bewiesene heldenhafte Widerstand zum Beispiel werden! Dort hat das Heldentum einzelner Tausende der in den Tod Geführten gerettet. Man muß mit Gewalt aus den Gettogrenzen und aus Warschau ausbrechen und in die Wälder gehen, um weiter gegen den Feind zu kämpfen. Man muß der Polizei Widerstand leisten. Möge jedes Haus zu einer Festung werden! Man muß die Transportbegleiter unschädlich machen und zu den Partisanen flüchten. Das ist schwierig, aber möglich. Es ist der einzige Weg zur Rettung. Die Pflicht der Polen ist es, den verfolgten Juden Hilfe zu leisten."[4]

Die gleiche Stellung nahm „Gwardzista" (Gardist), Organ des Oberkommandos der Volksgarde, ein: „Den auf bestialische Weise von den entarteten Hitlerschergen verfolgten Juden ist Unterkunft und Hilfe zu leisten. Der Eintritt in die Partisaneneinheiten ist den Juden zu erleichtern, denn nur der aktive Kampf gegen die blutigen Schächer beschleunigt die Befreiung."[5]

Durch repressive Anordnungen und antisemitische Propaganda versuchte die nazistische Presse, die polnische Bevölkerung von jeder Hilfeleistung für Juden abzuschrecken. „Plakate, Flugblätter, Artikel sollten Polen überzeugen, daß der Jude ein wirtschaftlicher Schädling, ein Schmuggler und Wucherer sei, daß er Überträger von Flecktyphus sei, der Gesundheit und Leben der ‚Arier' bedrohe, und daß er am Ausbruch des II. Weltkrieges schuld sei."[6] Sie hatte wenig Erfolg. Bis auf einige, die versuchten, sich durch Erpressung und Denun-

ziation zu bereichern[7], organisierten Polen und Juden gemeinsam so weit möglich Hilfsaktionen, kämpften gemeinsam gegen die Okkupanten. So unterstützte die Armia Krajowa unter anderem den Aufstand in Warschau mit Waffen, Munition und durch eine militärische Spezialausbildung[8].
Hilfe und Widerstand reichten von der einmaligen Unterstützung eines Verfolgten mit einer Scheibe Brot – diese Geste wurde bereits mit dem Tode bestraft – bis zu den tollkühnsten militärischen Überfällen und Sabotageakten. Sie erstreckten sich auch auf die Erziehung der Kinder und Jugendlichen. Diese schwere notwendige Aufgabe, polnischen Kindern beim Lernen zu helfen, übernahmen Widerstandskämpfer der Gesellschaft der Polnischen Jugend. Einer von ihnen berichtete:
„Bekanntlich sollte unsere Jugend nach dem Plan deutscher Faschisten nicht weiter als bis 100 zählen können. Es fanden sich polnische Lehrer und Pfarrer, die unter großen Gefahren den Schulunterricht heimlich erteilten. Das hört sich so einfach an, aber in der Praxis sah es so aus, daß kleinste Gruppen von Jungen und Mädel sich in einer Wohnung heimlich trafen, um zu lernen. Ich war vor dem Krieg und während des Krieges Instrukteur der Jugendorganisation Harcerze. Wir organisierten, daß sich 5 bis 10 Schüler in Wohnungen trafen, die auch immer wieder gewechselt werden mußten. Es wurde das Pensum der Grund- und Mittelschule absolviert – der Unterricht wurde nach dem Krieg anerkannt. Auch die Eltern bildeten eine eigene Organisation. Außerdem hatten wir eine größere Gruppe junger Menschen zwischen 10 und 17 Jahre, die sich während des Krieges Szare Szeregi, das heißt Graue Reihe, nannte. Bei ihr handelte es sich um bewaffnete Jugendgruppen. Ihr Ziel war: 1. Lernen, 2. Kämpfen, 3. Vorbereiten auf die Nachkriegszeit."
Jozef Rzetelski war damals Stabschef der Gwardia Ludowa (GL = Volksgarde) in Baluti. Er ist ebenfalls gebürtiger Lodzer und altes Gewerkschaftsmitglied. Während des Krieges kam er als Kriegsgefangener nach Greifswald in das Stammlager II c (Stalag II c)[9]. Irgendwie war es ihm dort möglich, illegale Briefkontakte aufzunehmen. 1942 gelang ihm die Flucht. Er schlug sich zurück nach Lodz durch und kam zur Widerstandsorganisation der Polska Partia Robotnicza. „17mal mußte ich als Illegaler den Wohnsitz wechseln", erzählte er. „Mein Bruder gab mir seinen Ausweis und ließ sich einen neuen ausstellen. Er erklärte, er hätte seinen verloren. Wenn es herausgekommen wäre, hätte es uns beide den Kopf gekostet." Über seine Aufgabe in der Widerstandsbewegung erklärte er: „Wir mußten versuchen, Munition zu beschaffen, planten Aktionen, instruierten die Organisation der jungen Promeni und leiteten ihre Aktionen. Die PPR hatte eine Abteilung, die mit Waffen ausgerüstet war. Am 18. April 1943 fanden Verhaftungen in der Stadt statt. Wir erfuhren, daß auch in den nächsten Tagen Verhaftungen geplant waren. Unsere Jungen wollten das verhindern und zeigen, daß ihre Organisation lebt. Sie machten einen Überfall auf ein Waffengeschäft, um in den Besitz von Waffen zu gelangen. Das war am 20. April 43. Sie holten Pistolen und Munition heraus für eine für den 6. Mai geplante Aktion. Bei dieser Aktion kam es zu einem heftigen Kampf zwischen den Jungen und der deutschen Gendarmerie. Sieben Jungen sind dabei gefallen, die anderen haben sich bis nach Warschau durchgeschlagen."
Nach den Verhaftungen wollte sich eine Gruppe von 25 Mann in die Wälder von Lublin durchschlagen. Sechs von ihnen wurden verhaftet, darunter Stabs-

chef Rzetelski. Sie wurden zur Gestapo in Lodz gebracht. Nach tagelangem Verhör schickte man sie in das Konzentrationslager Mauthausen. Josef Rzetelski mußte in einem Nebenlager am Loiblpaß arbeiten, wo er sehr bald wieder eine illegale Widerstandsgruppe als Stabschef führte. Er selbst sagt darüber nur: „Die Konzentrationäre hatten dort eine Widerstandsgruppe. April/Mai 1945 nahmen wir der uns bewachenden SS die Gewehre ab. Wir gründeten eine neue Internationale Organisation. Über sie wurde das Buch ‚Kompanie Starego' geschrieben – von Jerzy Woydyllo."

3. Teil
Von der Expansion zum Völkermord

Die „Endlösung“

Die „Endlösung“ war die letzte furchtbare Variante deutscher Ostexpansion. Hitlers Buch „Mein Kampf“ – von den meisten kaum gelesen – wurde zur Bibel der sogenannten Neuordnungspläne. Der in ihr zur Ideologie erhobene Antisemitismus das Mittel zur Durchsetzung. Der antisemitischen Meinungsmanipulation durch Presse und Rundfunk stand die absolute Abschirmung der deutschen Bevölkerung von jeder Aufklärung über das, was in ihrem Namen geschah, gegenüber.
Am 31. Juli 1941 erteilte Göring dem SS-Obergruppenführer Heydrich, Chef des Sicherheitsdienstes und der Sicherheitspolizei, den Befehl, „einen Gesamtentwurf über die organisatorischen, sachlichen und materiellen Vorausmaßnahmen zur Durchführung der angestrebten Endlösung der Judenfrage vorzulegen“.[1] Am 20. Januar 1942 fand die berüchtigte „Wannsee-Konferenz“ in Berlin statt, auf der Heydrich dann seinen Plan „zur Endlösung der Judenfrage in Europa“ vorlegte. Mit ihm wurde die Vernichtung von 11 Millionen Juden beschlossen.[2] In Polen wurde daraufhin von dem Reichssicherheitshauptamt (RSHA) der SS-Stab für den „Einsatz Reinhard“ gebildet, der unter dem Kommando des Höheren SS- und Polizeiführers von Lublin, Odilo Globocnik, die Transporte in die inzwischen fertiggestellten großen Vernichtungslager wie Treblinka, Sobibor, Belzec und vor allem Auschwitz lenkte.
Wegbereiter der „Endlöser“ wurde das Militär, dessen Haltung den Völkermord erst ermöglichte. Für Generale und Oberste Heeresleitung war der Einfall in Polen nur die Fortsetzung eines jahrhundertelangen Versuches, das Land im Osten durch Waffengewalt zu erobern und seine Menschen zu unterwerfen. Generaloberst von Küchler erklärte: „Ich bitte ferner, dahin zu wirken, daß sich jeder Soldat der Armee, besonders der Offizier, der Kritik an dem im Generalgouvernement durchgeführten Volkstumskampf, zum Beispiel Behandlung der polnischen Minderheiten, der Juden und kirchlichen Dinge enthält. Der an der Ostgrenze seit Jahrhunderten tobende Volkstumskampf bedarf zur endgültigen völkischen Lösung einmaliger, scharf durchgeführter Maßnahmen. Bestimmte Verbände der Partei und des Staates sind mit der Durchführung dieses Volkstumskampfes im Osten beauftragt worden. Der Soldat hat sich daher aus diesen Aufgaben anderer Verbände herauszuhalten. Er darf sich auch nicht durch Kritik in diese Aufgaben einmischen ...“[3] Feldmarschall Walter von Rei-

chenau ging später sogar noch einen Schritt weiter, indem er erkärte: „Der Soldat ist im Ostraum nicht nur ein Kämpfer nach den Regeln der Kriegskunst, sondern auch Träger einer unerbittlichen völkischen Idee ... Deshalb muß der Soldat für die Notwendigkeit der harten, aber gerechten Sühne am jüdischen Untermenschentum volles Verständnis haben."[4]
Canaris, Chef der militärischen Abwehr, machte Generaloberst Keitel darauf aufmerksam, daß umfangreiche Füsilierungen in Polen geplant seien und daß insbesondere der Adel und die Geistlichkeit ausgerottet werden sollten. Er meinte: „Für diese Methode werde die Welt schließlich doch auch die Wehrmacht verantwortlich machen."[5] Keitel habe darauf geantwortet „daß die Sache bereits vom Führer entschieden sei, der dem Oberbefehlshaber des Heeres klargemacht habe, daß, wenn die Wehrmacht hiermit nichts zu tun haben wolle, sie es auch hinnehmen müsse, daß SS und Gestapo neben ihr in Erscheinung treten. Es werden daher in jedem Militärbezirk neben den Militär- auch Zivilbefehlshaber eingesetzt werden, letzteren würde eben die ‚Volkstums-Ausrottung' zufallen"[6].
So übernahm das Militär, das nichts damit zu tun haben wollte, die Aufgabe, den Weg freizuschießen für die Verwirklichung der Ausrottungspläne. Jeder „arbeitete" solchermaßen an seinem Platz bei der raum- und bevölkerungspolitischen Neuordnung als Erfüllungsgehilfe. Die Sicherheitspolizei als Helfer bei der „Festigung des deutschen Volkstums", die Ordnungspolizei als Bewachungsmannschaft für polnische und jüdische Zwangsarbeitskolonnen, als Begleitpersonal für Häftlings- und Deportationstransporte, als Exekutionskommando bei Erschießungen von Geiseln oder Vollstreckung summarischer Standgerichtsurteile. Nicht preußische Beamte – wie in früheren Zeiten –, sondern Polizei und SS hatten entsprechend dem Territorialbefehlshaber-Prinzip die politischen und wirtschaftlichen Machtpositionen inne. Ihre bürokratische Grausamkeit übertraf in Verbindung mit dem vom Staat organisierten Völkermord alle Praktiken der bisherigen Ostexpansion. Mord und Massenmord war einer der Grundpfeiler des Nationalsozialismus, der auf heimliche und geniöse Mittel administrativen Drucks oder staatlich-wirtschaftlicher Nötigung zur Abwanderung unerwünschter Bevölkerungsteile nach dem Vorbild seiner Vorgänger verzichtete. Die Praxis zur „Festigung" ihres „deutschen Volkstums in Polen"[7] wurde zur polizeilich erzwungenen Massendeportation, der „Volkstumskampf" zur „technischen Transportfrage", die „Endlösung" ein Problem der Vernichtungskapazität der Gaswagen.
„Deportation, Verdrängung, Niederhaltung oder Beseitigung des Polentums, Freimachung von Grund und Boden, Ausmerzung, Ausrottung von Juden" und ähnliche Begriffe, wurden, durch Massenmedien manipuliert, ein Teil der Umgangssprache. Die Deportation der Juden aus den eingegliederten Ostgebieten in das Generalgouvernement war nur der Anfang. Das einzige geschlossene Getto in den dem „Altreich" angegliederten polnischen Gebieten existierte noch in Lodz, (Litzmannstadt) als längst die Gaswagen in Chelmno nad Nerem Kulmhof die „Endlösung" praktizierten. Lodz, die einst blühende Textilstadt, das „Manchester des Ostens", wurde letztes warnendes Beispiel, wohin die Erschließung fremder Räume, die Christianisierung und Germanisierung, die Kolonisierung und Neuordnung Europas, letztlich führten.

Die Gründung des ersten Gettos auf polnischem Boden

Von den insgesamt 4,2 Millionen Einwohnern des „Warthegaus“ waren 85 % Polen, 7 % Deutsche und 8 % Juden. Letztere wohnten fast ausschließlich im Gebiet von Lodz.[1] Die Leitung des Regierungsbezirkes Kalisch (ab 1940 „Regierungsbezirk Litzmannstadt“), hatte SS-Obersturmführer Übelhoer. In einem „geheimen“ und „streng vertraulichen“ Rundschreiben vom 10. Dezember 1939[2] an alle Partei- und Polizeibehörden sowie Wirtschaftsverwaltungsstellen im „Warthegau“ machte er darauf aufmerksam, daß eine sofortige Evakuierung der Juden aus Lodz vorerst nicht durchführbar sei. Sein Plan sah deshalb vor, alle Juden von Lodz und Umgebung als „Übergangslösung“ in einem Getto in Lodz zusammenzufassen. Der Gründung voraus gingen bestimmte Erfassungsmethoden:

Am 11. November 1939 ordnete der Oberbürgermeister die Kennzeichnungspflicht für jüdische und polnische Geschäfte an. Am 14. November 1939 erließ der Regierungspräsident eine Verordnung, nach der Juden eine gelbe Armbinde tragen mußten. Am 11. Dezember 1939 wurde diese Anordnung erweitert: Juden mußten ab sofort „auf der rechten Brust- und Rückenseite einen 10 cm hohen gelben Davidstern“ tragen. Zuwiderhandlungen wurden „strengstens bestraft“. Nach seinem Plan zur „Bildung eines Gettos in der Stadt Lodsch“ wollte Übelhoer selbst der Vorsitzende eines „Arbeitsstabes“ sein, der sich aus Vertretern der NSDAP, Außenstelle Lodz, des Regierungspräsidenten in Kalisch, der Stadtverwaltung von Lodz, der Ordnungs- und Sicherheitspolizei, des Totenkopfverbandes, der Industrie- und Handelskammer und des Finanzamtes zusammensetzen sollte. Der Plan sah ferner ein „Deutsches Zentrum“ vor, das um den Freiheitsplatz liegen sollte. Alle dort wohnenden Juden sollten in den Norden der Stadt umsiedeln, der in das Getto einzubeziehen sei. Alle anderen sollten in Arbeitsabteilungen zusammengefaßt und unter Bewachung kaserniert werden. Die „Erstellung des Gettos“ sollte eine „Übergangsmaßnahme“ sein. Das „Endziel“, formulierte er, „muß jedenfalls sein, daß wir diese Pestbeule restlos ausbrennen“.[3]

Inzwischen ließ die Zivilverwaltung bei der deutschen Wehrmacht in Lodz die jüdische Bevölkerung arbeiten. Der stellvertretende Leiter der Zivilverwaltung, von Graushaar, verlangte von dem Rabbinat in Lodz, daß sich ab 15. Oktober 1939 täglich 600 männliche jüdische Arbeitskräfte ab 7.30 Uhr zu melden hätten: je 150 an den Sammelstellen Suwalskastr. 6, Poludniowastr. 10, Lipowastr. 30 und Zgierskastr. 17.[4] Bald darauf fing jeder Deutsche, der eine Arbeitskraft brauchte, sich Juden ein, sobald sie sich auf der Straße zeigten. Die Polizei und die Wehrmacht, um sie in den Kasernen zu beschäftigen, die NSDAP, um sie ihre Lokale aufräumen zu lassen, deutsche Unternehmer, um sie auszubeuten. Von der Menschenjagd auf der Straße ging man bald dazu über, sie auch aus ihren Wohnungen herauszuholen. Die Juden waren Freiwild. Ihnen half nicht einmal ein vom Bürgermeister, der Polizei oder dem „Jüdischen Arbeitseinsatz“ – einer Einrichtung des Judenrates – ausgestellter Nachweis, wenn sie bereits einen festen Arbeitsplatz hatten. Am 8. Februar 1940 erließ der Polizeipräsident, SS-Brigadeführer Schäfer, seine Ausführungsbestimmungen über „Wohn- und Aufenthaltsrechte der Juden“ von Lodz. Er ordnete

den „Umzug der Juden“ an, die unter Leitung der Transportführer täglich in sechs Gruppen von „zunächst 300 Köpfen in ihr neues Wohngebiet“ umsiedeln mußten. Sollten sie das nicht freiwillig tun, müßte der zur Umsiedlung aufgerufene Wohnblock morgens geschlossen antreten. Jeder Widerstand oder Fluchtversuch sollte sofortigen Waffengebrauch zur Folge haben.
Laut Verordnung des Polizeipräsidenten wurde „zur geschlossenen Unterbringung aller in der Stadt Lodz ansässigen Juden“ ein Stadtteil freigemacht. Die in diesem Stadtteil wohnenden Volksdeutschen und Polen mußten bis zum 29. Februar 1940 ihre Wohnungen räumen. Der Oberbürgermeister befahl inzwischen dem Ältesten der Juden, Chaim Rumkowski, alle Maßnahmen durchzuführen, „die zur Aufrechterhaltung eines geordneten Gemeinschaftslebens im Wohngebiet der Juden erforderlich sind“. Nach dem von Übelhoer vorgesehenen Plan wurde eine „Selbstverwaltung“ eingerichtet, die sich auf Wirtschaftsleben, Ernährungswirtschaft, Arbeitseinsatz, Gesundheitswesen und Fürsorge erstrecken sollte. Ein jüdischer Ordnungsdienst wurde aufgestellt und damit die Verantwortung für das Leben im Getto auf den Judenältesten und seinen Rat abgewälzt.
Die Bewachung des Gettos von außen übernahm das Kommando der Schutzpolizei. Oberst Keuck als Kommandeur blieb es vorbehalten, „Sonderbefehle“ zu erlassen zur Erschießung jedes Juden, der das Getto verlassen oder Verbindung über den Zaun nach draußen aufnehmen wollte.
Die Gestapo richtete für das Getto das Amt des sogenannten „Sachbearbeiters für Judenangelegenheiten“ ein. Seine Dienststelle lag am Außenrande des Gettos. Leiter wurde Kriminalkommissar Günter Fuchs, der zum SS-Hauptsturmführer avancierte und für die Gettobewohner zum „Schrecken des Gettos“ wurde. Er war allerdings nur ein mehr oder weniger unbedeutendes Glied in der Kette des Systems deutscher imperialer Machtpolitik, das im Faschismus seinen bisher brutalsten Ausdruck fand. Der Drang der herrschenden Kreise nach Osten war so wenig neu wie ihr Bestreben, Europa neu zu „ordnen“. Aber die Verbindung dieser Expansions- und Germanisierungsbestrebungen mit der Ausbeutung der polnischen und jüdischen Arbeitskraft bis zur „Endlösung“ wurde erst durch solche Kettenglieder möglich, zu denen auch nachstehende Dienststellen und ihre Leiter gehörten:
Die Staatspolizeistelle „Litzmannstadt“ leiteten bis Februar 1942 Regierungsrat und SS-Sturmbannführer Dr. Schefe (der angeblich verstorben sein soll), bis April 1942 sein Vertreter, Regierungsrat und SS-Sturmbannführer Herbert Weygand (dessen Aufenthalt bisher nicht ermittelt wurde), ab April 1942 bis zu seiner Flucht im Januar 1945 Dr. Otto Bradfisch. Seine Vertreter waren nacheinander: Herbert Weygand, Dr. Alfons Roese und Regierungsrat und SS-Sturmbannführer Albrecht-Joachim Kuke. Ab Sommer 1942 war Dr. Bradfisch „Kommandeur der Sicherheitspolizei und des Sicherheitsdienstes“, das heißt ihm unterstanden sowohl die Gestapo als auch die Kriminalpolizei. Außerdem war er ab 1. Juli 1943 kommissarischer Oberbürgermeister von „Litzmannstadt“.[5]
Leiter der Ernährungs- und Wirtschaftsstelle wurde Hans Biebow, der die Aufgabe hatte, das Getto als kriegswichtigen Bestandteil der Textilstadt auszubauen. Ab Mai wurde das Getto von der Außenwelt völlig abgeriegelt. Zu dieser Zeit befanden sich ca. 160 000 Juden im Getto.

Die Aufmerksamkeit, die gerade diesem Getto von höchsten Stellen zuteil wurde, verdankte es seiner Lage in der Textilstadt. Vorwiegend Wehrmachtsaufträge machten es zu einem Arbeitslager, das an Ausbeutung der Arbeitskraft alles bisherige übertraf. Auch jüdische Kinder mußten nicht nur ständig für einen Hungerlohn arbeiten, sie bekamen auch noch die Hungerrationen vorgeschrieben, von denen sie sich arbeitsfähig zu erhalten hatten. An ihnen wie an den Erwachsenen wurde noch bei der Einsparung ausreichender Essensrationen profitiert. Wurden sie krank, konnten sie nicht arbeiten, behandelte man sie wie ein verbrauchtes Werkzeug, das man wegwarf, indem man sie auf „Transport", daß heißt zur Vergasung schickte. Da ständig „Nachschub" eingeliefert wurde – erst aus dem sogenannten Warthegau, später aus dem „Altreich" und schließlich aus aller Herren Länder, konnten die Verantwortlichen ihre Arbeitssklaven großzügig verschleißen. Als Oktober/November 1941 in 20 Transporten[6] insgesamt 19 837 Juden aus Wien, Prag, Berlin, Köln, Luxemburg, Frankfurt/Main, Hamburg und Düsseldorf in das Getto eingewiesen wurden, lebten die Menschen bereits so eng zusammengepfercht, daß die Ankömmlinge kaum Platz fanden.

Die Getto-Verwaltung

Daß hinter der Bildung des Gettos mehr und anderes steckte als nur die Isolierung der jüdischen Bevölkerung, zeigt die im Oktober 1940 geschaffene „Gettoverwaltung", eine Dienststelle beim Ernährungs- und Wirtschaftsamt „Litzmannstadt". Offiziell war ihre Aufgabe, „den Unterhalt der im Getto untergebrachten Juden aus Vermögenswerten zu bestreiten, die die einzelnen Insassen des Gettos noch in Besitz haben, und die brachliegenden Arbeitskräfte, soweit dies möglich ist, in den Arbeitsprozeß einzuschalten".[1] Praktisch hieß das, den Juden das Eigentum zu stehlen, sie materiell und physisch auszubeuten und schließlich bis zur „Endlösung" noch „nutzbar" zu machen.
Leiter des Ernährungs- und Wirtschaftsamtes in „Litzmannstadt" war Oberverwaltungsrat Dr. Moldenhauer, Leiter der Ernährungs- und Wirtschaftsstelle für das Getto wurde Hans Biebow. Biebow, Inhaber der 250 „Gefolgschaftsmitglieder" umfassenden Firmen Julius Biebow und Co. und Streithorst und Co. in Bremen, brachte offensichtlich die für die Funktion eines Getto-Verwalters benötigte „Qualifikation" mit. Laut Schreiben vom 4. Mai 1940 der Deutschen Arbeitsfront in Bremen-Horn an den „Stadtoberverwaltungsrat" Dr. Moldenhauer in „Litzmannstadt" war Parteigenosse Biebow ein Betriebsführer, „dem viel daran gelegen war, mit in der Reihe der ausgezeichneten Musterbetriebe marschieren zu können" und der infolge der „örtlich beschränkten Platzverhältnisse seiner Betriebe eine entsprechende Entfaltung"[2] verhindert sah. Dieser „Entfaltung" waren als „Betriebsführer" von 200 000 Gettosklaven keine Grenzen gesetzt. So wurde er „Chefausbeuter des Gettos". Ihn interessierten weniger die ideologischen Motive der „Judenausrottung" als die wirtschaftlichen Forderungen seiner Auftraggeber.
Als erstes schuf sich Biebow einen Mitarbeiterstab aus alten Kameraden. Als Stellvertreter holte er sich den seit 10 Jahren mit ihm arbeitenden Friedrich

Wilhelm Ribbe. Auch die Buchhaltung wurde, wie die Leitung der einzelnen Büros, mit ergebenen Gefolgsleuten besetzt. Dann organisierte Biebow die Betriebe im Getto. Die erste Schneiderei-Abteilung wurde am 1. Mai 1940 mit kaum 100 Arbeitern gegründet. Bis Dezember 1942 hatte er sie zu einem Arbeitslager mit 2 500 Fachleuten in 12 Abteilungen (Militär-, Zivil- und gemischte Arbeitsabteilungen) ausgebaut. Dazu kamen die Schneiderei-Zentrale und sieben Magazine. Erstmalig wurde hier das Bandsystem eingeführt. Außer der „kriegswichtigen" Schneiderfabrik des Gettos gab es eine Stickerei (für Hoheitsabzeichen), Kleider-, Wäsche-, Hausschuh- und Schuh-Ressorts, eine Kleinmöbelfabrik, Tischlerei, Teppicherzeugung und ähnliches.
Biebow rekrutierte Arbeitskräfte, aus denen er das letzte herausholte. Er organisierte die Ernährung, die immer weniger und schlechter wurde, und den Diebstahl jüdischen Eigentums. Eine der ersten Maßnahmen der „Getto-Verwaltung" war die Einführung sogenannten „Gettogeldes", Mark-Quittungen, mit denen ein großer Teil der in das Getto geschmuggelten Wertsachen und Gelder abgeschöpft wurde. Typisch dabei war, daß der Judenälteste bei allen derartigen Maßnahmen vorgeschoben wurde. Alle Quittungen über eine, zwei, fünf, zehn, zwanzig und fünfzig Mark, die als „Gettogeld" bezeichnet werden sollten, trugen den Kopf des Judenältesten und waren unterschrieben von ihm. Er mußte bekanntgeben, daß ab 28. Juni 1940 keine anderen Zahlungsmittel mehr im Getto gültig seien.
„Es kann uns gleichgültig sein, wie sich der Geldwert im Getto entwickelt, wenn dadurch der Erfolg erzielt wird, das Gold schnell herauszuholen", schrieb der Stellvertretende Oberbürgermeister am 12. Juli 1940 an Biebow. Und weiter: „Mit Herrn Dr. Wagner habe ich die Frage der Herausnahme von Gold aus dem Getto besprochen. Es tritt die Frage auf, ob durch Hereingabe von Gettogeld eine beschleunigte Einholung des Goldes durchgesetzt werden kann. Wenn wir Gettogeld nur in gleichem Umfang hereinnehmen wie das aus dem Getto herauskommende Reichsgeld, so muß unter der Voraussetzung gleichbleibender Umlaufgeschwindigkeit des Geldes das Preisniveau im Getto stabil bleiben. Nimmt man aber Ware heraus (wozu auch Gold gehört) und gibt als Gegenwert Gettogeld, so verändert sich das Verhältnis Geld und Warenmenge grundlegend und führt zu einer Veränderung des Geldwertes".[3]
Das war für Biebow das Startzeichen. Er wollte seine Fähigkeiten unter Beweis stellen. Dies hieß – unter seiner Regie alles aus den Juden herauszuholen, was nur möglich war. In einer Besprechung am 23. Oktober 1940 wurde zwischen Gettoverwaltung und Kriminalpolizei festgelegt, daß alles, was die Kriminalpolizei beschlagnahmt, sofort der Gettoverwaltung abzuliefern sei. [4] Dazu gehörten alle Gold- und Schmucksachen, Devisen und Wertpapiere, Bargeld und Waren jeder Art.
Der Profit, den Biebow und seine Gettoverwaltung dabei machten, ließ andere nicht ruhen. Besonders scheint sich die Kriminalpolizei und Geheime Staatspolizei an dem Raub unter Umgehung der „Wirtschafts- und Ernährungsstelle" des Gettos beteiligt zu haben. Laut Sonderanweisung des Polizeipräsidenten sollte sie den Schmuggel bekämpfen. Kriminaloberassistent Richter allerdings stellte fest, daß sie sich mehr mit der Beschlagnahme von Gold und Juwelen sowie mit der Ausführung von Webwaren und Wertsachen befaßte, als mit der Wirtschaftsstelle zusammenzuarbeiten. Er wollte deshalb die Kriminalpolizei-

Sonderabteilung Getto an den Baluterring verlegt sehen. Für die Beschlagnahme von Gold und Devisen sollte allein die Zollfahndungsstelle zuständig sein, die dem Wirtschaftsprogramm seiner Meinung nach mehr Verständnis entgegenbrachte und von Beschlagnahmungen weitgehend absah.
Tatsächlich ordnete Regierungs-Vizepräsident Dr. Moser am 2. September 1940 an, alle im Getto anfallenden Wertsachen wie Juwelen, Platin, Gold, Silber, Pelze, Textilien, Porzellan und Kristall allein über die Lagerverwaltung am Baluterring den zuständigen Sammelstellen zuzuführen. Die Wirtschaftsstelle des Gettos sollte alles registrieren und gemäß den Vorschriften verkaufen. Textilien sollte die Warenhandelsgesellschaft mbH „Litzmannstadt" gegen festgelegte Preise (Vorkriegspreise) kaufen oder in den Arbeitsstuben des Judenrates verarbeiten lassen, um so das Getto mit einem Arbeitsprogramm zum Unterhalt der Judengemeinschaft zu unterstützen. Die Fertigwaren wollte sie ebenfalls zum Verkauf übernehmen, nachdem sie die Arbeitslöhne bezahlt habe.
Biebow wurde zum „tüchtigsten" Manager, dem es gelang, aus allem für die Gettoverwaltung das meiste herauszuholen – kistenweise Bruchsilber, das er an die Deutsche Gold- und Silberscheideanstalt in Berlin weitergab; Pretiosen (Platin, Diamanten, Brillanten, Schmuck und ähnliches) für die Oberkasse des Reichsstatthalters; Uhren, Federhalter, wertvolle und wertlose „Kleinigkeiten" als persönliche Geschenke, um seine Position zu stärken, bis zu den Textilien, die die Opfer vor der Vergasung in Chelmno (Kulmhof) ausziehen mußten und die „in Kulmhof zur Verfügung der Gettoverwaltung" lagerten, um von Biebow und anderen an das „Deutsche Winterhilfswerk" geliefert zu werden.
Seine Kompetenzen reichten schließlich über das Getto hinaus, das heißt auch das Vermögen oder die letzte Habe der im „Warthegau" noch in kleineren Orten lebenden Juden, die erst später zur „Endlösung" kamen, verlangte er für die Gettoverwaltung. Am 20. April 1942 verschickte er ein entsprechendes Rundschreiben, in dem es unter anderem hieß:
„Nach dem Erlaß vom 23. März 1942 des Herrn Reichsstatthalters fallen sämtliche Vermögenswerte wie Geld, Devisen, Hausrat, Waren, die Eigentum umgesiedelter Juden sind, an die Gettoverwaltung in Litzmannstadt.
Die Gettoverwaltung in Litzmannstadt kann rein verwaltungsmäßig die Mithilfe der ortsansässigen Behörden bei der Verwertung jüdischen Gutes nicht entbehren, zumal es auch zweckmäßig erscheint, den anfallenden Hausrat an Ort und Stelle einer neuen Verwendung zuzuführen. Was nach der Umsiedlung der Juden unverzüglich und in vollem Umfang zur alleinigen Verfügung der Gettoverwaltung sichergestellt werden muß, ist folgendes:

1. Maschinen aller Art (Nähmaschinen, Schuhmacher- und Kürschnermaschinen, Drehbänke, Tischlerwerkzeug, Bohrmaschinen, Strickmaschinen und sonstige).
2. Deutsche Reichsmark
3. Devisen bzw. ausländische Zahlungsmittel
4. Geprägte Gold-, Silber- und sonstige Münzen aller Art
5. Edelsteine
6. Textilien, Leder und sonstige Rohmaterialien aller Art". [5]

Außerdem verlangte er den aus Versteigerungen des jüdischen Hausrats anfallenden Erlös und verbot die Eintreibung von eventuell noch verhandenen For-

derungen vor der Umsiedlung. „Die Sicherstellung von Barbeträgen ist ausschließlich und allein Aufgabe des Sonderkommandos Lange, während Forderungen den Juden gegenüber der Gettoverwaltung Litzmannstadt zu melden sind, die nach Prüfung der Berechtigung über die Begleichung entscheidet." [6]
Natürlich hätte sich am liebsten jeder die Kompetenz zur Einziehung fremden Eigentums angemaßt. Im Gegensatz zu dem Bemühen heute vor deutschen Gerichten stehender Mittäter, ihre ehemalige Verantwortung herunterzuspielen und sich zum kleinsten Befehlsempfänger zu degradieren, waren sie damals in der Anmaßung ihrer Verantwortung nicht kleinlich. Ominöse „Grundstücksgesellschaften" wie die „für den Reichsgau Wartheland mbH", NSDAP-Kreisleitungen, Schutzpolizei, Amtskommissare und andere beschlagnahmten, was nicht niet- und nagelfest war. Zahlreiche untergeordnete Chargen versuchten, sich soviel wie möglich anzueignen. Sturmführer Reichel hatte sich noch mit seinen Leuten mit den aus der jüdischen Spinnstoff-Fabrik A. Swedziniewicz in der Narutowiczastr. 39 gemeldeten Lagerbeständen an Herren- und Damentaschentüchern begnügt, die er per Lastwagen abtransportierte, ohne Quittungen zu hinterlassen.[7] Die nach ihm kamen, holten sich schon weit mehr.
Die Kriminalpolizei Sonderabteilung Getto beschlagnahmte unter Leitung des Kriminaloberassistenten Siebers bereits eigenmächtig vorwiegend Gold und Juwelen.[8] Andere Dienststellen versuchten auf ihre Art, am allgemeinen Raubzug teilzunehmen. Jeder bezichtigte bald jeden und versuchte, seine Alleinzuständigkeit durchzusetzen.
Am 10. Januar 1940 forderte der Oberbürgermeister von „Litzmannstadt" von dem Polizeipräsidenten, derartige Beschlagnahmungen zu unterbinden.[9] Beauftragter für die Rohstofferfassung und damit für jede Beschlagnahme wurde Generalmajor Bührmann.
Am 4. März 1940 erließ der Regierungspräsident an sämtliche Behörden ein Rundschreiben, in dem er darauf hinwies, daß „trotz meiner wiederholten Verfügung wieder wilde Beschlagnahmungen vorgekommen" seien. Er nannte noch einmal die Dienststellen, die befugt seien, Beschlagnahmungen auszusprechen, darunter:

1. Reichsführer SS als Chef der deutschen Polizei mit den nachgeordneten Behörden;
2. Reichsführer SS als Reichskommissar für die Festigung deutschen Volkstums;
3. Treuhandstelle Ost und ihre Treuhandstellen bzw. deren Außenstelle Lodz;
4. Generalmajor Bührmann und sein Stab mit Sitz in Lodz sowie die von der Treuhandstelle Ost ermächtigten Stellen.[10]

Biebow hatte seine Vormachtstellung unterstrichen. Jetzt konnte er großzügig seine Bereitschaft erklären, Wünsche, die der Kripo von ihrer eigenen Wirtschaftsabteilung beim Polizeipräsidium nicht genehmigt wurden, aus „seinen" Beständen zu erfüllen. Mehr oder weniger verstand er es, den größten Strom in die Gettoverwaltung fließen zu lassen, um von hier aus die Verteilung in der Hand zu haben. Mit dieser Verteilung schuf er sich, nach dem Prinzip „kleine Geschenke erhalten die Freundschaft" eine sichere Position weit über den „Warthegau" hinaus. Freigiebig verteilte er die den Juden abgenommenen Gegenstände wie 30–40 Nachttischlampen, 10 Wecker, 15 Taschenuhren, 50 Ta-

schenmesser, 50 Füllfederhalter an „Verwundete“[11] – gegen Barzahlung versteht sich – und Armbanduhren an Privatpersonen. Tüchtigkeit und Großzügigkeit der Gettoverwaltung „Litzmannstadt“ waren bald weit über die Grenzen des Warthelandes hinaus bekannt. Parteifunktionäre, Polizeibehörden, deutsche Dienststellen, Firmen und Privatpersonen wandten sich mit diversen individuellen Wünschen an Hans Biebow. Regierungsorgane von „Litzmannstadt“ erkannten bereits frühzeitig, welche Möglichkeiten der Bereicherung – vor allem der persönlichen – die Konzentration der jüdischen Bevölkerung in Lodz bot. Sie hatten ein durchaus eigennütziges Interesse, das Getto in Lodz zu belassen.
Aus den wenigen Unterlagen, die die Herren „Geheimnisträger“ vor ihrer Flucht nicht mehr vernichten konnten, ist nur ersichtlich, was sie und ihre Helfershelfer an die übergeordnete braune Bürokratie ablieferten. Was sie behielten, auf der Flucht verloren oder sich nach Kriegsende als „Wiedergutmachung“ wiedergeben ließen, werden wir nie erfahren. Wenige Beispiele mögen genügen:
Am 2. April 1943 lagerten in der Gettoverwaltung neun Kisten Bruchsilber zur Abholung bereit für die Deutsche Gold- und Silberscheideanstalt in Berlin. Am 10. November 1943 übergab Biebow persönlich der „Oberkasse des Reichsstatthalters im Reichsgau Wartheland“, Henschke, Pretiosen, darunter: 1 Brosche, Platin mit 39 Brillanten; 1 Ring, Halbplatin mit 13 Brillanten und 20 Diamanten; Brillanten lose, Ohrringe und Ringe aus Gold und Platin mit Brillanten und Saphiren von 0,75 bis 3,30 Karat und andere Wertsachen.[12]
Für das, was aus den Landbezirken einging, *nur ein* Beispiel: Am 27. Mai 1942 telegrafierte die Gettoverwaltung an das Wirtschaftsamt Posen: „Beim Sonderkommando Lange lagern schätzungsweise 370 Waggons Kleidungsstücke, zu deren Abfahrt etwa 900 Lastkraftwagen mit Anhängern erforderlich sind.“[13]
Die Gettoverwaltung lieferte unter anderem der NSDAP-Gauleitung Posen Textilien aus den „in Kulmhof zur weiteren Verfügung der Gettoverwaltung“ lagernden Beständen für den „Gaubeauftragten des Winterhilfswerkes des Deutschen Volkes in Posen“. Darüber blieb folgender Beschwerdebrief erhalten:[14] „. . . zugestellte erste Sendung von 1 500 Anzügen entspricht in keiner Weise den seinerzeit in Augenschein genommenen Textilien, welche in Kulmhof zur weiteren Verfügung der Gettoverwaltung lagerten. Die von Ihnen gelieferten Anzüge sind in ihrer Qualität derartig schlecht, daß sie zum größten Teil für Betreuungszwecke nicht verwendbar sind. Auch handelt es sich bei Ihrer Lieferung nicht um komplette Anzüge, sondern nur um zusammengestellte Einzelstücke. Ein großer Teil der Bekleidungsstücke ist stark befleckt und teilweise auch mit Schmutz und Blutflecken durchsetzt. Die Kragen der meisten Jacketts sind derartig speckig, daß eine nochmalige gründliche Reinigung notwendig ist. – Da die Kollis von der Kreisamtsleitung Litzmannstadt-Land ungeöffnet an verschiedene Kreisamtsleitungen im Gaugebiet weitergesandt wurden, hat es sich erst später beim Öffnen der Kollis herausgestellt, daß zum Beispiel bei einer Sendung an die Kreisamtsleitung Posen-Stadt von 200 Röcken an 51 Röcken die Judensterne noch nicht entfernt waren. Da in den Kreislagern zum größten Teil polnische Lagerarbeiter verwendet werden müssen, besteht die Gefahr, daß die zur Betreuung im Winterhilfswerk vorgesehenen Rückwan-

derer von der Herkunft der Sachen Kenntnis erhalten und das WHW somit in Mißkredit kommt."[14]
Das Kleidungsstück vom „Winterhilfswerk" war das Stück vom blutigen „Kuchen" für die Ärmsten der sogenannten „Rückwanderer-Familien". Sie haben sich wahrscheinlich genausowenig Gedanken über die Herkunft gemacht, wie jene Rückwanderer, die Land, Hof, Wohnung, Möbel, bekamen. Alle verdankten alles ihrem „Führer", der noch heute für das gedankenlose Aneignen von „Geschenken" verantwortlich sein soll.

Der gewöhnliche Alltag im Getto

Das Getto umfaßte die nördlichen, damals am meisten verwahrlosten Armenviertel von Lodz: Die Altstadt und den Vorort Balut. Hier gab es weder Kanalisation noch sanitäre Einrichtungen. Die Häuser waren zum großen Teil aus Holz und oft sogar baufällig. Auf einem Gebiet von 4 qkm wurden 160 000 Juden aus Lodz und Umgebung „eingesiedelt", so daß bereits in der ersten Gettozeit auf ein Zimmer im Durchschnitt sechs Menschen kamen. Wie katastrophal die Verhältnisse wurden, nachdem am 1. Mai 1940 das Getto durch Mauer, Stacheldraht und bewaffnete Posten hermetisch von der Außenwelt abgeriegelt war, ist kaum vorstellbar. Daß sie zumindest den Juden auch außerhalb bekannt waren, geht aus den Aufzeichnungen Zelman Lewentals[1] hervor. Er schrieb: „... als wir noch zuhause wohnten, war das Getto Lodz schon als das schrecklichste aller Gettos bekannt, in dem wegen seiner strengen Isolierung – verständlicherweise – schlimmes und gewaltiges Elend herrschte ..."
Alle 50 bis 100 m stand ein Posten, der auf jeden schoß, der sich dem Zaun nur näherte. Der „Sonderbefehl für den Schußwaffengebrauch bei der Bewachung des Gettos Litzmannstadt" besagte unter anderem: „... Jeder Jude, der irgendwelche Schmuggelware oder Geld über den Zaun wirft oder über den Zaun geworfene Gegenstände in Empfang nimmt, wird, wenn er unmittelbar dabei angetroffen wird, ohne Anruf erschossen. Jeder Jude, der sich nach der Sperrstunde (21 Uhr) unmittelbar am Zaun zu schaffen macht, wird ohne Anruf erschossen. Auch innerhalb des Gettos müssen die Juden Passierscheine haben, wenn sie nach 21 Uhr die Straße betreten. Der jüdische Ordnungsdienst hat Anweisung, 15 m vom Zaun entfernt zu bleiben. Passierschein-Inhaber können diese 15-m-Zone nicht innehalten, wenn ihr Wohnungseingang näher am Zaun liegt."[2]
In der Praxis führte die Anweisung dazu, daß Posten sich ein Vergnügen daraus machten, auf Gettobewohner zu schießen, deren Wohnungseingang in der Nähe des Zaunes lag, bevor sie ihren Passierschein zeigen konnten. Viele wurden dabei erschossen. Andere wurden von den Posten an den Zaun gerufen und dann erschossen, weil sie zu nahe am Zaun waren.[3]
Mit der Aufrechterhaltung der Ordnung nach innen wurde der Älteste der Juden, Mordechai Chaim Rumkowski, beauftragt. Ihm stand ein sogenannter jüdischer Ordnungsdienst zur Verfügung, der mit Knüppeln ausgerüstet war. Sämtliche Gettoinsassen wurden listenmäßig erfaßt und registriert. Zu- und Abgänge mußten wöchentlich in „fünffacher Ausfertigung" eingereicht wer-

den. Wie stark die Fluktuation durch Sterbefälle, Deportationen, Neueinsiedlungen usw. war, geht aus der in dieser Zeit geführten „Ghetti-Chronik“[4] hervor, die sich aus offiziellen Bulletins zusammensetzt.
Für den Judenältesten wurde eine Verwaltungsstelle am Baluterring eingerichtet, in Nähe der deutschen Gettoverwaltung, so daß er ständig unter Kontrolle stand. Seine Selbständigkeit und Macht wurden mit Erfolg vorgetäuscht. Ihm unterstanden ein Zentrales Sekretariat und das Zentrale Büro der Arbeitsressorts. Die Rechnung der Nazis, die Verantwortung für die von ihnen geschaffenen Zustände auf den Judenältesten zu lenken, ging auf. Für die Gettobewohner war er der offizielle Vertreter ihrer Belange.
Er verhandelte, zahlte Lohn aus, verteilte Lebensmittel, unterschrieb die Aufrufe und – erfüllte gewissenhaft die Befehle der Deutschen. „Da das gesamte jüdische Vermögen nach reichsgesetzlicher Regelung als beschlagnahmt gilt, haben Sie sämtliche Vermögenswerte der Juden, soweit sie nicht zur unmittelbaren Lebensnotwendigkeit gehören (z. B. Bekleidung, Ernährung, Wohnung) listenmäßig zu erfassen und sicherzustellen. Sie sind ferner berechtigt, alle Juden zur unentgeltlichen Arbeitsleistung zu verpflichten“, lautete eine Anweisung an ihn. Andere forderten von ihm die Bereitstellung von Arbeitskräften, bessere Leistungen der Arbeiter, „Ruhe und Ordnung“. Die deutschen Behörden bestimmten den Preis, die Löhne, die Rationen. Sie befahlen den Arbeitseinsatz und wann und wie lange gearbeitet werden mußte, sie bestimmten das Wirtschaftsleben und was und wieviel gegessen werden durfte; sie lieferten die minderwertigsten Lebensmittel, nach Normen, die niedriger waren als die für Häftlinge. All das wurde dem Judenältesten angelastet. Er wurde zum Prellbock zwischen den deutschen Behörden und den Gettobewohnern. Der Haß der jüdischen Bevölkerung richtete sich gegen ihn und den Judenrat anstatt gegen das nazistische System und seine Vertreter. Genau darauf hatten diese bei der Einrichtung der sogenannten jüdischen Selbstverwaltung spekuliert.[5]
Während für einen Häftling die kaum ausreichende Summe von 40 bis 50 Pfennig für den täglichen Unterhalt festgesetzt war, durften für den Gettobewohner bereits im zweiten Halbjahr 1940 nur noch 23 Pfennig täglich ausgegeben werden. In den Fabriken gab es während 10stündiger Arbeitszeit ein „Mittagessen“ für die schwer arbeitenden Menschen. Es bestand unter anderem aus gekochten Kartoffelschalen.
Sogenannte Angestellte und Beamte, Juden, die in den Ressortbüros arbeiteten, bekamen anfangs zwei, später nur noch einen Teller Wassersuppe und mußten dabei 12 Stunden arbeiten.[6] Aber selbst die minimalen bewilligten Sätze standen nur auf dem Papier. Am 4. März 1942 schrieb Biebow an seine vorgesetzte Behörde: „Die Ernährung liegt seit einem Jahr unter den an sich zugebilligten Sätzen für Strafgefangene. Niemand kann die Behauptung aufstellen, daß die Gettobewohner von den ihnen zugewiesenen Lebensmitteln auf die Dauer arbeitseinsatzfähig bleiben. Und zwar deshalb sinkt der Gesundheitszustand der Juden täglich weiter ab ... Den klarsten Beweis für die Ernährungslage legen die rapide ansteigenden Sterbeziffern ab.“[7] Einige Monate später, Mitte 1942, schrieb er: „Die Ernährung der Juden ist zur Zeit derart prekär, daß man von einer tatsächlichen Hungersnot im Getto sprechen kann.“
Um der Hungersnot zu begegnen, nutzten die Gettobewohner jeden Fußbreit Erde im Getto zum Anbau von Kartoffeln, Weißkohl, Karotten und Rüben.

Äcker und Gärten befanden sich vorwiegend in Marysin, einem Randbezirk von Lodz. Nach der ,,Septemberaktion" 1942 wurde ihnen dieses Stückchen Land genommen und vom Getto getrennt. Es blieb zu wenig zum Leben für alle. Die schlimmste Hungersnot, verbunden mit Typhus, roter Ruhr und Tuberkulose, herrschte von Ende 1941 bis September 1942. Aber immer neue Menschen wurden eingesiedelt. So kamen zum Beispiel im Oktober/November 1941 über 20 000 Neuzugänge aus Berlin, Hamburg, Frankfurt/Main, Düsseldorf, Köln, Emden, aber auch aus Luxemburg, Wien und Prag. Es waren dies überwiegend alte, kranke, gebrechliche Menschen, die aus relativ guten Lebensbedingungen kamen. In kaum einem halben Jahr starben 3 000 von ihnen.[8]
Von Mai bis August 1942 mußten über 15 000 Juden aus Pabianice, Brzeziny, Ozorkow, Belchatow, Zelow, Kalisz, Lask, Wielun, Sieradz und Zdunska Wola in das Getto.[9]
Epidemien brachen aus. In jeder Familie gab es Herz- und Lungenkranke infolge des Hungers und der Kälte. Es fehlte an Medikamenten, an Nahrungsmitteln, an Kleidung, an Heizmaterial, an allem. Der Lohn für 10 Stunden mörderischer Zwangsarbeit war so niedrig, daß sich viele nicht einmal die Hungerrationen kaufen konnten. Selbst Biebow mußte zugeben: ,,Es sind im Getto rund 53 000 Arbeiter eingesetzt, die im wesentlichen im wehrwirtschaftlichen Interesse tätig sind. Jeder, der die Verhältnisse im Getto kennt, weiß, daß die Werktätigen buchstäblich an ihren Arbeitsplätzen wegen Entkräftung zusammenbrechen.[10] In dem ,,Brief-Tagebuch" eines Gettobewohners heißt es: ,,Aus dem relativ wohlhabenden Leben an ihren vorherigen Wohnorten sind sie in die unerträglichen Lebensbedingungen der Wohnungen von Balut geraten. Wo zu normalen Zeiten eine Familie wohnte, die höchstens aus drei bis fünf Personen bestand, quartierte man bis zu fünfundzwanzig Leute ein, Frauen und Kinder. Kein Wunder also, daß derartige sanitäre Zustände, daß Schmutz und Elend Krankheiten mit sich brachten. Die Sterblichkeit wuchs so sehr, daß sie annähernd zwanzigmal so hoch liegt, wie im alten Lodz vor dem Kriege ..."[11]
Die Menschen wehrten sich, so gut sie konnten. Es kam zu Streiks. Bereits im August/September 1940 demonstrierten Tausende auf der Straße. Weitere Demonstrationen, an denen auch Kinder teilnahmen, folgten im Januar und März 1941. Schlomo Frank berichtet über einen Streik der Arbeiter des Tischlerressorts, der am 23. Januar 1941 begann und am 30. Januar 1941 abgebrochen werden mußte: ,,Der Schneider- und Tischlerstreik ist heute vollständig zusammengebrochen. Der Präses[12] hat nicht nachgegeben. Die Arbeiter konnten nicht mehr aushalten. Der schwere Hunger hat sie gezwungen, zu kapitulieren. Sie sind massenweise wieder zur Arbeit gekommen. Ein Teil von ihnen zittert einfach vor Hunger. Die Zurückgekommenen haben nicht mehr gefordert. Sie haben auch zu niemand ein Wort gesagt. Mit hängendem Kopf ist jeder zu seinem Arbeitsplatz gegangen. Als der Präses hörte, daß die Werkstätten wieder voll seien von den zurückgekommenen Arbeitern, hat er befohlen, jedem von ihnen eine dicke Suppe und eine Tablette zu geben. Am Abend haben die Führer der Arbeiter einen Aufruf herausgegeben, in welchem stand: ,Kameraden Arbeiter! Ausgehungerte jüdische Massen! Damit wir nicht vor Kälte und Hunger umfallen, mußten wir leider dem Präses und seinen verscholtenen Mitschleppern nachkommen. Was haben wir denn eigentlich verlangt? Bestimmt nichts Unmögliches. Wir verlangten: 1. Die Löhne der Schwerarbei-

ter zu erhöhen; 2. für einen Teil des Geldes den Arbeitern Produkte zu geben; 3. ein Stück Brot zur Suppe, die man bei der Arbeit bekommt; 4. eine bessere und menschlichere Behandlung. Dies sind unsere Forderungen gewesen. Leider haben die Überherren unsere Forderung verworfen und uns dazu noch gedroht, uns ins Gefängnis zu werfen. Länger konnten wir es nicht mit ansehen, wie unsere Kinder vor Hunger und Kälte umkommen. Wir hatten keinen anderen Ausweg und keine andere Möglichkeit. Tod den jüdischen Verrätern! Tod ihren Mitschleppern! Die Rache wird nicht an ihnen vorbeigehen.' Unterschrieben: Alle Arbeitsressorts".[13]

Der gewöhnliche Alltag ging weiter mit Hunger, Krankheit, Deportation, Tod und Hoffnung auf ein Überleben. Die täglichen Sorgen um Ernährung, Zuteilung, Schwarzmarktpreise, Flüsterparolen, um die Erhaltung der Arbeitskraft, der einzigen Möglichkeit, der Selektion und damit dem sicheren Tode zu entgehen, forderten das bißchen verbliebene Kraft. Die Information für den Judenältesten lautete, das Getto habe nur durch Arbeit eine Überlebenschance. Viele Gettos waren inzwischen aufgelöst worden. Gerüchte kursierten, daß auch das Getto in Lodz aufgelöst werden würde. Andere besagten, es solle als Arbeitslager anerkannt werden. Rumkowskis Parole lautete: „Unser einziger Weg heißt Arbeit! Gute Arbeit wird überall gebraucht! Das Getto Litzmannstadt ist ein Produktionsbetrieb."[14] Hoffte er wirklich, wenigstens einen Teil durch Arbeit retten zu können? Seit Dezember 1941 wurden Juden aus dem „Warthegau" in Chelmno umgebracht. Aus dem Zigeunerlager innerhalb des Gettos wurden Anfang Januar 1942 etwa 5 000 Zigeuner zur Vernichtung deportiert. Bald darauf folgten 10 000 Juden aus dem Getto, von Februar bis April weitere 34 074. Anfang Mai schickte man 10 914 Juden, die überwiegend aus Deutschland, Österreich, der Tschechoslowakei und Luxemburg in das Getto eingeliefert worden waren, zur Vernichtung nach Chelmno. Schließlich kam es zu der berüchtigten September-Aktion 1942, bei der alle „Arbeitsunfähigen", – Kinder unter 10 Jahren, Greise, Krüppel, Kranke, Entkräftete, – zur Vergasung kamen. 15 685 Menschen wurden innerhalb weniger Tage in den Tod getrieben. Menschen, die sich wehrten, wurden zur Abschreckung öffentlich gehenkt. So wurden zum Beispiel bis Juni 1942 – soweit bekannt – 95 Juden öffentlich hingerichtet,[15] weil sie versucht hatten, sich und ihre Familien zu retten. Ferner wurden laut Lagebericht der Gestapo vom 3. Oktober 1942 35 Männer wegen „Arbeitssabotage, illegalem Verlassen des Gettos und Flucht" im September gehenkt. Weitere 18 Männer wurden am 7. September, dem zweiten Tag der Evakuierung, erhängt.[16] Der Älteste war 71, der Jüngste 18 Jahre alt. Bei dieser „Aktion" wurden alle Krankenhäuser aufgelöst. Das Personal kam zum Fabrikeinsatz. Zurück blieben – nach dem Stand vom 1. Oktober 1942 – 98 446 „Arbeitsfähige". Hatte mancher noch gehofft, die Deportationen gingen nur in andere Lager, jetzt wußte es jeder, Deportationen bedeuteten den Tod. Die Angst vor diesem unbekannten Sterben gehörte nun zum Alltag. Sie trieb alle an, das letzte an Arbeitskraft aus sich herauszuholen. Es gab nun keine Möglichkeit mehr, sich zu wehren.

Am 30. September 1942 wurde eine Anordnung erlassen, nach der „alle internen Abteilungen sowie Verteilungsstellen des Gettos ab 2. Oktober 1942 täglich von 7.30 bis 20 Uhr zu arbeiten hatten." Im dreistöckigen Gebäude des bisherigen Krankenhauses auf der Wesola wurde ein Holzgalanterie-Ressort eingerichtet, in dem Holzschuhe, Kindergitter, Holzformen für Schuhe (2 Millionen Stück), Holzabsätze und ähnliches hergestellt wurden. Anfang Oktober arbeiteten dort 1 200 Arbeiter in zwei Schichten. Während die deutschen Behörden alle Kinder unter 10 Jahren aus dem Getto in Chelmno vergasen ließen, mußten die überlebenden Mütter und Väter Kinderspielzeug für deutsche Kinder herstellen.

In das bisherige Kinderspital wurde die erweiterte Kunststickerei-Abteilung einquartiert. Sie beschäftigte 2 000 jüdiche Arbeiterinnen[17] damit, Hoheits- und militärische Rangabzeichen für die Mörder zu sticken. Andere schufteten, um die Aufträge der Militärverwaltung zu erfüllen. Drei Betriebe im Getto waren damit beschäftigt, Winterschuhwerk aus Stroh für die Wehrmacht an der Ostfront herzustellen (das Ressort sollte auf 6 000 Arbeitskräfte erhöht werden). Der Verdienst für die schwere Arbeit des Strohflechtens, die von Frauen, Greisen und Kindern getan wurde, betrug 2 bis 2,50 Mark pro Tag. Jede Möglichkeit wurde ausgeschöpft, das Getto noch produktiver zu machen. Das Schneiderressort fertigte Militäruniformen. Aus den Stoffresten wurden 11 bis 16 m lange Streifen genäht und Teppiche angefertigt. Dabei wurde gegen jeden unnachsichtig vorgegangen, der angesichts seiner vom Leib fallenden Kleider auch nur einen Garnrest für sich nahm. Am 10. Oktober 1942 ließ Biebov eine entsprechende Warnung plakatieren. Dies war die zweite Bekanntmachung, die nicht vom Judenältesten unterzeichnet war. Die erste meldete das Ende der ,,Septemberevakuation". Von nun an herrschte die deutsche Gettoverwaltung offen. Die Tarnung der jüdischen Selbstverwaltung fiel wie die Bezeichnung ,,Der Älteste der Juden" auf den Schildern der Ressorts. Jetzt hieß es Gettoverwaltung, Abteilung (Betrieb) soundso . . .[18]

Ende 1942 (lt. Getto-Chronik 3. Dezember 1942) wurde das Getto als Arbeitslager anerkannt. Die Verhältnisse im Lager wurden dadurch nicht besser. Infolge der Auflösung der Krankenhäuser und Gesundheitsabteilungen – die Kranken hatte man nach Chelmno zur Vernichtung geschafft – war eine Kontrolle über Typhus und andere Seuchen nicht mehr möglich. Es fehlte an Medikamenten und Behandlungsmöglichkeiten. Aber niemand wagte, der Arbeit fernzubleiben. Als der Winter kam, stiegen die Schwarzmarktpreise für Lebensmittel und für kaum vorhandenes Heizmaterial. Ein Brot kostete im Dezember 1942 bereits 130 Mark, 1 Pfund Zwiebeln 150, 1 Pfund Zucker 120 Mark. Der Alltag war weiter von Hunger, Kälte, Krankheit und Tod geprägt. Dennoch hoffte jeder auf den nächsten Sommer, auf ein Überleben, auf irgendetwas, das ihn diese Verhältnisse ertragen ließ. Allmählich wich auch die Angst. Wieder einmal hofften die Überlebenden, die letzte Aktion sei wirklich die letzte gewesen. Inzwischen verhungerten Tausende von Menschen. Im Juli 1943 versuchten die Arbeiter noch einmal, durch Hungerstreiks in den Betrieben ihre Lage zu verbessern. Um die Streiks und Demonstrationen niederzuwerfen, rief Rumkowski außer dem jüdischen Ordnungsdienst oft auch die deutsche Polizei zu Hilfe. Die deutschen Auftraggeber überließen es dem Judenältesten und seiner ,,Selbstverwaltung", mit dem Chaos fertigzuwerden. Sie interessierte nur der reibungslose Ablauf der Produktion, mit dessen Hilfe sie glaubten, ihren eigenen Untergang aufhalten zu können.

Der Interessenkampf um das Getto

Während die Ausbeutung der Arbeitskraft innerhalb des Gettos immer größer wurde, verstärkte sich außerhalb der Interessenkampf um das Getto. Der Profit ließ andere nicht ruhen – sie wollten das Getto auflösen und an anderer Stelle errichten, um den Profit für sich zu machen.

Laut Aktenvermerk vom 16. Juli 1941 fanden in der „Reichsstatthalterei" in Posen Besprechungen von verschiedenen Stellen statt über die „Lösung der Judenfrage im Reichsgau Wartheland". Dabei wurden Vorschläge gemacht, das Lager in „möglichster Nähe der Kohlenmagistrale" zu errichten oder „angesichts der Gefahr, daß die Juden nicht mehr sämtlich ernährt werden können", zu erwägen, „ob es nicht die humanste Lösung ist, die Juden, soweit sie nicht arbeitseinsatzfähig sind, durch irgendein schnellwirkendes Mittel zu erledigen. Auf jeden Fall wäre dies angenehmer, als sie verhungern zu lassen".[1] Arbeitsfähige Juden sollten „nach Bedarf zu Arbeitskommandos zusammengestellt und aus dem Lager herausgezogen werden". Zäh und verbissen führten die kleinen und großen Verdiener am Juden ihren Kleinkrieg weiter. Weder Regierungspräsident Übelhoer noch Gettoverwalter Biebow wollten sich „ihr" Getto nehmen lassen. Ihr Ehrgeiz ging dahin, das Getto in Lodz für sich zu erhalten. Von Anfang an hatte Biebow es zu einem riesigen Zwangsarbeitslager gemacht. Er hatte einen bedeutenden Teil der Arbeitskräfte sogar „ausgeliehen" an Betriebe, Militär- und Polizeidienststellen, die aus der Sklavenarbeit riesige Gewinne erwirtschafteten.[2]

Wie an der jüdischen Arbeitskraft verdient wurde, geht unter anderem aus dem genannten Aktenvermerk vom 16. Juli 1941 hervor, in dem die Unkosten für einen Juden mit 80 Pfennig pro Tag angegeben werden. So heißt es da: „. . . Es besteht der Eindruck, daß Regierungspräsident Übelhoer nicht wünscht, daß das Getto Litzmannstadt verschwindet, da er mit ihm ganz gut zu verdienen scheint. Als Beispiel, wie man an Juden verdienen kann, wurde mir mitgeteilt, daß das Reichsarbeitsministerium aus einem Sonderfonds für jeden in der Arbeit eingesetzten Juden RM 6,– bezahlt, der Jude aber nur 80 Pfennig kostet . . ."

Bei diesen zur Arbeit eingesetzten Juden handelte es sich um sogenannte „Leihjuden", das heißt, Betriebsführer liehen sich Juden als Arbeitssklaven gegen eine „Judenleihgebühr".

Es gab Betriebsführer, die behaupteten, daß sie noch „auf die Selbstkosten dazuzahlen" müßten, wie Ing. Lautrich, der Biebow RM 10 110,10 „Leihgebühr" mit der Begründung verweigerte: „Während es mir durch unnachsichtige Härte gelungen ist, aus den Männern nach und nach wenigstens halbwegs gute Arbeiter zu machen, muß ich feststellen, daß dies bei den Weibern nicht der Fall ist . . ."[3] Die Drohung Biebows, ihn bei der Gestapo zu melden, bewirkte allerdings sehr schnell, daß er sein Stammhaus in Posen anwies, die „Leihgebühren" zu überweisen. In welchem Zustand sich die geliehenen Opfer oft befanden, geht aus der Beschwerde des Leiters eines Wasserbau- und Wasserwirtschaftsunternehmens hervor. Er schrieb an Biebow: „Einem großen Teil der Juden fallen die Lumpen buchstäblich vom Leibe und sind nur noch mit Papierspagat zusammengehalten. Wäsche und Schuhe haben sie überhaupt nicht mehr."[4]

Inzwischen wurde in den besetzten polnischen Gebieten bereits der größte Teil der Juden während des Jahres 1942 ermordet. Im „Warthegau" wurde die Vernichtungsaktion vom „Sonderkommando Bothmann" ausgeführt. Aber in Lodz kämpften die „Ökonomen" noch mit Erfolg um die Erhaltung „ihres Gettos" gegen die „Endlöser". Nach der ersten großen „Aussiedlungsaktion" vom 7. bis 12. September 1942 wurde das Getto als offizielles Arbeitslager anerkannt und erhielt damit eine vorläufige „Überlebenschance". Ende 1942 bezeichnete der Schreiber der „Tageschronik" die „Ankunft von Bestandteilen von Riesenmaschinen" als eine „neue Epoche" für das Getto, mit der von der bisherigen Handarbeit zur maschinellen Arbeit übergegangen werden soll". Ein Hinweis auf den Auftraggeber findet sich in der Bemerkung: „Größere Aufträge von der Militärverwaltung. Insbesondere Pelz- und pelzartige Bekleidungsgegenstände wurden bestellt."[5]

Nach den Lageberichten der Gestapo wurden im Jahre 1942 insgesamt 70 000 Juden aus dem Getto in Lodz nach Chelmno zur Vernichtung gebracht.[6] Der Kampf zwischen den „Endlösern" und den „Ausbeutern" entbrannte erneut, als Himmler im Juni 1943 die Liquidierung aller polnischen Gettos anordnete. Das Getto in Lodz sollte vorerst in ein Konzentrationslager umgewandelt werden. Nachdem Greiser im Februar 1944 Himmler noch einmal auf die Schwierigkeiten vor allem finanzieller Art hinwies, wurde der Plan einer Umwandlung fallengelassen. Greiser berichtete in einem Schreiben am 14. Februar 1944 an SS-Obergruppenführer Pohl, Chef des SS-Wirtschafts- und Verwaltungshauptamtes (WVHA), dem sämtliche Konzentrationslager unterstanden, über die geplante Weiterentwicklung des Gettos: „... das Getto wird personell auf ein Mindestmaß verringert und behält nur so viel Juden, wie sie unbedingt im Interesse der Rüstungswirtschaft erhalten werden müssen ... Die Verringerung wird durch das im Gau schon früher tätig gewesene Sonderkommando des SS-Hauptsturmführers Bothmann durchgeführt ... Nach Entfernung aller Juden aus dem Getto und nach Auflösung desselben soll der gesamte Grundbesitz des Gettos der Stadt Litzmannstadt zufallen. Der Reichsführer wird die Haupttreuhandstelle Ost alsdann mit entsprechender Weisung versehen ..."[7]

Entscheidend für das Überleben des Gettos dürfte allerdings seine kriegswichtige Bedeutung für die Wehrmacht gewesen sein. Im Verlauf des Krieges erhöhte sich der Bedarf an Arbeitskräften, da die totale Mobilmachung Arbeitskräfte abzog. Man brauchte die Arbeit der Juden so dringlich, daß sich sogar noch Reichsminister Albert Speer als „Vorsitzender des Rüstungsrates" einschaltete. Während Reichsführer SS Himmler bereits die Räumung des Gettos befohlen und Gauleiter Greiser die Vernichtung eingeleitet hatte, machte die Rüstungsinspektion noch Anstrengungen, den Arbeitsablauf zu erhalten. Empört über den Eingriff in seine Kompetenzen schickte Greiser am 9. Juni 1944 ein Geheimtelegramm an den Reichsführer SS, in dem es hieß: „Gegenüber der von Ihnen befohlenen Räumung des Gettos Litzmannstadt werden seitens der Rüstungsinspektion erhebliche Gegenvorstöße unternommen. Reichsminister Speer hat am 5. Juni nachts durch den Offizier vom Dienst der Rüstungsinspektion die Zahl der im Getto in den einzelnen Fertigungen beschäftigten Personen, ihre wöchentliche Arbeitszeit sowie die wöchentliche Fertigung in den einzelnen Produktionszweigen angefordert, um angeblich diese Ziffer beim Führer vorzutragen.

Da ich mit den Vorbereitungen für die Räumung des Gettos fertig bin und die ersten Evakuierungen vorgenommen habe, mache ich pflichtgemäß auf diesen Vorstoß zur Durchkreuzung Ihrer Anordnung aufmerksam. Greiser."[8]
Während sowjetische Truppen sich bereits der polnischen Grenze näherten, und „Judensachbearbeiter" Fuchs und die sogenannten „Enterdungskommissionen" versuchten, die Spuren ihrer Verbrechen zu beseitigen, indem sie die Massengräber vernichteten, wurden vom 23. Juni 1944 bis 14. Juli 1944 noch einmal über 7 000 Menschen für das Vernichtungslager in Chelmno „aussortiert". Diesmal waren es zehn Transporte, die von Lodz nach Chelmno gingen, beladen mit Männern, Frauen und Kindern, die dort später im Gaswagen umgebracht wurden.
Die restlichen 60 000 Juden wurden aus dem Getto in Lodz vom 2. bis zum 30. August 1944 „ausgesiedelt". Unter ihnen, in einem der letzten Todestransporte, der „Älteste der Juden in Litzmannstadt" Chaim Mordechai Rumkowski. Er wurde in Auschwitz ermordet.[9]
Der Rest, ein sogenanntes Aufräumungs-Kommando von 870 jüdischen Menschen, wurde in der Jakubastr. 16 kaserniert. Mit ihnen überlebten 30 Kinder und 80 Juden, denen es gelungen war, sich zu verstecken.

Kriminalkommissar Fuchs und seine „Arbeit"

Vertreter der „Endlösung" im Getto war der sogenannte „Judensachbearbeiter" *Günter Fuchs.* Er „arbeitete" sich im Getto vom Hilfskriminalkommissar der Staatspolizeistelle in „Litzmannstadt" bis zum Kriminalkommissar und Leiter des Sachgebietes „Judenangelegenheiten" und der Referate Kirchen, Sekten, Kartei- und Erkennungsdienst empor. Seine Beförderung vom SS-Bewerber bis zum SS-Hauptsturmführer verdiente er sich als „Schrecken des Gettos". Seine Aufgabe bestand vorwiegend darin, nicht arbeitsfähige Menschen aus dem Getto für die Vergasung in Chelmno auszusortieren. Rücksichtslos spielte er seine Macht über Leben und Tod aus. Von der Beschlagnahme von Sachwerten bis zur Korruption und der Annahme von Bestechungsgeschenken war ihm jedes Mittel zur Bereicherung recht. Seine „Arbeitsmethode" reichte vom Zukkerbrot über die Peitsche bis hin zum blindwütigen Schießen. Er sorgte dafür, daß die jeweils geforderte Zahl von Juden bereitgestellt und in das Vernichtungslager transportiert wurde.
1963 wurden ihm von der Staatsanwaltschaft in Hannover Hilfeleistung bei der „aus niedrigen Beweggründen angeordneten heimtückischen und grausamen Tötung durch Vergasung von etwa 70 000 Juden des Gettos Lodz" und „46 weitere selbständige Handlungen", unter denen direkte Morde zu verstehen sind, vorgeworfen.[1]
Zu diesem Zeitpunkt war der Angeschuldigte Günter Fuchs 51 Jahre alt, verheiratet und Vater von drei Kindern. Zwei davon wurden geboren, als er jüdische Kinder und Eltern ins Gas schickte, als er Mütter, die sich widersetzten, erschoß, als er, der Herr über Leben und Tod, sich für den Tod – der anderen – entschied. Mit dem Schmuck und den Pelzen, die er den Juden abgenommen hatte, beschenkte er seine Frau, die es ihm noch dankte, als er auf der Anklage-

bank saß. Auch die erschütternden Aussagen der wenigen überlebenden Opfer bedrückten sie offenbar nicht. Während der monatelangen Verhandlungen saß sie im Zuschauerraum, bereit, zu ihm zu halten. Als man ihn 1960 verhaftete, arbeitete er in guter Position im Niedersächsischen Vertriebenenministerium in Hannover. Er und seine Frau waren der Meinung, daß sie „immer in geordneten Verhältnissen" gelebt hätten.
Als Sohn eines Polizeikommissars in Breslau geboren, legte Fuchs Ostern 1930 die Reifeprüfung ab. An der Universität Breslau studierte er Rechtswissenschaft. Am 1. August 1937 wurde er bei der Staatspolizei-Leitstelle Breslau Kriminalkommissar-Anwärter und nahm Anfang 1939 an einem Kommissaranwärterlehrgang auf der Führerschule der Sicherheitspolizei in Berlin teil. Nach bestandener Prüfung im Januar 1940 wurde er als Hilfskommissar nach Lodz abgeordnet. Er war jung und wollte Karriere machen.
Als das Getto gegründet wurde, bekam er den Auftrag, dort die „staatspolizeilichen Maßnahmen wahrzunehmen". Das hieß im Getto für „Ruhe und Ordnung" zu sorgen, während die Transporte zusammengestellt, die Menschen auf Lastwagen verladen und ins Gas nach Chelmno geschafft wurden. Geschossen hat er seiner Meinung nach „nur, wenn es notwendig war", zum Beispiel als der Judenälteste sich weigerte, Kranke und Kinder auf den Transport zu schikken. Da erschoß er „in Ausübung dienstlicher Aufgaben": eine Frau, die ihr Kind nicht ausliefern wollte, eine Frau, die ihrem 7jährigen Sohn nachlief, eine Frau, die sich weigerte, die Tochter herauszugeben durch einen Schuß in den Hinterkopf, ein 11jähriges Mädchen, das bei der Evakuierung des Kinderkrankenhauses flüchtete, drei 19- bis 20jährige Mädchen auf dem Hof des Krankenhauses durch Schüsse in den Nacken, einen jungen Mann ... usw. usw.[2]
Das war seine „Arbeit", für die er Gehalt und Sonderzuwendungen bekam.[3] Nach getaner Arbeit ging er nach Hause, zu Frau und Kindern, um sich auszuruhen und sich zu entspannen.
Seine Dienststelle, das Referat II B 4, unterstand der Staatspolizeistelle „Litzmannstadt", deren Leiter Dr. Bradfisch war. Kommissar Fuchs verstand sich als politische Polizei, die vorwiegend mit „Judenangelegenheiten" befaßt war. Zu seinen Aufgaben gehörte unter anderem die Übernahme des von neu eingelieferten Juden mitgeführten Geldes, das Abfassen von „Lageberichten", die Kontrolle der „Postsperre", das Ein- und Aussiedeln der Gettobewohner und andere sogenannte staatspolizeiliche Aufgaben, über deren völkerrechtswidrigen Charakter studierte Juristen wie Fuchs und Bradfisch keinen Zweifel haben konnten. Die offen formulierte Unmenschlichkeit widerspricht jeder nachträglichen Schutzbehauptung von dem Nichtwissen oder Nichterkennen des Verbrechens. Das zeigt unter anderem ein Beispiel aus der Arbeit der Staatspolizeileitstelle „Litzmannstadt". Am 9. Juni 1942 heißt es in den allgemeinen monatlichen Lageberichten über das Sachgebiet „Judentum" an den Inspekteur der Sicherheitspolizei und des SD in Posen: „... Im Hinblick auf das Judentum war die staatspolizeiliche Arbeit auf das nach Anweisung des Gauleiters zu schaffende Getto Litzmannstadt gerichtet ... Im Zuge der Bildung des Gaugettos erwies es sich zunächst als notwendig, Raum für die einzusiedelnden Juden zu schaffen. Zu diesem Zwecke wurde eine größere Anzahl nichtarbeitsfähiger Juden aus dem Getto evakuiert und dem Sonderkommando zugeführt. Von den polnischen Juden wurden seit dem 16. Januar 1942 insgesamt 44 152 ausgesie-

delt. Von den aus dem Altreich, der Ostmark und dem Protektorat Böhmen und Mähren im Oktober 1941 in das hiesige Getto eingewiesenen 19 848 Juden, wurden 10 993 evakuiert, so daß nunmehr für ca. 55 000 Juden Platz im Getto geschaffen worden ist."[4]
Das Alltagsleben des Kommissars Fuchs bestand vorwiegend darin, nicht arbeitsfähige Menschen aus dem Getto – und damit aus dem Leben – zu entfernen, um Raum für neue, noch arbeitsfähige zu schaffen. Seine Arbeit notierte er mit bürokratischer Gewissenhaftigkeit in Tabellen[5] und in den Monatsberichten, die Angaben über Art und Umfang der Abtransporte enthielten. Dabei klappte die Zusammenarbeit offenbar vorzüglich mit dem Leiter der Gestapo Dr. Bradfisch, dem Leiter der Gettoverwaltung Biebow, Offizieren der Schutzpolizei, dem Reviervorsteher, dem Polizeipräsidenten Dr. Albert und den Beamten des eigenen Referates, besonders bei den Großeinsätzen.
Sie hatten – mit geringem Personalwechsel – seit Gründung des Gettos in Lodz zusammengearbeitet. Sie hatten Pläne gemacht, Vorschläge nach „oben" und Befehle nach „unten" weitergegeben und die Vorbereitungen für die ersten Vernichtungen getroffen. Seit Ende 1941 wurde die Vernichtung für die Juden des „Warthegaues" in Chelmno geprobt, seit Januar 1942 wurden Juden aus dem Getto in Lodz in das Vernichtungslager in Chelmno transportiert. Bis Mai 1942 waren bereits 55 145 Menschen „ausgesiedelt". Im August wurden die Landkreise „judenfrei" gemacht, im September erfolgte die „Aktion", bei der die Menschen im Getto nicht einmal ihre Häuser verlassen durften. Die Bewohner mußten auf den Höfen antreten, wo die Auswahl für den Abtransport nach Chelmno getroffen wurde. Alle Kranken und Kinder unter 10 Jahren wurden dabei weggeschafft.
In der Anklageschrift heißt es dazu:[6]
„Nach den Lageberichten sind vom 16. 1. 1942 bis Ende Mai 1942 etwa 55 000 Juden aus dem Getto nach Kulmhof gebracht worden. Von Juni bis August 1942 sind offenbar aus dem Getto keine Transporte abgegangen ..." Aus dem Lagebericht für September 1942 ergibt sich die letzte „Aussiedlung" in diesem Jahre. Es heißt dort: „... eine Aussiedlung von rund 15 000 kranker und arbeitsunfähiger Juden aus dem Getto Litzmannstadt ... Durch diese letzte Aussiedlung ist der Bevölkerungsstand im Getto Litzmannstadt auf rd. 89 500 Juden herabgesunken. Bei diesen Juden handelt es sich mit ganz wenigen Ausnahmen um arbeitsfähige Juden, die fast sämtlich in den Arbeitsprozeß, soweit noch nicht geschehen, einbezogen worden sind."
Welche Rolle Fuchs dabei spielte, geht aus zahlreichen Zeugenaussagen hervor; die in dem Prozeß gegen Fuchs/Bradfisch gemacht wurden.[7] Allein im September 1942 waren es rund 15 000 Menschen, die Fuchs und seine Männer für die Vernichtung in Chelmno aussortierten. Als am 14. September 1942 die Fabriken und Werkstätten im Getto wieder eröffnet wurden, sorgte Fuchs wieder für „Ruhe und Ordnung".
Bis 1944 arbeiteten im Getto in Lodz noch 70 000 Juden. Es war zu dieser Zeit das einzige Getto, das noch auf polnischem Boden existierte. Als im Juni/Juli 1944 die nächste große „Aktion" stattfand, bei der über 7 000 Menschen in 10 Transporten nach Chelmno gebracht und getötet wurden, war Fuchs angeblich nicht dabei. Um diese Zeit näherten sich bereits russische Truppen dem Regierungsbezirk „Litzmannstadt". Auf Anordnung seines Vorgesetzten, des Gesta-

pochefs und Oberbürgermeisters von „Litzmannstadt", Dr. Bradfisch, führte Fuchs mit einem Arbeitskommando von 20 Juden einen „Sonderauftrag" aus. Als sogenanntes „Kommando 1005" leitete er die von Polizeikräften bewachten Juden an, alle im Bezirk „Litzmannstadt" befindlichen Massengräber, in denen Leichen von Massenerschießungen verscharrt waren, zu öffnen und ihre Überreste zu verbrennen.

Über die Rolle, die Fuchs vom 2. bis 30. August 1944 spielte, als über 60 000 Juden im Zuge der Auflösung des Gettos „ausgesiedelt" und nach Auschwitz zur Vernichtung geführt wurden, wissen wir wenig. Fuchs selbst erklärte zu seiner Mitwirkung bei der Auslieferung in Richtung Auschwitz dem Gericht: „Ich wurde aus dem Urlaub abkommandiert. Ich war bei meiner Frau und meinen beiden kleinen Kindern in Litzmannstadt. Ich wurde von einem Dienstwagen Dr. Bradfischs zum Oberbürgermeisteramt geholt. Dr. Bradfisch sagte mir, der Judenälteste hätte gebeten, ich soll wiederkommen, ich soll in Ablösung von Müller[8] weiterhin die Abtransporte des gesamten Gettos in Lager und Betriebe des Altreiches vornehmen ... Es wurde gesagt, der Rüstungsbetrieb wird ins Reich verlagert und die Leute werden in ihren einzelnen Fachsparten eingesetzt. Von Auschwitz war nichts bekannt."[9] Auf die Frage des Gerichtsvorsitzenden, daß ihm doch die Kommandoführer der Schutzpolizei, die die Transporte begleiteten, sicher erzählt hätten, wohin die Reise ging, erklärte Fuchs: „Die sagten, es sei ein riesiger Rüstungsbetrieb, da brenne es taghell, also muß es ein großer Betrieb sein. Es wurde gesagt, es soll dahinter Auschwitz sein, das als Lager Rüstungsbetrieb sein soll."[10]

Sein „gewöhnlicher Alltag" endete Anfang Juni 1945 in einem englischen Internierungslager, aus dem er Ende April 1948 entlassen wurde. Durch Urteil des Spruchgerichts in Bielefeld vom 8. Dezember 1948 (AKT. Z 4 Sp Ls 1213/48) wurde Fuchs wegen seiner Zugehörigkeit zur Gestapo und zur SS zu drei Jahren und sechs Monaten Gefängnis unter Anrechnung der erlittenen Internierungshaft verurteilt. Anfang 1953 hatte er den Anschluß wieder gefunden. Bis dahin war er „nur" als „Arbeiter und Vertreter" tätig. Als „Vertriebener" wurde Fuchs nun im niedersächsischen Ministerium für Vertriebene angestellt. Ein „angesehener Mann in guter Position", bei dessen Verhaftung niemand glauben wollte, daß dieser „ordnungsliebende, fleißige, höfliche Kollege und Vorgesetzte"[11] ein Massenmörder war.

Endstation Chelmno[1]

Das kleine Dorf Chelmno liegt an dem Flüßchen Ner im Bezirk Kolo (Warthbrücken), etwa 60 km vor den Toren von Lodz. Hier wurde 1941 die erste der schrecklichen Vernichtungsstätten auf polnischem Boden eingerichtet. Unter dem Namen „Kulmhof" ist sie in die Geschichte der Verbrechen des Hitlerreiches eingegangen.

Von Kolo, das an der Bahnstrecke Lodz-Posen liegt, führte ein Nebenanschluß in das 14 km entfernte Chelmno. Etwas abseits, in einem Park am Rande des Dorfes, befand sich ein als Schloß bezeichnetes größeres Gebäude. Von Dezember 1941 an wurden die Juden der umliegenden Ortschaften hierher gebracht und getötet. Ab Mitte Januar 1942 kamen Transporte aus dem Getto in Lodz, in der Regel mit der Eisenbahn. Die Transportzüge wurden bis Kolo geleitet, von wo die Opfer mit der Kleinbahn in die Nähe des Vernichtungslagers geschafft wurden. Teilweise wurden sie auch aus dem Getto direkt mit Lastwagen nach Chelmno gebracht.

Am 8. Dezember 1941 begann der mit Hilfe von Gaswagen betriebene Massenmord. Mit einer Unterbrechung vom Frühjahr 1943 bis Frühjahr 1944 wurden die Vernichtungsaktionen bis zum 18. Januar 1945 durchgeführt. Danach versuchte man, vor der näherrückenden Roten Armee die Spuren der Verbrechen zu verwischen. In Chelmno gab es weder Gaskammern noch Krematorien, wie in den größeren Vernichtungslagern. Trotzdem wurden hier insgesamt 360 000 Menschen, Polen, Juden und Staatsbürger anderer von den Nazis besetzter Länder Europas, ermordet. Viele sowjetische Kriegsgefangene fanden hier den Tod. Auch die Kinder aus Lidice, Kinder aus dem Waisenhaus Dorisin/Lodz und aus dem Gebiet Zamosc wurden hier umgebracht[2].

Die Massenmörder von Chelmno waren Angehörige der Staatspolizeistellen des Gaues, die zu einem ,,Sonderkommando Kulmhof" zusammengefaßt wurden. Bis Frühjahr 1942 wurde das Sonderkommando von SS-Hauptsturmführer Lange, danach von SS-Hauptsturmführer Bothmann geführt. Beide kamen von der Stapoleitstelle Posen[3]. Bothmann erhielt für seinen ,,hervorragenden persönlichen Einsatz und besondere Leistungen bei der Durchführung" des Massenmordes Anerkennungen und Auszeichnungen, unter anderem: den ,,Julleuchter" Himmlers, das Kriegsverdienstkreuz II. Klasse mit Schwertern, das Kriegsverdienstkreuz I. Klasse mit Schwertern und den kroatischen Orden der Krone König Zvonimirs I. (für den Massenmord an jugoslawischen Menschen). Seine ,,Anerkennung" durch den Reichsführer SS für ,,Durchführung eines Sonderauftrages im Bereich der Staatspolizeistelle Posen" wurde durch Runderlaß des Reichssicherheitshauptamtes (RSHA) vom 31. Mai 1944 öffentlich bekanntgegeben[4]. Daß dieser ,,Sonderauftrag" in dem Massenmord an wehrlosen Menschen bestand, wußten seine Angehörigen wahrscheinlich nicht. Seinem Lebenslauf nach kam er wie andere, die in dieser Zeit zu Massenmördern wurden, aus einer durchschnittlichen deutschen Familie, in der es weder kriminelle Veranlagungen gab, noch unsoziale oder ,,unsittliche" Verhältnisse. Seine Vorfahren waren biedere Kätner und kleine Handwerker in Holstein. Am 11. November 1911 wurde er im Holsteinischen Kreis Süder-Dithmarschen geboren. Sein Vater, ein holsteinischer Bauer, und die Mutter, ebenfalls gebürtig in Holstein, waren evangelisch wie ihre Vorfahren. Am 9. Juli 1938 heiratete Bothmann. Aus dieser Ehe stammen zwei Kinder. Er selbst bezeichnet sich später noch als ,,gottgläubig"[5]. Seit dem 1. November 1932 Hitlerjunge, kam er am 1. Juni 1933 in die SS (Nr. 117 630) und machte ,,Karriere". Vom SS-Unterscharführer brachte er es bis zum SS-Hauptsturmführer, vom Kriminalkommissar-Anwärter bis zum Chef eines Sonderkommandos zur Ausrottung ganzer Menschengruppen. Sein Sonderkommando im Vernichtungslager Chelmno bestand aus 85 Männern, die bis zum März 1943 die Massenmorde durchführten. Danach galt das ,,Unternehmen Chelmno" als beendet. Das ,,Sonderkommando Bothmann" wurde geschlossen in der SS-Freiwilligen-Division ,,Prinz Eugen" gegen Partisanen in Jugoslawien eingesetzt. Himmlers persönlicher Referent, Rudolf Brand, SS-Obergruppenführer, schrieb vorher an den Chef des Sicherheitsdienstes, SS-Brigadeführer Kaltenbrunner: „... Der Reichsführer SS bittet Sie, die Männer vor ihrem Einsatz noch einmal zusammenzunehmen und sie eindringlich zu verpflichten, unter die Zeit ihres Sonderkommandos einen Strich zu setzen und auch nicht andeutungsweise davon zu reden."[6] Die „bewährte" Truppe des Sonderkommandos wurde, hochdekoriert und belobigt, zur Tötung jugoslawischer Partisanen und der Zivilbevölkerung eingesetzt, bis sie im April 1944 wieder in Chelmno gebraucht wurde.

Um den störungsfreien Ablauf der Vernichtung in Chelmno zu sichern, stellte die Schutzpolizei „Litzmannstadt" ein Wachkommando in Stärke von etwa 80 Männern! Es unterstand einem Oberleutnant, einem Hauptmann und einem Revieroberleutnant der Schutzpolizei. Ihr Vorgesetzter war der Kommandeur der Schutzpolizei, Ottomar Roese, der von 1939 bis 1945 die Schutzpolizei in Lodz und Kattowitz, dem heutigen Katowice, leitete. Er wurde für seine „Verdienste" in Lodz zum Oberst der Schutzpolizei befördert.

Das ausführende Organ des Reichssicherheitshauptamtes und des Gauleiters bei der Überführung der Juden aus dem Getto in Lodz in das Vernichtungslager nach Chelmno war Dr. Bradfisch, Gestapoleiter und Oberbürgermeister von „Litzmannstadt". Ihm unterstand die Gestapo und innerhalb dieser auch das von SS-Sturmführer Fuchs geleitete Referat „Judenangelegenheiten" im Getto.

Über den Ablauf der Massenvernichtung in Chelmno sagten frühere SS-Angehörige und Polizeiangehörige aus:[7]

Nach dem Eintreffen der Transporte aus Lodz im Hofe des Schlößchens erklärte zunächst ein Angehöriger des Sonderkommandos allen Opfern, daß sie für den Arbeitseinsatz in Deutschland vorgesehen seien. Da sie vorher gebadet und entlaust werden müßten, sollten sie sich im Saal des Schlosses entkleiden, und dann über eine Treppe in den Keller gehen, wo das Bad sei. Um sich den Anschein von Ärzten zu geben, trugen die Sprecher zeitweilig weiße Kittel über ihren SS-Uniformen. Erkannten die Opfer im Keller die Täuschung, wurden sie mit Peitschen von der bereitstehenden Bewachungsmannschaft durch den Keller bis zur Rampe und von dort in den Gaswagen geprügelt. Die Rampe war mit einem Bretterzaun versehen, der an einer der Breitseiten der Rampe in Breite der Rückwand eines Gaswagens und der beiden Flügeltüren unterbrochen war. Der Gaswagen fuhr rückwärts heran. Die Flügeltüren wurden geöffnet, so daß die Rampe, deren Boden mit dem Boden des Gaswagens in gleicher Höhe lag, völlig abgeschlossen war. War diese fahrbare Gaskammer vollgepreßt mit Kindern, Frauen und Männern, wurde die Tür abgeschlossen. Der Fahrer des Wagens befestigte den vom Auspuff ins Wageninnere führenden Schlauch und ließ den Motor an. Nach etwa 10 Minuten waren die Menschen im Innern des Wagens unter grauenvollen Qualen erstickt. Wurden beim Ausladen im „Waldlager" noch Lebensregungen bei einzelnen Opfern festgestellt, tötete man sie durch Pistolenschüsse.

Das „Waldlager" war in dem nahe gelegenen Rzuchowski-Wald eingerichtet. Ein von Schutzpolizisten bewachtes Arbeitskommando, das aus 40 bis 50 jüdischen und polnischen Häftlingen bestand, mußte die Leichen aus den Gaswagen in die vorbereiteten Massengräber werfen. Ein im Schloß befindliches Zwangsarbeitskommando, bestehend aus etwa 70 Polen und Juden, mußte nach jeder Mordaktion das Innere des Gaswagens von den Ausscheidungen der Getöteten reinigen, damit der Wagen bereit war für die nächste Todesfahrt. Die

Angehörigen dieses Arbeitskommandos waren Tag und Nacht mit eisernen Ketten an den Beinen gefesselt. Um überhaupt laufen zu können, banden sie sich die Fesseln mit einer Schnur hoch. Konnten sie in ihrer seelischen und körperlichen Verfassung nicht mehr arbeiten, wurden sie von den Angehörigen des SS-Sonderkommandos im Waldlager erschossen. Ergänzt wurden solche „Lücken" durch ständig neue Transporte. Die Todesfahrten wurden bis in die Nacht fortgesetzt, bis alle am Tage in Chelmno eingelieferten Menschen getötet waren. So wurden zum Beispiel in der Zeit vom 23. Juni 1944 bis zum 14. Juli 1944 zehn Transporte mit über 7 000 Menschen aus dem Getto in Lodz nach Chelmno gebracht. An einem einzigen Tage, dem 28. Juni 1944, wurden vom Sonderkommando Bothmann 256 Männer, 547 Frauen und 2 Kinder in die Gaswagen geschickt. Nach Aussagen von Zeugen kam es nicht selten vor, daß die Opfer noch Lebenszeichen von sich gaben, als man sie später den Flammen der Verbrennungsöfen überantwortete.

Um diese Zeit, als das Sonderkommando Bothmann von seinem Einsatz aus Jugoslawien zurückkam, waren bereits zwei Gaswagen im Einsatz. Mit ihren Abgasen wurden im Sommer 1944 in Chelmno annähernd 10 000 Menschen umgebracht[8]. Die Leichen mußten von dem jüdischen Arbeitskommando unter Aufsicht der Schutzpolizei aus den Gaswagen herausgeholt und aufgeschichtet werden, um sie dann in den inzwischen aufgestellten Verbrennungsöfen zu verbrennen.

Bis zum Frühjahr 1942 wurden die Opfer in Massengräben von ungefähr 100 m Länge, 5 m Breite und 4 m Tiefe verscharrt[9]. Als es immer mehr wurden, bestellte man die Verbrennungsöfen. Jeder Ofen faßte 100 Leichen, die in Schichten, jeweils mit einer Zwischenschicht Holz, auf den aus Eisenbahnschienen bestehenden Rosten gestapelt wurden. Asche und Gebeinreste wurden zunächst in Gruben vergraben, später warf man sie in den Fluß Ner. Zur Beseitigung der Gebeine, die anfangs von den Angehörigen des Arbeitskommandos mit hölzernen Schlegeln zertrümmert werden mußten, verwendete man später eine „Knochenmühle"[10].

Als die Rote Armee näherrückte, wurden die alten Massengräber wieder geöffnet und die darin verscharrten Leichen ebenfalls verbrannt. Man bezeichnete diese Aktion als „Enterdungsaktion". Das Sonderkommando Bothmann war bis Mitte Januar 1945 mit der Beseitigung aller Spuren des Verbrechens von Chelmno beschäftigt. Zum Schluß wurden noch die Angehörigen des Arbeitskommandos erschossen.

Nach „getaner Arbeit" flüchteten Bothmann und sein Sonderkommando. Wie Bradfisch, Fuchs und andere kamen auch sie nach Westdeutschland, um hier unterzutauchen. Bothmann wurde – wie viele seinesgleichen – von den Engländern inhaftiert. Als er für seine Untaten einstehen sollte, entzog er sich der Verantwortung durch Selbstmord. Laut Schreiben der Zentralen Stelle der Landesjustizverwaltungen in Ludwigsburg vom 5. April 1961 erhängte er sich am 4. März 1946 in britischer Haft. Sein Ende war nicht unbedingt repräsentativ. Der Mehrzahl gelang es, unter falschem Namen „unter-" und später mühelos wieder „aufzutauchen"[11]. Sie fühlten sich nach Gründung der Bundesrepublik wieder sicher. Viele kamen wieder in Staatsfunktionen. Endlich, Jahre zu spät, wurden auch in der Bundesrepublik Prozesse gegen einige der Verbrecher des Unrechtsstaates geführt. Der Prozeß gegen den ehemaligen Gestapoleiter und

Oberbürgermeister von „Litzmannstadt" und seinen Komplizen, den ehemaligen „Judensachbearbeiter" Fuchs, ist nur einer von den vielen „kleinen" Prozessen. Da diese von der Öffentlichkeit kaum beachtet wurden, dürften die protokollarischen Aufzeichnungen, die von mir während der Verhandlungen gemacht wurden, von einem besonderen dokumentarischen Wert sein.

4. Teil
Hannover 1962/63: Ein Prozeß wird zum Geschichtsdokument

Einführung in die Prozeßmaterie

Bei den Prozessen gegen die Naziverbrecher wird man immer wieder auf den Widerspruch stoßen zwischen der Verurteilung der Handlanger in der Todesmaschinerie und der Behandlung derjenigen, die mit am Steuer saßen. Die strafrechtliche Verfolgung der nazistischen Gewaltverbrechen wurde mit geprägt von der Konzeption der Politik der sogenannten Schutzmächte – in der Bundesrepublik der USA, in der DDR der Sowjetunion. Eine derartig breite industriemäßig betriebene Vernichtung von Menschen, wie sie der Nazismus durchführte, erforderte eine Unzahl von Tätern und Mittätern. Die strafrechtlichen Ermittlungen konnten zwangsläufig nicht bei jenem Gaswagenfahrer aufhören, der als letztes Werkzeug die Tötung tausender Männer, Frauen und Kinder durchführte. Sie konnte vielleicht bei ihm beginnen. So stand jede Ermittlungsbehörde vor der Aufgabe, auch die letzte und höchste Instanz der Verantwortlichkeit festzustellen oder die Rechtsstaatlichkeit selbst in Frage stellen zu müssen.

Gesellschaftspolitische und wirtschaftssystembedingte Gründe ermöglichten den zahlreichen überlebenden Angehörigen jener höchsten Instanz des organisierten Verbrechens die Übernahme neuer Machtpositionen in der 1949 gegründeten Bundesrepublik. Sowohl in der Monopolwirtschaft als in der Exekutive und Legislative integrierten sich frühere Träger des Nazisystems, lange bevor man in der Bundesrepublik endlich daran ging, die Massenverbrechen zu sühnen. Als es soweit war, standen Staatsanwälte und Richter wieder einmal vor der Frage, wie unabhängig sie eigentlich seien. Zu Recht hielt man ihnen die Mitschuld der Justiz an den Verbrechen des nazistischen Systems vor. Die Entschuldigung, unter Befehlsnotstand und Zwang Todesurteile gefällt oder Überführungen in die Hände der Gestapo veranlaßt zu haben, war nicht nur das Bekenntnis, moralisch und menschlich versagt zu haben, sondern auch die Bankrotterklärung ihres Berufsstandes. Inzwischen saßen zum Teil andere, nachgewachsene Richter auf den Stühlen, von denen aus das Recht verkündet und das Unrecht gesühnt werden sollte. Ihnen standen nur die vom Gesetzgeber erlassenen Strafgesetze, insbesondere der § 211 StGB (Mordparagraph), zur Verfügung, um den Völkermord zu ahnden. Darin war zwar festgelegt, daß Mörder ist, „wer aus Mordlust, zur Befriedigung des Geschlechtstriebes, aus Habgier oder sonst aus niedrigen Beweggründen, heimtückisch oder grausam, oder mit gemeingefährlichen Mitteln, oder um eine andere Straftat zu ermöglichen oder zu verdecken, einen Menschen tötet", die Dimension des Völkermordes war mit diesem Gesetz jedoch nicht zu erfassen. Der Arm des Gesetzes konzentrierte sich auf den letzten Täter, aber nicht auf die Hierarchie der Mörder bis zu den Schreibtischtätern. In jedem Einzelfall prüfte das Gericht, ob die Tat „heimtückisch", d. h. durch Täuschung der ahnungslosen Opfer, „grausam", d. h. durch Zufügung besonderer Qualen, aus „niedrigen Beweggründen", d. h. durch Ausrottung einer als „artfremd" oder „minderwertig" bezeichneten Rasse oder Volksgruppe begangen wurde. Den Tätern blieben viele Brücken offen, über die sie sich in eine mildere Beurteilung (z. B. § 212 StGB Totschlag) oder in den Freispruch retten konnten. Daneben spielten Verjährungsdebatten und die Manipulation der öffentlichen Meinung das Thema im Sinne der Täter so hoch, daß schließlich an die Stelle der Forderung nach gerechter Bestrafung und Aufklärung über die Schuld der Schuldigen die Parole vom „endlich Schluß damit machen" trat.

Die Prozesse brachten oft keine klare Distanzierung des Gerichtes von den Tätern und Mittätern am Massenmord, vielmehr wurde die Frage in den Vordergrund geschoben, wie der einzelne sich dem Morden hätte entziehen können. Überlebende Opfer wurden als Zeugen oft ein zweitesmal unerträglichen Qualen ausgesetzt, wenn von ihrer Schilderung darüber, wie sich die Ermordung ihrer Kinder, ihres Vaters oder ihrer nächsten Angehörigen abgespielt hatte, die Entscheidung über Recht oder Unrecht abhing. Monatelange Untersuchungen erstreckten sich darauf, zu erfahren, ob der „Vergasungsvorgang", wie die Erstickung von Menschen im Gaswagen im Juristendeutsch genannt wurde, 10 oder 20 Minuten gedauert habe. Psychologisch wurden dabei oft den Verteidigern „goldene Brücken" gebaut, auf denen die Massenmörder jüdischer Frauen, Kinder und Männer als „Opfer eines schrecklichen Systems" herübergerettet werden sollten. Eines Systems, dessen Repräsentanten sie selbst waren und das sich zur Aufgabe gesetzt hatte, „Untermenschen" wie Juden, Polen und Russen zu vernichten, um das Land im Osten endgültig dem Deutschen Reich einverleiben zu können.

Der juristisch unvorbelastete Leser wird sich fragen, wie es zu den Widersprüchen in diesem Prozeß kam. Der Jurist wird dazu auf die Gesetze verweisen. Den Widerspruch zwischen diesen Gesetzen und den Taten, die hier verhandelt wurden, zu lösen, so meinen sie, sei Aufgabe der Politiker. In vollem Bewußtsein ihrer stumpfen Werkzeuge untersuchten Staatsanwälte, Richter und Geschworene monatelang oft in dem echten Bemühen, Recht zu sprechen und die Wahrheit zu finden. Eine Wahrheit, die Zusammenhänge, die nach „Litzmannstadt" führten, aussparte. Ein Recht, das auf einer Politik basierte, selbstverschuldete Realitäten nicht anzuerkennen. Dies zeigt nicht zuletzt der Prozeß selbst.

Die Anklage

Trotz aller Versuche, die Spuren zu beseitigen, blieb genug, die Täter ihrer scheußlichen Verbrechen zu überführen. In Polen wurden Prozesse durchgeführt. Der ehemalige Gauleiter und Reichsstatthalter im „Warthegau", SS-Obergruppenführer Arthur Greiser wurde als Kriegsverbrecher vom Höchsten Volksgerichtshof in Polen zum Tode verurteilt und in Posen 1946 hingerichtet. Desgleichen der Leiter der Gettoverwaltung in Lodz, Hans Biebow, der als Kriegsverbrecher vom Kreisgericht in Lodz 1947 zum Tode verurteilt und erhängt wurde.[1] Einer der Hauptverantwortlichen für die Verbrechen in Lodz, Gestapoleiter und Oberbürgermeister der Stadt, SS-Obersturmführer Dr. Otto Bradfisch, entkam. Er flüchtete vor der heranrückenden sowjetischen Armee in den Westen. Unter falschem Namen ging er in amerikanische Gefangenschaft. Nach einem halben Jahr wurde er von den Engländern übernommen und in Schleswig-Holstein entlassen. 1950 meldete er sich in Düsseldorf bei der höchsten Kriminalpolizeistelle und erstattete Anzeige gegen sich selbst wegen falscher Namensführung. Das Verfahren wurde wegen Geringfügigkeit eingestellt. 1958 wurde Dr. Otto Bradfisch vor Gericht gestellt und wegen Beihilfe zum Mord an 15 000 Menschen in Rußland vom Landgericht München zu zehn Jahren Zuchthaus verurteilt.
Um diese Zeit arbeitete der ehemalige „Judensachbearbeiter" Günter Fuchs noch unbehelligt im niedersächsischen Vertriebenenministerium. 1953 wurde er dort als Sachbearbeiter eingestellt. Am 5. Mai 1960 kam Fuchs wegen seiner Verbrechen in Lodz in Untersuchungshaft.
Im Oktober 1962 wurde gegen Bradfisch und Fuchs von der Staatsanwaltschaft beim Landgericht Hannover die Schwurgerichtsanklage erhoben.[2]

Schwurgerichtsanklage[3]

1) der Verwaltungsangestellte Günter *Fuchs*
aus Hannover, Feldstraße 10/11,
geboren am 23. Juni 1911 in Breslau,
verheiratet, Deutscher, nicht bestraft,
in dieser Sache seit dem 5. Mai 1960 in Untersuchungshaft in der Untersuchungsanstalt Hannover auf Grund des Haftbefehls des Amtsgerichts Hannover vom 7. Mai 1960 (43 Gs 573/60);

2) der Versicherungskaufmann Dr. Otto *Bradfisch*
aus Kaiserslautern, Marktstraße 52,
geboren am 10. Mai 1903 in Zweibrücken,
verheiratet, Deutscher, bestraft,
z. Zt. in Strafhaft in dem Verfahren der Staatsanwaltschaft München I – 22 Ks 1/61 – in der Strafanstalt Straubing.
In dieser Sache ist Überhaft notiert auf Grund des Haftbefehls des Untersuchungsrichters beim Landgericht Hannover vom 4. Juni 1962 (UR. 4/61),

werden angeklagt,

in Lodz – damals Litzmannstadt – (Polen)

I. a) *beide Angeschuldigte gemeinschaftlich handelnd* im Jahre 1942,

b) der Angeschuldigte *Dr. Bradfisch allein* durch eine weitere selbständige Handlung von April bis Juli 1944 anderen zur Begehung einer als Verbrechen mit Strafe bedrohten Handlung,

nämlich zu der von Hitler, Himmler, Heydrich, Greiser und anderen verantwortlichen Führern des Staates und der SS aus niedrigen Beweggründen angeordneten heimtückischen und grausamen Tötung durch Vergasung von

zu a) etwa 70 000 Juden

zu b) etwa 7 000 Juden

des Gettos Lodz in dem Vernichtungslager Chelmno (Kulmhof) im sog. Warthegau durch Rat und Tat wissentlich dadurch Hilfe geleistet zu haben, daß

der Angeschuldigte *Fuchs*

als Kriminalkommissar und Sachbearbeiter für Judenangelegenheiten bei der Staatspolizeistelle Litzmannstadt die Transporte der Juden aus dem Getto in das Vernichtungslager leitete, insbesondere veranlaßte, daß die jeweils geforderte Anzahl von Juden bereitgestellt und rechtzeitig in Marsch gesetzt wurde und in zahlreichen Fällen durch Absperrung von Häuserblocks und Durchsuchung von Wohnungen Juden für den Abtransport aussuchte,

der Angeschuldigte Dr. *Bradfisch*

als Regierungs- bzw. Oberregierungsrat und Leiter der Staatspolizeistelle Litzmannstadt

für die Durchführung der Abtransporte aus dem Getto von

zu a) etwa 15 700 Juden im August/September 1942

dem Angeschuldigten Fuchs und

zu b) etwa 7 000 Juden im Juli/Juli 1944

den damals zuständigen Sachbearbeitern seiner Dienststelle die erforderlichen Anweisungen gab, insbesondere sie mit der Durchführung der entsprechenden Befehle des Reichssicherheitshauptamtes beauftragte und für die Bereitstellung der Transportmittel sorgte;

II. der Angeschuldigte *Fuchs*

von 1942 bis 1944 durch 46 weitere selbständige Handlungen, davon in 22 Fällen (unter Ziffer 11, 18–20, 25, 30 und 31) gemeinschaftlich mit anderen SS-Angehörigen aus niedrigen Beweggründen heimtückisch und grausam Menschen – Juden im Getto – getötet

und in weiteren 5 Fällen (unter Ziffer 21–24) dies versucht zu haben, indem er:

a) während der Gettosperre im August/September 1942 Juden erschoß oder zu erschießen versuchte, die sich dem Abtransport zu entziehen suchten oder andere, insbesondere Angehörige davon zurückhalten wollten, und zwar:

1 – 20 vollendete Tötungen:

1. den Rabbiner Fisch Rabinowitsch, der sich versteckt hatte, durch einen Schuß in das Genick,
2. eine Frau im Alter von 26–27 Jahren, die ihr 5–6 Jahre altes Mädchen für den Abtransport nicht hergeben wollte,
3. eine Frau, die ihrem 6–7 Jahre alten Sohn, der allein abtransportiert werden sollte, nachlief,
4. eine Frau, die sich weigerte, ihre Tochter herzugeben, durch einen Schuß in den Hinterkopf,
5. einen jüdischen Polizisten, der das Kind eines Freundes von dem Transportwagen heruntergeholt hatte, um es zu retten,
6. ein 11–12 Jahre altes Mädchen, das bei der Evakuierung eines Kinderkrankenhauses floh,
7. ein altes Ehepaar, das aus dem Krankenhaus geflohen war, um dem Abtransport zu entgehen,
8. einen jungen Mann, der versuchte, seine für den Abtransport bereitgestellte Schwester zu retten,
9. eine Frau mit ihrem siebenjährigen Sohn, weil sie ihr Kind nicht für den Abtransport hergeben wollte,
10. ein Mädchen, das über die Straße lief, als der Lastkraftwagen für Abtransporte beladen wurde,
11. gemeinschaftlich mit dem Angehörigen seiner Dienststelle, Richter, und einem anderen auf dem Hof eines Krankenhauses: 3 Mädchen im Alter von 19–20 Jahren durch Schüsse in den Nacken,
12. einen tschechischen Juden, der sich über einen Arzt beschwert hatte, dadurch, daß er ihm zu laufen befahl und dann hinter ihm herschoß,
13. eine Frau, die während der Auswahl für die Abtransporte über die Straße lief,
14. einen Jungen von 16–17 Jahren, der von dem Transportwagen heruntersprang und weglief,
15. in der Holzstraße einen Mann von etwa 22 Jahren, der gebeten hatte, im Getto bleiben zu dürfen,
16. zwei Juden an einer Kreuzung der Marynarkstraße,
17. eine deutsche Jüdin, die Einwendungen gegen ihren Abtransport erheben wollte und den Angeschuldigten ansprach,

18–20. gemeinschaftlich mit anderen SS-Angehörigen:

18. 4 Juden, die sich in dem Hause Niecalastr. Nr. 5 versteckt hatten und während der Durchsuchung fortliefen,
19. Die Krankenschwester Kleczewska, die sich an dem Transportwagen, auf dem ihre Mutter war, festhielt,
20. einen 8–9 Jahre alten Jungen, der sich im Hause Podrzecznastraße Nr. 4 versteckt hatte,

21–24. versuchte Tötungen:

21. durch einen Schuß in das linke Bein der Frau Waynberg, die sich an dem Lastkraftwagen festhielt, mit dem ihre beiden Kinder abtransportiert werden sollten,

22. durch einen Schuß eine Frau, die vor dem Hause Wolborkastraße 36 aus der Reihe der für den Abtransport bestimmten Personen fortlaufen wollte,
23. durch einen Schuß einen jungen Mann, der in der Brezezinskastraße von einem Transportwagen heruntersprang, um zu entfliehen,
24. durch Schüsse in eine Menschenmenge, wodurch er zwei Personen traf,

b) nach der Gettosperre und zu nicht näher bestimmten Zeiten bis 1944 Juden tötete und zwar:

25. gemeinschaftlich mit dem Angehörigen seiner Dienststelle, Stromberg, und einem anderen,
    7 Personen durch Schüsse in eine Menschenmenge, die einen Kartoffelplatz stürmten, um sich mit Lebensmitteln zu versehen,
26. einen Juden aus Berlin, der sich im Hause versteckt gehalten hatte,
27. einen Mann und eine Fau, die aus einem Straßenbahnwagen, mit dem Personen zum Bahnhof abtransportiert werden sollten, sprangen und zu entkommen versuchten,
28. einen Mann, der in der Nähe der Podrzecznastraße auf eine gesperrte Straße zuging,
29. eine 30–40 Jahre alte Frau, die während der Räumung der Pasterskastraße auf die freie Seite laufen wollte,

30–31; gemeinschaftlich mit Stromberg im August 1944:

30. eine Frau, die in einem geräumten und für Gettobewohner gesperrten Bezirk zurückgeblieben war,
31. in der Zawiszastraße 5 Juden, die sich dort versteckt hatten

– Verbrechen strafbar nach
Paragr. 211 in der Fassung vom 4. 9. 1941 und vom 4. 8. 1953, 43, 47, 49, 73, 74 StGB., Paragr. 47 des Militärstrafgesetzbuches vom 10. 10. 1940 (RGBl. I Seite 1347 ff.)

Der Prozeß beginnt[1]

Vors.[2]: Angeklagter Fuchs – Sie haben die Schuldvorwürfe gehört – äußern Sie sich dazu.

F.[3]: Ich war Hilfskriminalkommissar. Im Januar 1940 sollte ich mein Examen machen. Dann wurde ich nach „Litzmannstadt“ kommandiert. Im Frühjahr 1940 wurde das Getto gegründet. Ich hatte den Auftrag, dort die staatspolizeilichen Maßnahmen wahrzunehmen ... Ende 1941 erfuhr ich, daß 20 000 Juden in das Getto kommen sollten. Januar 1942 wurde mir durch den Gestapoleiter eröffnet, daß Transporte aus dem Getto herausgenommen würden. Der Judenälteste wurde beauftragt, die Transporte zusammenzustellen. Unsere Aufgabe war es, für Ruhe und Ordnung im Getto zu sorgen!

Vors.: Herr Fuchs, Ihnen wird zur Last gelegt, daß im August 1942 alle Kinder bis zu zehn Jahren ausgesiedelt wurden und daß dabei Mütter erschossen worden sein sollen – auch von Ihnen ...

F.: Das kann ich heute nicht mehr aus dem Einzelfall sagen. Man stand immer einer großen Menschenmenge gegenüber. Wenn ich geschossen habe, dann nur, wenn es unbedingt erforderlich war.

Vors.: Und wie oft war das erforderlich?

F.: Das weiß ich nicht mehr so genau.

Vors.: War es 100mal oder 50mal oder 10mal – das müssen Sie doch wissen?

F.: Es können so 20 Fälle gewesen sein, vielleicht auch mehr.

Vors.: Angeklagter Fuchs – Ihnen werden 46 Morde vorgeworfen. Zwecks Vorhaltung zitiere ich einige aus der Anklageschrift.
Sie erschossen:
eine Frau, die ihr Kind nicht zur Deportation geben wollte,
eine Frau, die ihrem siebenjährigen Jungen nachlief,
eine Frau, die sich weigerte, die Tochter herauszugeben durch einen Schuß in den Hinterkopf,
ein elfjähriges Mädchen, das bei der Evakuierung des Kinderkrankenhauses flüchtete,
ein Ehepaar, das versuchte, dem Abtransport durch Verstecken zu entgehen,
drei 19–20jährige Mädchen auf dem Hof eines Krankenhauses durch Schüsse in den Nacken,
einen jungen Mann, der Sie bat, im Getto bleiben zu dürfen,
eine deutsche Jüdin, die Einwände gegen ihren Abtransport erheben wollte,
einen tschechischen Juden, dem sie befahlen, zu laufen,
einen 16jährigen weil er vom Transportwagen sprang und weglief,
vier Juden, die sich versteckt hatten und während der Durchkämmung der Häuser wegliefen,
eine Krankenschwester, die sich an ihrer Mutter festhielt,
einen achtjährigen Jungen, der sich versteckt hatte.
Sie schossen ferner in eine wehrlose Menschenmenge, wobei ebenfalls zwei Menschen getötet wurden ...

F: Die von mir geleiteten Aussiedlungen wurden immer in humaner Weise durchgeführt.

Aus der Vernehmung der Zeugin Frau Waynberg[1]

Frau Waynberg kam aus Paris, um ihre Aussage zu machen. Schon Tage zuvor hatte sie vor Aufregung nicht mehr schlafen können. Ihr Ehemann, der Fabrikdirektor in Lodz war, wurde gleich am Anfang der Besetzung 1939 abgeholt. Sie hat ihn nie wiedergesehen. Der Gedanke, jetzt den Mörder ihrer Kinder wiederzutreffen, raubte ihr fast den Verstand. Sie erzählte dem Gericht stokkend, immer wieder von Weinen unterbrochen, die unvergeßlichen Erlebnisse:

„Meine Töchter und ich mußten ins Getto. Wir hörten von der Aussiedlung eines Krankenhauses – wir haben gezittert und hatten das Gefühl, wir alle gehen in den Tod. Es war am Montag, dem 7. September 1942, als wir morgens früh Warnschüsse hörten. Dann mußten wir alle auf dem Hof antreten. Ich ging mit meinen beiden Töchtern im Alter von drei und sieben Jahren herunter auf den Hof. Die Kinder klammerten sich fest an mich, sie weinten und riefen: Mama, Mama, laß' uns nicht allein ... Ich stand mit meinen Kindern in der ersten Reihe. Ich sah drei bis vier Personen in deutscher Uniform und auch die jüdische Polizei, die den alten Leuten half, herunterzukommen. Die Kinder schrien und weinten ... Fuchs stand in meiner Nähe. Es dauerte fünf bis zehn Minuten, die Fuchs brauchte, um die Kinder sowie alte und krank aussehende Menschen für die Aussiedlung auszusortieren. Da meine Kinder so sehr weinten, rief Fuchs zu den Deutschen, nehmt sie schnell weg. Die Aussortierten wurden in eine Ecke des Hofes getrieben. Ich schrie, nehmt mich mit mit meinen Kindern ... Aber Fuchs brüllte, ich solle zurücktreten ... Dann gab Fuchs den Befehl, die Aussortierten auf den Wagen zu laden.
Hinter den Aussortierten gingen die deutschen Uniformierten und dann die jüdische Polizei ... Ich ging hinterher und drängte mich durch die Reihe der jüdischen Polizei. So kam ich bis ans Tor. Ich schrie wieder, nehmt mich mit mit meinen Kindern ..."
Während der Schilderung dieser schrecklichen Stunden war die Zeugin in einen so starken Erregungszustand geraten, daß sie am ganzen Körper zitterte. Der Vorsitzende sagte:
Bitte Frau Waynberg, beruhigen sie sich. Wir unterbrechen gern die Verhandlung für einige Minuten.
Frau Waynberg: Nein – bitte nicht – ich will alles aussagen – 18 Jahre habe ich auf diesen Augenblick warten müssen – 18 Jahre – Mörder waren es.
Sie übergab dem Gerichtsvorsitzenden die Bilder ihrer Kinder. Dann drehte sie sich zu dem Angeklagten Fuchs um und rief: „Du Mörder – was hast Du mit meinen Kindern gemacht?"
Im Schwurgerichtssaal herrschte Totenstille.
Bei der weiteren Vernehmung erklärte die Zeugin Frau Waynberg:
„Ich bat die SS-Männer, sie sollten mich durchlassen, ich wollte mit meinen Kindern gehen. Aber Fuchs schrie, ich solle zurück ... Ich bat ihn flehentlich. Ich wollte alles tun, nur sollte er mich bei den Kindern lassen ... Da schrie er mich an, ich sei jung und könne noch arbeiten – nur Arbeitsunfähige kämen weg – Ich durchbrach die Postenkette und wollte zu den Kindern laufen – Ich sah einen Revolver in der Hand von Fuchs und hatte das Gefühl, daß er auf mich zielte. Ich sah, daß er schoß. Von da an wußte ich nichts mehr. Als ich wieder zu Bewußtsein kam, waren meine Kinder weg. Ich lag bei guten Freunden. Sie sagten mir, mein linkes Bein sei durchschossen. Ich spürte es nicht ... Ich dachte nur an meine Kinder ... sie waren weg ... Ich sah sie nie wieder ... Er hat sie in Kulmhof ..."
Während der Vernehmung versuchte der Verteidiger von Fuchs mehrfach die Glaubwürdigkeit der Zeugin – wie auch der weiteren Zeugen – anzuzweifeln. Seine Verhandlungstaktik wurde von Nebenkläger Dr. Greve als Verschleppungsmanöver bezeichnet. Während Fuchs sich immer wieder darauf berief, nur „seine Pflicht erfüllt" zu haben, erklärte sein Verteidiger Dr. Poppensie-

ker: „Ich werde mich in meiner mir übertragenen Staatspflicht nicht durch Sie, Herr Nebenkläger, behindern lassen."

Der Zeuge Abraham Bennet sagt aus

...Ich erkenne ihn wieder – auch wenn es 20 Jahre her ist. Damals trug er meistens Stiefelhose, Stiefel und Uniformhemd mit aufgekrempelten Ärmeln sowie Schulterriemen. Im Getto hieß er nur „Der Schrecken von Lodz".
Es war im September zweiundvierzig. Wir – meine Frau, meine Schwester, mein Schwiegervater, der Rabbiner Rabinowitsch, und ich – wohnten damals im Getto in der Lagiewnickastraße 8 – etwa 200 m vom Baluter Ring entfernt. Plötzlich hörten wir Schüsse – das Zeichen für uns, auf dem Hof anzutreten... Meine Schwester hatte Angst, weil sie blaß und krank aussah. Sie meinte, sie würden sie wegschaffen. Wir rieben ihr die Wangen rot und beruhigten sie... Auch mein Vater wollte nicht mitgehen. Er war alt und krank und fürchtete, sie würden ihn wegschaffen. Er versteckte sich. Wir hörten unten schon das Schreien. Fuchs brüllte: „Na endlich alles unten? Oder hat sich noch so ein dreckiges Judenschwein irgendwo versteckt? Wer nicht sofort runterkommt und gefunden wird, wird erschossen." Und dann rief er: „Ich gebe noch eine Chance – wer sich versteckt hat, komme herunter, ich werde Gnade vor Recht ergehen lassen." Und da kam Vater herunter... Und dann sortierten sie aus. Wer keine Arbeitskarte hatte, mußte auf den Lastwagen. Meinem Schwiegervater befahl Fuchs, sich an den Zaun zu stellen. Und dann durften die Arbeitsfähigen wieder ins Haus – mein Schwiegervater mußte am Zaun stehen bleiben. Ich war im Tor des Hauses stehengeblieben und habe gesehen, wie er meinen Schwiegervater erschoß. Dann befahl er seinen Leuten, die anderen auf die Lastwagen zu treiben. Um die Leiche kümmerten sie sich nicht. Als der Hof leer war, bin ich hingegangen und habe meinen Schwiegervater, den Rabbiner Rabinowitsch, weggeholt.

Zeugenaussagen der Voruntersuchung

Bücher, Jakub: Ich bin dabeigewesen, wie Fuchs mit seinen SS-Gehilfen Kinder, Kranke und andere Juden zum Abtransport auf den verschiedensten Fahrzeugen zusammentrieb. Ich sah, wie die SS-Leute und ihre Gehilfen Kinder in allen Lebensjahren auf die Wagen hinaufschmissen. Dabei sind Kleinstkinder gewesen. Bei dieser Aktion war Fuchs zugegen. Ob er selbst Kinder auf die Wagen geworfen hat, kann ich heute nicht mehr sagen. Aber er war meines Erachtens der Führer der Gruppe und muß das Vorgehen der SS-Leute gebilligt haben.
Neumark, Alexander: Ich kann aussagen, daß die Aktion mit einer furchtbaren Brutalität durchgeführt wurde, weil Mütter sich weigerten, ihre Kinder herauszugeben. Es kam zu bewegenden Auftritten. Die Auswahl der für den Ab-

transport bestimmten Menschen nahmen zunächst ein oder zwei Begleiter von Fuchs vor. Dann ging Fuchs noch einmal unsere Reihe entlang und suchte sich noch Leute heraus, die ebenfalls abtransportiert werden sollten.
Schulz, Wolf: Bei diesem Aussuchverfahren spielten sich fürchterliche Szenen ab, weil sich die Mütter natürlich nicht von ihren Kindern trennen wollten. Ich habe selbst gesehen, daß einer Mutter ein etwa zweijähriges Kind aus den Armen gerissen wurde und dann dieses Kind auf den Transportwagen geschmissen wurde. Ob Fuchs das getan hat, weiß ich heute nicht mehr, aber er war zugegen – das weiß ich ganz genau.
Lewi, Paul: Nur Fuchs bestimmte, wer abtransportiert werden sollte. Wenn zum Beispiel unser Kommandant, Kaufmann Biebow, gebeten wurde eine Person zurückzulassen, dann fragte er erst den Fuchs, ob er einverstanden sei. Von dessen Entscheidung hing es dann ab, ob ein Jude für den Transport eingeteilt wurde oder ob er bleiben konnte. – Fuchs gab auch den Befehl, die Häuser zu durchsuchen, da sich häufig Personen versteckten. Ich habe selbst gesehen, wie er Angehörige der jüdischen Polizei schlug, weil diese ihm bei der Durchführung nicht eifrig genug waren. Er durchsuchte auch selbst die Häuser und die Toiletten auf dem Hof. Wenn er dort noch Juden fand, dann sagte er: „Immer noch was da, ihr Schweine." Die Leute, die auf diese Art gefunden wurden, gingen sofort auf den Transport.
Stopnicki, Jakob: Ich weiß, daß bei dieser Selektion, die Tage dauerte, alle Kinder im Alter von Geburt bis zu 10 Jahren ausgesondert und in das Sammellager gebracht wurden. Dabei gab es erschütternde Szenen, wenn Eltern von ihren Kindern getrennt wurden. Ich habe selbst erlebt, daß sich eine jüdische Mutter, deren fünfjähriger Sohn ausgesondert und weggerissen wurde, dem Fuchs auf der Straße zu Füßen warf und ihn bitterlich anflehte, ihr doch das Kind zu lassen. Es bleibt mir unvergeßlich, wie Fuchs auf das Flehen dieser Mutter so reagierte, daß er sie mit seinen Stiefeln gegen den Kopf trat. Die Frau war im Nu blutüberströmt und umklammerte die Füße von Fuchs, worauf dieser die Pistole ziehen wollte. Ich sehe noch deutlich, wie er zur Pistolentasche griff, um diese Frau zu erschießen. Jüdische Polizisten sprangen jedoch noch schnell dazwischen und konnten die inzwischen ohnmächtig gewordene Frau in einen Hauseingang tragen. – Diese Frau ist einige Tage später an den ihr zugefügten Kopfverletzungen gestorben.

Als der Vorsitzende des Gerichts Fuchs die Aussagen vorhält, unterbricht ihn *Fuchs:* „Können Sie sich vorstellen, wie ich da mit dem Fuß getreten haben soll, wenn die Frau meine Füße umklammert hielt?"

Vors.: Herr Fuchs – Sie können sich sofort im einzelnen äußern – ich möchte Ihnen nur noch, zwecks Vorhalt, einiges aus der Anklageschrift vorlesen:
Moshe Rosenbaum arbeitete als Portier in einer Textilfabrik, die in der Nähe des Krankenhauses lag. Die Evakuierung der Kranken soll der Angeschuldigte geleitet haben. Dabei sollen Kleinkinder, die noch nicht gehen konnten, durch die Fenster auf den Hof geworfen worden sein, wo die Kraftwagen für den Abtransport standen. Auf Frauen, die ihre Kinder zurückhaben wollten, soll geschossen worden sein. Rosen-

baum beobachtete, daß während der Räumung des Krankenhauses ein altes Ehepaar durch den Zaun kroch, um zu entfliehen. Der Angeschuldigte bemerkte diesen Vorgang und befahl einem jüdischen Polizisten, das Ehepaar festzunehmen. Wie Rosenbaum angibt, hat der Angeschuldigte dann das Ehepaar durch Kopfschüsse getötet. – Danach soll der Angeschuldigte nach Darstellung Rosenbaums zu ihm in die Fabrik hinübergekommen sein und den Revolver an seine Stirn gesetzt haben, wobei er gesagt haben soll: „Du Hund, Du wirst erschossen, Du hast Leute versteckt." Rosenbaum hat darauf angeblich erwidert, daß er den Geschäftsführer der Fabrik holen wolle. Der Angeschuldigte soll ihm daraufhin befohlen haben, das zu tun, worauf Rosenbaum fortgelaufen ist und sich versteckt hat. Dieser Vorgang dürfte identisch sein mit dem von dem Fleischer Sina Jakubowicz bekundeten Vorgang.

Der Elektriker David Laks arbeitete im Krankenhaus in der Lagiewnieckastraße 36 in seinem Beruf. Nach seiner Darstellung hat er folgendes beobachtet: Bei der Evakuierung des Krankenhauses soll ein junger Mann versucht haben, seine Schwester, die im Krankenhaus für den Abtransport bereitstand, zu retten, indem er sie aus dem Haus zu entfernen versuchte. Der Angeschuldigte Fuchs soll das beobachtet und den Mann erschossen haben.

F: Ich kann mich im einzelnen nicht erinnern. Ich halte es aber für möglich, daß gegenüber dem fliehenden Ehepaar von der Schußwaffe Gebrauch gemacht wurde.

Vors: Und auf den jungen Mann, der seine Schwester retten wollte, haben Sie auch geschossen?

F: Herr Vorsitzender, ich habe das doch schon mehrmals erklärt – gegenüber Personen, die die Aussiedlung zu stören versuchten, mußten wir so vorgehen.

Vors: Auch gegen eine Mutter, die ihren 7jährigen Sohn nicht für den Abtransport hergeben wollte? Frau Magier sagte aus, Sie hätten die Mutter und den Sohn „auf der Stelle" mit dem Revolver erschossen.

F: Ich sagte doch, es bestand eine Anweisung, auf Flüchtende, auf sich Widersetzende, auf Versteckte zu schießen. Ich habe nur, wenn es der Dienst erforderte, geschossen. Wie sollte man es denn sonst machen?

Vors: Herr Dr. Bradfisch – Sie wollten etwas sagen?

Br.[1]: Hohes Gericht – Sie müssen das doch mit den Augen von damals betrachten. Sie können doch nicht heutige Maßstäbe anlegen... Wolff[2], der mit mir einsitzt, sagte auch zu mir, als ich ihn fragte „Wolff, was wäre uns passiert, wenn wir uns damals geweigert hätten?" Wolff sagte daraufhin zu mir, wir wären ins KZ gekommen oder erschossen worden. – Ich sagte Ihnen doch schon, ob ich mein Leben damit riskierte, weiß ich nicht, ich habe damals in Minsk Himmler persönlich gefragt „Reichsführer, wer übernimmt die Verantwortung?" Sie wissen alle, wer Himmler war. Und Himmler antwortete mir: „Da machen Sie sich man keine Sorgen – die übernimmt der Führer und ich."

Vors: Ja, ja. Das haben Sie uns alles schon erzählt, Herr Dr. Bradfisch. Hier geht es darum, ob und wie ein Befehl aufzufassen war. Herr Fuchs, wenn Sie also nicht gewußt haben, daß die Leute in Kulmhof sowieso vernichtet würden, dann hätten Sie sie doch leben lassen können. Sie hatten doch die Macht. Was hätte es Ihnen ausgemacht, wenn Sie einen Versteckten fanden und ihn dann auf den Transport schickten – warum mußten sie da gleich schießen?

F: Als Abschreckung. Sonst hätte sich ja jeder verstecken können und weglaufen. Also mußte er erschossen werden.

Vors: Herr Dr. Bradfisch – Sie sind doch Volljurist. In über 100 Jahren war in Deutschland in der Verfassung verankert, daß zumindest durch ein rechtsstaatlich zusammengesetztes Gericht das Urteil ausgesprochen werden mußte.

Br.: Es war ja Krieg. Wir konnten nichts ändern. Selbst wenn ich es innerlich abgelehnt hätte. Es war festgelegt von höchster Reichsinstanz.

F: Für mich war es eine Anordnung von höchster Stelle. Alle Vorgesetzten waren Volljuristen. Das Reichssicherheitshauptamt war eine Art Ministerium. Ich mußte annehmen, was diese Juristen machten, stimmt mit den Grundsätzen überein.

Vors.: Kann, von ihrer damaligen Warte aus gesehen, ein Führer einfach anordnen, alle Juden zu töten? - Trägt er nicht den Stempel des Verbrechens auf der Stirn?

F.: Da waren doch höhere Stellen. Warum verlangt man von uns kleinen Leuten, daß wir dagegen aufstehen?

Vors.: Sie waren doch ein selbständig denkender Mensch. Jeder vernünftige Mensch mußte sich doch sagen, daß es nicht richtig sein kann...

F.: Ich war Beamter. Ich konnte doch nicht sagen, morgen komme ich nicht in den Dienst.

Vor.: Sie wollen also nicht gewußt haben, was in Kulmhof vor sich ging? Zeugen wollen aber wissen, daß Sie auch Kulmhof besucht haben. Daß Sie im Vernichtungslager waren.

F.: Ich weiß. Ich soll ja einen grünen Ledermantel angehabt haben. Meiner steht noch zur Besichtigung. Er hängt zu Hause bei meiner Frau. Der ist grau. Und nicht gespritzt, sondern gegerbt!

Vors.: Wie kam es denn, daß Roese und Fließ zugesehen haben in Kulmhof?

F.: Die Herren haben ja die Wachen gestellt ... Amtshilfe für die Gestapo!

Ottomar Roese, Oberst der Schutzpolizei a. D., vor Gericht

Vors.: Herr Roese, ich muß erst einige Fragen zur Person an Sie stellen. Sie sind 71 Jahre alt, Oberst der Schutzpolizei a. D., wohnhaft in Hannover...

R.[1]: Jawohl!

Vors.: Herr Roese, gegen Sie ist noch ein Ermittlungsverfahren anhängig. Ich brauche Sie wohl nicht darauf aufmerksam zu machen, daß Sie keine Aussagen zu machen brauchen, die Sie belasten würden. Ist das klar?

R.: Jawohl! Es ist klar. Ich war schon mehrfach Zeuge. Ich weiß Bescheid.

Vors.: Herr Roese – Sie sollen aussagen zur Abkommandierung zum Vernichtungslager Kulmhof, ferner zu den allgemeinen Organisationsfragen, wie Befehlsweg, Verhältnis Schutzpolizei zur Gestapo und zur Frage, ob Sie über die Beteiligung von Dr. Bradfisch und Herrn Fuchs etwas sagen können. Was können Sie zur Kommandierung nach Kulmhof sagen?

R.: Das habe ich schon in Bonn gesagt, bei dem Prozeß. Ich werde es also hier wiederholen. Männer des Bataillons Holtgräve wurden abgeordnet. Es kam auch vor, daß die Geheime Stapo aufgrund des Erlasses Anforderungen an Männer stellte. Aber nicht bei uns, sondern beim Polizeipräsidenten, der der Geheimen Stapo Amtshilfe zu leisten hatte. – Es kam mir komisch vor, daß soviel abgestellt wurden, ich fragte Bataillonskommandeur Holtgräve. Er sagte, sie sollen nach Kulmhof, dort sei ein Schlößchen und in dieses sollen die älteren nicht arbeitsfähigen Juden und die Kranken – zur Erholung. Das hat mir Holtgräve gesagt. Woher er das wußte, weiß ich nicht, vielleicht hat er bei der Geheimen Stapo gefragt. Ich habe es behalten, weil ich mich wunderte, daß selbst der Teufel so menschlich sein konnte.

Vors.: Wieso?

R.: Naja, weil er den alten Juden Gelegenheit gab, sich zu erholen.

Vors.: Argwohn hatten Sie nicht?

R.: Nicht im geringsten.

Vors.: Hatten Sie nicht Veranlassung, mal nachzufragen? Holtgräve war ja schließlich nur Ihr Kommandeur, konnten Sie sich einfach darauf verlassen, wenn er sagte, daß die Leute abgestellt werden?

R.: Ich habe es doch geglaubt. Habe mich nur gewundert, daß es auf einmal so menschlich zugehen sollte!

Vors.: Das wäre doch Veranlassung genug gewesen, dem nachzugehen. Hätten Sie nicht doch mal den Polizeipräsidenten anrufen können? Wie haben Sie denn erfahren, was in Kulmhof wirklich war?

R.: Ich möchte erst nochmal ausdrücklich feststellen, daß schriftlich überhaupt nichts über diese Sache gemacht wurde. Das ist ein Irrtum von Keuck.[2] – Selbst wenn es wahr wäre mit Aufenthalt und Absperrung, dann nur so: Es wurden auch Züge abgeschirmt, z. B. wenn Umsiedlungen aus der Ukraine kamen – und die waren ja begeistert von Adolf Hitler – auch dann wurden Absperrungen gemacht. Es hatte also nichts zu bedeuten. Führer der 80 Mann, die abgeordnet wurden, war natürlich ein Offizier vom Bataillon. Im März/April 1942 fiel dieser aus irgendwelchen Gründen aus. Da wurde Hauptmann Maas abgeordnet. Dieser Hauptmann Maas kam nach ein paar Tagen wieder, meldete sich krank.

Ich verkehrte mit ihm und seiner Familie. Und da sagte er mir, was dort vor sich geht. Daraufhin habe ich es dem Kommandeur gemeldet. Der sagte mir: „Sehen Sie mal zu, was da los ist." Die Männer, die nach Kulmhof abgeordnet waren, unterstanden uns ja weiter in gewisser Hinsicht, und zwar bezüglich Bewaffnung und Besoldung. Verpflegung bekamen sie wohl von der SS. Wegen Besoldung fuhr öfter ein Beamter von uns hin nach Kulmhof.

Vors.: Hat der nicht mal vorher irgend etwas erzählt, was da los war? Maas hat doch ausgesagt- nach seiner Meinung hätte man beim Kommando der Schutzpolizei schon gewußt, was da los war.

R.: Vielleicht bei den kleinen Leuten. Bei uns nicht. Natürlich, gewisse Gerüchte hat man schon gehört.

Vors.: Polizeimeister Möbius[3] ist schon Ende 1941 nach Kulmhof kommandiert worden. Da soll es so gewesen sein, daß Keuck vier Offiziere zu sich kommandiert hat. Möbius war dabei. Keuck hat dabei von einem brenzligen Kommando gesprochen, und die vier Offiziere waren da alle irgendwie krank und wollten nicht, und so blieb es an Möbius hängen. Das heißt doch, daß man schon im Dezember 1941 wußte, da stimmt was nicht ...

R.: Die Männer waren ja verheiratet. Sie kamen zum Wochenende nach Lodz. Sie hatten strengste Weisung der Geheimhaltung. Dieser und jener hat anscheinend doch was gesagt, es drang nicht zu uns, aber ein Tropfen drang doch zu uns, man war argwöhnisch, schon bevor Maas hinkam.

Vors.: Wie kam es nun, daß Sie hinfuhren nach Kulmhof? Hatten Sie Auftrag von Keuck? Wußte Keuck von dem Fall Maas?

R.: Ich hatte Auftrag, die Mannschaften zu überprüfen. Ob Keuck wußte, weshalb Maas krank geworden war, weiß ich nicht. Ich wollte wissen, was los ist. Habe mit Lagerleiter gesprochen und ihn bewogen, mich in das Vernichtungslager mitzunehmen. Möchte hier ausdrücklich nochmal betonen – habe es bereits bei meiner ersten Vernehmung gesagt – was ich gesehen habe im Lager, habe ich freiwillig gesagt! Ich hätte es ebensogut verschweigen können. Daraus versucht man mir jetzt einen Strick zu drehen!... Der Lagerleiter nahm mich also mit – er hatte wohl ein schlechtes Gewissen, weil er unsere Männer mißbraucht hat. Sie waren zur Absperrung kommandiert, aber er hat sie für andere Aufgaben mißbraucht. Das stellte ich aber erst später fest, d.h. jetzt, bei den Prozessen! Ich habe das Schloß gesehen, die Aufschriften: Entlausung, Bad, usw., womit die Menschen, die dort umgebracht wurden, getäuscht werden sollten. Zwei von den Gaswagen fuhren vor uns her, wir mit dem Personenwagen hinterher. Zu der Zeit, als ich da war, kam es nicht in Frage, daß die Vergasung im Schloß war.

Vors.: Woher wollen Sie das wissen?

R.: Ich habe mich mit Bothmann unterhalten, habe ihn gefragt.

Vors.: Ich wundere mich, wenn Sie einen Vorgang beobachtet haben, daß Sie so verallgemeinern.

R.: Das will ich Ihnen sagen. Es war mein Interesse, daß ich einmal auftreten wollte, als Zeuge oder sonstwas, um eines Tages sagen zu können, die sind es gewesen, die tragen die volle Verantwortung. Das war der Grund! – Zu der Zeit, als ich die Vergasung angesehen habe, war es so. Das schließt nicht aus, daß es später anders wurde. – Wir fuhren also hinter dem Gaswagen bis ins Waldlager, dann hielten die Gaswagen. Ich habe mich daneben gestellt, habe Lange oder Bothmann gefragt:

Wie lange dauert das Umbringen? Er sagte, erst werden die Abgase hineingeleitet, dann sind die Menschen sofort tot. Sie merken überhaupt nichts davon. Aber wir öffnen erst nach 20 Minuten die Türen. – Ich habe das zunächst geglaubt. Ich beobachtete nun, daß der Fahrer des Wagens die Gase in den Wagen leitete – durch Umlegen des Hebels.

Vors.: Wieso Hebels? Hat er nicht einen Schlauch angeschlossen?

R.: Ich kann nicht unter Eid sagen, ob es ein Hebel war, jedenfalls hat er Gase in den Wagen geleitet.

Vors.: Hörten Sie Schreie?

R.: Das war es ja eben. Ich hörte furchtbares Schreien, dann nur noch Wimmern. Es erstarb nicht. Ich habe noch nach der Uhr gesehen, solche Momente vergißt man nicht in seinem Leben. Nach 10 Minuten war das Schreien und Jammern noch immer nicht vorbei. Dann, nach 20 Minuten, wurde die Tür geöffnet. Da fielen die Leichen raus, es war langsam still geworden. – Ich erinnere mich mit aller Deutlichkeit, es war eine Frau dabei, die hatte zwei kleine Kinder in ihrem Arm. Ich weiß noch, die Frau war tot, die Kinder lebten. Da trat einer von der SS hin, schoß in den Kopf und weg – hineingeworfen in das Grab. Und das andere Kind genauso. Es war genau, wie ich es schildere. Diese Eindrücke vergißt man nicht, auch nicht nach 20 Jahren. – Ich fragte Lange, sagen Sie, wie ist denn das, wenn z.B. der Mann, der den Gaswagen bedient – der machte einen sehr ernsten Eindruck – dem machte es bestimmt keinen Spaß – wenn der eines Tages sagt, tut mir leid, aber das mache ich nicht mehr. Da antwortete Lange, das wäre dann der erste nicht, der selbst in den Gaswagen kommt. Hohes Gericht, ich habe das bisher nicht gesagt, sage es aber jetzt, weil ich es jetzt für richtig halte. – Ich habe abends dann – ich war ziemlich fertig von dem Eindruck – im Kasino Keuck berichtet. Abseits in einer Ecke. Ich weiß noch, daß er erschüttert war, daß ihm Tränen in die Augen traten. Er konnte nicht darüber mit mir sprechen. Daraufhin habe ich meinen Bericht abgebrochen und sachlich Bericht gemacht. Er ist dann am nächsten Tag zu Dr. Albert[4] und hat berichtet. Er erzählte mir, daß Albert gesagt hat: „Sie sind in Lodz zuständig, nicht in Kulmhof – das liegt 60 km entfernt. Was dort vor sich geht, geht Sie nichts an ..."
Ich selbst beobachtete noch, daß an einzelnen Stellen in Kulmhof aus dem Sandboden Blubberchen herauskamen und Gestank. Ich fragte, was ist das? Lange antwortete, das sind frühere Gräber. Die Leichen haben sich zersetzt und die Gase treten jetzt nach oben. Aber wir werden nun die Leichen ausgraben und verbrennen. Wir haben schon in Bremen eine große Kaffeemühle bestellt, sagte er, die die Knochen zermahlen soll.

Vors.: Sie sagen, Sie waren erschüttert und haben die Vorgänge bewußt gesehen. Sie haben dann Keuck Meldung gemacht, der war auch erschüttert. Aber es wurde immer munter weitergemacht – auch die Abstellung ihrer Leute.

R.: Beim Kulmhof-Prozeß in Bonn fragte mich der Verteidiger: „Warum haben Sie nicht Anzeige erstattet gegen Unbekannt?" – Ich war so erstaunt über diese Frage, daß es mir die Sprache verschlug. Gegen Unbekannt! Wäre ja garnicht in Frage gekommen, hätte also höchstens gegen Lange – der hat aber auch nur auf Befehl gehandelt. Wäre also gegen den, der den Befehl erteilte, käme also nur Himmler oder Hitler in Frage.

Vors: War es nicht vielleicht so, daß die damit befaßt wurden – als kleine Leute – als Polizeimeister, Offiziere oder auch als SS oder Gestapo – sich schnell beruhigten, weil es nun mal so war? Verstehen Sie den Gedanken? Man hätte sich doch sagen müssen, wie kann man es verantworten. Oder beruhigten sich die meisten schnell und meinten, es ist nun mal so, wir machen es eben mit?

R: Ich hatte den Eindruck, der Intelligenzgrad von den Männern war nicht allzu hoch einzuschätzen. Es waren einfache Menschen, meist Volksdeutsche. Die hatten einen derartigen Glauben an den Führer, daß sie der Meinung waren, wenn es befohlen ist, dann wird es schon richtig sein. Sie hatten ja auch nur die Absperrung ...

Vors: Ich habe noch andere Fragen – aber können Sie noch folgen, Herr Roese, sonst machen wir eine Pause ...

R: Ich kann sehr gut folgen. Von mir aus ist eine Pause nicht erforderlich.

Der Staatsanwalt schaltet sich ein.

St.[5]: Herr Roese, – ist Ihnen nicht aufgefallen, daß im Waldlager Polizeibeamte nicht nur mit der Absperrung beschäftigt waren?

R: Das Ausladen der Leichen machten Juden, die an den Füßen gefesselt waren. Die Aufsicht machte die SS – nicht die Polizei.

St.: Ihr Interesse mußte es doch sein, festzustellen, was Ihre Leute machten, nicht in erster Linie, was da vor sich ging. Sie mußten doch sehen, daß es Polizeibeamte waren, die im Waldlager...

R.: Ich betone, als ich im Lager den Besuch machte, habe ich nicht gesehen, daß die Männer mißbraucht wurden. Sie waren nur zur Absperrung. Also hatte ich keinen Grund, zu fragen, ob sie sonst auch was anderes täten. – Ich sagte doch schon, Lange hatte sicher ein schlechtes Gewissen, sonst hätte er mich gar nicht mit reingenommen...

St.: Merkwürdiges Gewissen, nachdem er Massenmörder war, soll er sich daran gestoßen haben, Ihre Leute zu mißbrauchen?

Vors.: Herr Roese – war Ihnen der Schußwaffenbefehl von Keuck bekannt?

R.: Ich möchte die Aussage dazu verweigern, möchte mich nicht unnötig belasten. Ich habe den Eindruck, daß ich hier...

Vors.: Ob Juden erschossen wurden, am Zaun z. B., ist Ihnen das bekannt?

R.: Ich möchte keine Aussagen machen.

Vors.: Kennen Sie Herrn Fuchs und Herrn Dr. Bradfisch?

R.: Jawohl. Ich kenne Herrn Dr. Bradfisch. Wir haben zusammen niemals irgendwie gearbeitet. Ich war nicht auf seinem Büro, er nicht auf meinem. Wir haben uns aber bei Großveranstaltungen gesehen, haben uns begrüßt. Mir war bekannt, daß er der Leiter der Gestapo war.

Vors.: Ob für die Transporte Leute von Ihnen abgestellt wurden, wollen Sie nicht sagen?

R.: Nein.

Vors.: Wie die Transporte von den Juden aus dem Getto nach auswärts gegangen sind und auf wessen Befehl auch nicht?

R.: Ich weiß nicht, wer die Transporte zusammengestellt hat.

Vors.: Können Sie sagen, wer die Initiative für die Transporte, das heißt den Befehl dafür gab?

R.: Kann ich nicht sagen, weiß ich nicht.

Vors.: Kennen Sie Herrn Fuchs?

R.: Ich wüßte nicht, daß ich ihn kennengelernt habe, kann sein, daß ich ihn bei Großveranstaltungen sah. Aber weder sein Name noch seine Tätigkeit ist mir bekannt.

Vors.: Der Zweck von Kulmhof war Ihnen also – mindestens nach Ihrem Besuch dort – bekannt. Wußten Sie etwas darüber – nicht Ihre Meinung – wußten Sie, ob diese Tatsache der Gestapoleitung in Lodz bekannt war? Ist die Frage klar?

R.: Ich wußte nicht, daß die Gestapo irgend etwas mit Kulmhof zu tun hatte. Die Möglichkeit besteht, aber ich weiß es nicht.

Vors.: Sie wußten, daß es eine Gestapoleitung gab. Sie wußten auch, daß Sie der Gestapo Amtshilfe zu leisten hatten. Aber Sie meinen, Sie hätten nicht gewußt, daß die Gestapo etwas mit dem Schicksal der Juden zu tun hat? Mußten Sie sich diese Frage nicht vorlegen, nachdem Sie alles selbst gesehen hatten? Das war doch so ungeheuerlich, daß man sich, wenn man einen höheren Dienstgrad als Polizeioffizier hatte, fragen mußte, wie wirkt sich das in Lodz aus?

R.: Ich bin nie auf die Idee gekommen, daß die Gestapo Lodz auch mit Kulmhof zu tun hätte.

Vors.: Wie wurde denn die Lücke zwischen Kulmhof und den Massen, die aus Lodz da hinkamen, geschlossen?

R.: Da möchte ich annehmen, daß die Gettoverwaltung damit zu tun hatte. Ich hatte doch nicht die Übersicht!

Vors.: Auch nicht, als die konzentrierte Aussiedlung einsetzte, als alles drunter und drüber ging, als Kinder verladen wurden, als geschossen wurde – auch darüber nichts bekannt?

R.: Nichts bekannt.

Vors.: Wenn Sie sich nicht belasten wollen, dann müssen Sie sagen, darüber will ich nichts sagen.

R.: (wütend) Wie soll ich jetzt noch sagen, ob es im September war.

Vors.: Nicht der Monat, sondern ob Ihnen diese konzentrierte, zahlenmäßig und zeitlich konzentrierte Aussiedlung von Juden, vorweg Kinder, dann Kranke, ob Ihnen diese nicht aufgefallen ist. Das war doch schließlich ein auffallendes Ereignis in Lodz.

R.: Ich kann dazu nichts sagen – auch wenn ich möchte.

Vors.: Ist Ihnen Dr. Schefe[6] bekannt – der vor Bradfisch Leiter der Gestapo Lodz war? Kennen Sie Weygand – Vertreter des Leiters der Gestapo?

R.: Ich kenne weder Schefe noch Weygand.

Vors.: Aber Herrn Dr. Bradfisch kennen Sie?...
Bradfisch unterbricht aufgeregt:

Br.: Herr Roese, Sie haben gesagt, daß Sie mich als Gestapoleiter kennen. Ist Ihnen auch bekannt, daß ich Oberbürgermeister war?

R.: Ja, Sie sind nachher Oberbürgermeister geworden.

Br.: Ist Ihnen die Kenntnis meiner Person mehr von der Gestapoleitung oder mehr als Oberbürgermeister bekannt?

R.: (zögernd) Mehr als Gestapoleiter ...

Br.: (unterbricht empört) Aber Herr Roese – damals kümmerte ich mich aber nur um die Verwaltung der Stadt. Schließlich war ich Oberbürgermeister und konnte mich nicht um alles kümmern – ich bin ja kein Übermensch ...

Vors.: Herr Dr. Bradfisch, Sie sagten doch selbst, daß Sie Geheimnisträger Nr. 1 waren und daß alles so geheim blieb – so geheim, daß Sie nicht mal wußten, was da in Kulmhof geschah!

Br.: Ich wußte von nichts.

Der „Judensachbearbeiter" Fuchs wird verhört

Vors.: Herr Fuchs, Sie haben also auch nicht gewußt, was in Kulmhof mit den Juden geschah?

F.: Nein, ich habe es nicht gewußt.

Vors.: Sie wollen auch nie dort gewesen sein?

F.: Nein – ich war nie dort.

Vors.: Und wie weit war Kulmhof von Lodz entfernt?

F.: Das weiß ich doch nicht.

Vors.: Es waren 50 km! Und Sie waren für den ganzen Bezirk verantwortlich. Sie waren Sachbearbeiter für Juden- und Kirchenfragen – und haben nicht gewußt, was in Ihrem Bezirk geschieht?

F.: (schweigt).

Vors.: Nachdem Sie nun vermuteten, es stimmt etwas nicht – als die Aussiedlung der Alten, Kranken und Kinder kam – da kann es doch sein, daß Sie sich sagten, mal sehen, was da los ist.

F.: Ich hatte ja keinen Dienstbefehl des Gestapoleiters. Und Dr. Bradfisch hätte mir ja keine Spazierfahrt erlaubt.

Vors.: Sie sind Judensachbearbeiter – und die Masse, die vergast werden soll, ist aus Ihrem Ressort. Und da sollen sie monatelang nichts gewußt haben, obwohl die Polizeioffiziere es wußten?

F.: Dem stehen ja viele Aussagen entgegen, Herr Vorsitzender.

St.: Ja, leider. Es erinnern sich zu wenige – heute – besonders die, die es betrifft. Aber daß Sie es nicht wußten, wo es die Spatzen von den Dächern pfiffen?

F.: Wenn es die Spatzen pfiffen, Herr Staatsanwalt, dann haben sie es auch an das Landgericht gepfiffen!

St.: Wie meinen Sie das, Herr Fuchs?

F.: Dann hätte doch die Staatsanwaltschaft eingreifen müssen, Herr Staatsanwalt!

St.: Die Leute haben es nicht gewagt, weil es eine Gestapo „Litzmannstadt" gab. – Sie sind es gewesen, Sie und Ihr Chef Dr. Bradfisch, die jede Opposition unterdrückt haben! – Es wirkt heute geradezu grotesk, wenn Sie sich darauf berufen, daß das Landgericht nichts sagte ... Sie, auf jeden Fall aber Dr. Bradfisch – sind dafür verantwortlich!

Vors.: Herr Dr. Bradfisch – Sie wollen etwas sagen?

Br.: Ich habe immer das beste Verhältnis zum Landgericht und zu allen gehabt.

Vors.: Herr Fuchs – was glaubten Sie also, wo die Juden hinkommen?

F.: Ich sagte es doch schon – in ein anderes Arbeitslager.

Vors.: Herr Fuchs, wie war das mit der Räumung der Krankenhäuser und des Kinderkrankenhauses – das war also noch vor Beginn der Sperre am 5. September 1942?

F.: Jawohl, Herr Vorsitzender. Da haben wir doch zur Verstärkung noch SS aus Posen herangezogen, auch die Schutzpolizei half. Ich habe dann – mit Dr. Bradfisch – nur die Beladung der ersten Lastwagen kontrolliert. Das andere haben die Beamten meines Referates dann gemacht[1].

Vors.: Gut, gut. – Und die Aussiedlung während der Sperre vom 5. bis 11. September – da hatten Sie doch die Leitung ...

F.: Ich habe nur aufgrund der Namensliste, die mir der Judenälteste gab, aussortiert.

Vors.: Aber Sie sagten doch, daß nachher nur die bleiben konnten, die eine Arbeitskarte hatten – da haben Sie doch selbst kontrolliert ...

F.: (lacht) Ich soll sogar in die Häuser und Toiletten gegangen sein um Versteckte zu suchen – Herr Vorsitzender, wer die Toiletten im Osten kennt, der wird kaum glauben, daß ich da rein bin. Von uns ist da überhaupt keiner rein. Von den Deutschen wäre da keiner reingegangen, weil alles verlaust, verdreckt, voll Seuchen war –
Ich weiß nichts davon, daß Kinder aus dem zweiten Stock geworfen sein sollen. Ich lehne es ab, für mich und für jeden anderen Deutschen! Wenn es geschehen sein sollte, dann nur durch die Juden selbst. – Im Osten war es sowieso üblich, nicht nur unter den Juden, daß der Höhere dem Unteren durch Prügel seine Überlegenheit kundtat. –
Das ist üblich so im Osten! Besonders unter den Juden war es so – das habe ich selbst gesehen. – Wir sind gegen den jüdischen Ordnungsdienst eingeschritten. Wir mußten auf ihn losschlagen – weil er so verbissen war!

Vors.: Herr Fuchs – Sie sollen doch besonders gewütet haben – mit Füßen gestoßen und geschossen?

F.: Herr Vorsitzender – ich stehe diesen Anschuldigungen hilflos gegenüber. Ich habe keinen mißhandelt, keinen mit Füßen gestoßen. Die Mißhandlungen, die vorgekommen sind, sind grundsätzlich bei der Kriminalpolizei vorgekommen – Bei meiner Dienststelle, in meiner Gegenwart ist nicht ein Mensch mißhandelt worden!!

Der Mann, der von nichts wußte[1]

Der jetzt 59 Jahre alte Angeschuldigte Dr. Otto *Bradfisch* ist der Sohn eines Lebensmittelkaufmanns aus Zweibrücken. Nach dem Besuch des humanistischen Gymnasiums in Kaiserslautern legte er im Jahre 1922 die Reifeprüfung ab. Anschließend studierte er an den Universitäten Freiburg, Leipzig, Heidelberg und Innsbruck Volkswirtschaft. Er beendete dieses Studium im Jahre 1926 mit der Promotion zum Dr. rer. pol. an der Universität Innsbruck. Sodann studierte er an den Universitäten Erlangen und München Rechtswissenschaften und bestand am 17. Februar 1932 die Erste Juristische Staatsprüfung.
Nach Ableistung eines dreijährigen Vorbereitungsdienstes als Gerichtsreferendar legte er am 20. September 1935 die Zweite Juristische Staatsprüfung ab. Von Anfang 1936 an war er zunächst als Assessor, später als Regierungsassessor bei der Regierung von Oberbayern und im Bayrischen Staatsministerium des Innern tätig.
Am 15. März 1937 wurde der Angeschuldigte auf sein Gesuch in den Dienst der Geheimen Staatspolizei übernommen.
Angeblich ist er zur Einreichung des Gesuchs von einem Beauftragten dieser Dienststelle aufgefordert worden, der umhergereist sein soll, um geeignete Bewerber aus dem Staatsdienst ausfindig zu machen. Er wurde zunächst mit der Vertretung des Leiters der Staatspolizeistelle Neustadt a. d. Weinstraße beauftragt, wo er bis zum Frühjahr 1941 blieb. Am 4. November 1938 wurde er zum Regierungsrat ernannt.
Mit Beginn des Rußlandfeldzuges wurde der Angeschuldigte als Führer eines Einsatzkommandos (E.K.8) im Bereich der Heeresgruppe Mitte eingesetzt. Ziel der dem Reichssicherheitshauptamt unterstellten Einsatzgruppen, die in Einsatzkommandos unterteilt waren, war die Vernichtung „potentieller Gegner" im rückwärtigen Heeresgebiet. Der Angeschuldigte führte das Einsatzkommando bis April 1942, auch nachdem er am 21. Januar 1942 zum Leiter der Staatspolizeistelle in „Litzmannstadt" ernannt worden war. Diese Dienststellung trat er am 26. April 1942 an. Er behielt sie bis zur Räumung der Stadt im Januar 1945. Im Sommer wurde seine Dienststelle in „Kommandeur der Sicherheitspolizei und des Sicherheitsdienstes in Litzmannstadt" umbenannt. Am 25. Mai 1943 wurde der Angeschuldigte zum Oberregierungsrat ernannt; von Juli 1943 ab führte er kommissarisch die Geschäfte des Oberbürgermeisters der Stadt „Litzmannstadt".
In den letzten Kriegsmonaten war der Angeschuldigte in Potsdam als Kommandeur der Sicherheitspolizei und des Sicherheitsdienstes eingesetzt. Beim Anrücken der Russen setzte er sich nach Westen ab und geriet als Unteroffizier Karl Evers in amerikanische Kriegsgefangenschaft. Er hatte sich ein Wehrmachtssoldbuch auf diesen Namen beschafft. Bereits im August 1945 wurde er aus der Gefangenschaft entlassen und lebte einige Jahre lang unter dem Namen Karl Evers. Nachdem er seinen richtigen Namen wieder angenommen hatte, gelang es ihm, als Angestellter im Versicherungsfach unterzukommen. Er war im Werbeaußendienst, zuletzt bei der Hamburg-Mannheimer Versicherung tätig.
Der Angeschuldigte trat am 1. Januar 1931 der NSDAP mit der Mitgliedsnummer 405 869 bei. Im Jahre 1931 war er für kurze Zeit stellvertretender

Ortsgruppenleiter der Ortsgruppe München-Freimann der NSDAP. Er gehörte von 1936 bis 1938 dem Nationalsozialistischen Kraftfahrer-Korps (NSKK) an. Am 26. 9. 1938 wurde er in die SS mit der Mitgliedsnr. 310 180 unter gleichzeitiger Ernennung zum SS-Obersturmführer aufgenommen. Mit seiner Ernennung zum Regierungsrat wurde er SS-Hauptsturmführer. Am 20. April 1939 wurde er zum SS-Sturmbannführer und am 20. April 1943 zum SS-Obersturmbannführer befördert.
Der Angeschuldigte hat am 23. November 1932 geheiratet. Aus der Ehe sind drei Kinder hervorgegangen, von denen zwei noch leben, die in den Jahren 1934 und 1935 geboren sind.
In bezug auf seine Tätigkeit als Führer des Einsatzkommandos 8 in der Sowjetunion ist der Angeschuldigte durch rechtskräftiges Urteil des Schwurgerichts bei dem Landgericht München I (Akt.Z.: 22 Ks 1/61) wegen eines in Mittäterschaft begangenen Verbrechens der Beihilfe zum gemeinschaftlichen Mord in 15 000 Fällen zu 10 Jahren Zuchthaus verurteilt worden. In dem Verfahren ist er am 20. April 1958 festgenommen worden. Er verbüßt die Strafe zur Zeit in der Strafanstalt Straubing.

Das Verhör des Gestapoleiters Dr. Bradfisch

Vors.: Herr *Dr. Bradfisch,* Sie sagten, Ihnen sei nie gemeldet worden, daß in großem Maßstab im Getto geschossen wurde. Heißt das, in kleinem Maßstab?

Br.: Ich habe damit gemeint, ich habe nie davon gehört! Überhaupt nicht! – Ich hätte Fuchs vor ein SS-Gericht gebracht, wenn ich gewußt hätte, daß er Erschießungen vornimmt aus eigener Initiative, aus Freude und Lust am Begehen dieser Dinge. Aber ich traue ihm das gar nicht zu aus der Kenntnis seiner Person. Und jetzt höre ich, daß er von der Schußwaffe Gebrauch gemacht hat, ich höre seine eigene Einlassung, daß er auf Befehl der Polizei geschossen hat, daß ihm befohlen wurde, bei Verstecken usw. von der Schußwaffe Gebrauch zu machen – da sehe ich heute die Sache in einem anderen Licht.

Vors.: Wie ist es möglich, daß Sie als Verantwortlicher nicht gewußt haben, daß sowas angeordnet und getan wurde?

Br.: Ich wußte nichts, auch nicht von der Anordnung des Polizeipräsidenten. Ich war bei der Besprechung anscheinend nicht zugegen...

Vors.: Bevor es zu der Besprechung kam, hatte er sich doch an Sie gewandt, bzw. an die Gestapoleitung. Davon wissen Sie auch nichts?

Br.: Da hat er sich wahrscheinlich an Weygand gewandt. Ich kann dazu nichts sagen.

Vors.: Das Normale wäre doch aber, daß Sie als Gestapoleiter davon unterrichtet wurden. Wenn Sie davon erfahren hätten, müßte man doch annehmen, daß Sie dagegen eingeschritten wären?

Br.: Eingeschritten wäre ich, wenn der Gebrauch der Waffe aus reiner Willkür geschehen wäre, z. B. wenn die Nase eines Menschen einem nicht paßt und er hätte deswegen auf ihn geschossen.

Vors.: Wie hätten Sie sich verhalten, wenn jemand sich versteckt oder versucht hätte auszurücken?

Br.: Bei der Schlußevakuierung war der jüdischen Bevölkerung bekanntgegeben worden, wer sich versteckt, wird mit dem Tode bestraft. Das hing anscheinend mit der von Anfang an geübten Praxis zusammen. Das wäre so anzunehmen. Ich muß ja von 1944 an zurückschließen. Die Evakuierung 1944, da hatte ich mich persönlich eingeschaltet. Da war ich mehrmals im Getto und habe geprüft, daß die Verlagerung des Rüstungsbetriebes ordnungsgemäß vor sich ging.

Vors.: Wenn es 1944 gerechtfertigt war, hätte es das doch 1942 auch sein können?

Br.: Ich wußte nichts von der Anordnung des Polizeipräsidenten, auch nicht 1944.

F.: 1942 lief noch alles über die jüdische Verwaltung. Es war plakatiert...

Vors.: Was wurde plakatiert?

F.: Die vorgesehenen Maßnahmen. Der Polizeipräsident als Brigadeführer hat die Besprechung geleitet. Dieser Befehl ist dem Judenältesten übermittelt worden.

Vors.: Wer hat den Juden gegenüber die Tatbestände formuliert?

F.: Die sind formuliert worden, so wie sie Polizeipräsident Albert dem Judenältesten gesagt hat. Erst waren wir alle im Polizeirevier, und dann sind wir rübergegangen, und dann wurde dem Judenältesten von Polizeipräsident Albert erklärt, daß wer plündert, sich versteckt usw. von der Schußwaffe Gebrauch gemacht würde und daß Personen abtransportiert werden müßten.

Br.: Ich habe nichts davon gewußt und nichts gesehen...

Die Vernehmung des Zeugen Walter Burmeister

Vors: Herr Burmeister, Sie sind 57 Jahre alt, Klempnermeister, z. Zt. in der Haftanstalt Flensburg. Stimmt das?

B.[1]: Ja.

Vors.: Herr Burmeister, Sie wurden in Bonn im Kulmhof-Prozeß zu 13 Jahren Zuchthaus verurteilt. Ihr Urteil ist noch nicht rechtskräftig. Sie haben Revision eingelegt. Sie brauchen also als Zeuge nichts zu sagen, wodurch Sie sich einer Strafverfolgung aussetzen würden. Ist das klar?

B.: Ja.

Vors.: Ich würde sagen, es ist gefahrlos für Sie, wenn Sie das sagen, was Sie in Bonn gesagt haben. Sie brauchen also nichts zu sagen, was Sie belasten könnte.

B.: Soll ich denn alles schildern – wie es vor sich gegangen ist?

Vors.: Ja, das müssen wir wohl. Da Sie dabei waren, ist es gut, wenn Sie uns das schildern und Fragen beantworten, die die beiden Angeklagten – Herrn Fuchs und Herrn Dr. Bradfisch betreffen. Z. B. welche Transporte aus Lodz nach Kulmhof kamen, wieviel usw.

B.: Ja, die Transporte sind nach Kulmhof gekommen. Dann wurden sie durch das Schloß geschleust ...

Vors.: Vielleicht kann ich helfen, daß es schneller geht. Es war also 1942 und 1944. Die wesentlichen Zustände sind uns bekannt. Wie war es mit dem Schloß und mit der Rampe?

B.: Das Schloß war ein Stück abseits von der kleinen Stadt Eichstädt – es war mehr ein Gutshaus – durch den Krieg beschädigt. Neben dem Schloß war ein Speicher – Das Schloß war durch einen Bretterzaun abgetrennt – Ja und ich war dann von der Waffen-SS abkommandiert zur Leitstelle Posen; weil keine Kraftfahrer da waren, wurde ich dann Cheffahrer von Bothmann.

Vors.: Gut, gut. Und wie war es nun mit dem Schloß und mit der Rampe?

B.: Eine Seite war Hauswand, zwei Seiten waren verschlossen durch Bretter und eine Seite war offen.

Vors.: Und dort fuhr dann der Wagen ran?

B.: Ja, die Einfahrt war gerade so groß wie die Wagenöffnung.

Vors.: Und wieviel gingen da so rein in einen Wagen?

B.: So 25 bis 30.

Vors.: Mehr meinen Sie nicht? Es ist die Rede von 50 bis 60.

B.: Ich weiß nicht. Ich meine so 30.

Vors.: Wenn Sie antworten wollen, sagen Sie uns, wie lange dauerte es, bis die Menschen tot waren? Der Motor wurde doch angestellt, der Schlauch angeschlossen und so die Tötung bewirkt. Ist das richtig? Wie lange dauerte es – vier Minuten oder 20?

B.: 20 Minuten.

Vors.: Hörte man Schreie?

B.: Viel nicht, war ja alles isoliert, ich meine, mit Blech abgeschlagen.

Vors.: Schildern Sie doch mal, wie es gewesen ist, wenn die Juden ankamen. Sie brauchen nicht zu sagen, wie Sie die Ansprachen hielten. Sie brauchen sich nicht zu belasten. Ist ihnen das klar?

B.: Ja. Ich schildere also nur, wie es vor sich gegangen ist. Wenn sie ankamen, wurden Ansprachen gehalten, daß sie hier im Arbeitseinsatz wären ...

Vors.: Wozu war die Ansprache?

B.: Es war Vorschrift.

Vors.: Und dann mußten sie sich ausziehen – was wurde da gesagt?

B.: Es wurde gesagt, sie sollten baden.

Vors.: Schildern Sie mal, wie war das im einzelnen.

B.: Sie wurden dann durch die Kellergänge geschleust, dort waren Schilder „Zum Bad" und ...

Vors.: Trifft es zu, daß die Herren, die die Ansprache hielten, manchmal weiße Kittel trugen und sich als Ärzte tarnten? Und wie ging es dann weiter, was geschah mit den Leichen?

B.: Zuerst wurden sie eingegraben, später, als es zuviele wurden, wurden sie wieder ausgegraben und verbrannt.

Vors.: Da wurden dann Verbrennungsöfen gebaut? Kam es denn vor, daß jemand noch lebte, daß jemand lebend in den Ofen geworfen wurde?

B.: (schweigt).

Vors.: Es soll der Fall gewesen sein. Sie können darüber nichts sagen?

B.: (schweigt).

Vors.: Wie war es denn mit dem jüdischen Arbeitskommando? Es waren doch welche im Speicher untergebracht, und im Waldlager sollen doch auch welche gewesen sein. Waren die mit Ketten gefesselt?

B.: ...Ja, an den Füßen gefesselt. Manche hatten sich einen Bindfaden umgebunden und die Ketten nach oben gebunden.

Vors.: Waren auch Polen da? Waren die rigoros gegenüber den Juden? Das soll doch vorgekommen sein?

B.: Kann möglich sein, ich war die wenigste Zeit da.

Vors.: Haben Sie auch Gaswagen gefahren? Wenn Sie es nicht sagen wollen, brauchen Sie es nicht.

B.: Ich will es nicht sagen. Ich war Fahrer vom Chef und habe für ihn auch gekocht. Ich war meist in der Unterkunft. Ich war ja bloß Rottenführer. Unterscharführer wurde ich erst in den letzten Jahren.

Vors.: 1943 war das wohl, als die Tätigkeit beendet war, da sollte doch das Lager zerstört werden? Wie war das mit der Zerstörung des Lagers?

B.: Das Waldlager wurde eingeebnet, dann wurden Bäume angepflanzt. Die Verbrennungsöfen wurden beseitigt. Auch das Schloß sollte gesprengt werden.

Vors.: Kamen Sie dann mit Bothmann zur Division Prinz Eugen? Das war doch ein Himmelfahrtskommando, wußten Sie das? Da wollte man wohl alle Zeugen beseitigen?

B.: Ich war ja Angehöriger der Waffen-SS. Ich gehörte immer zur Waffen-SS. Ich wurde nur nach Kulmhof versetzt. Später kam ich zu Prinz Eugen, da wurden wir dann in Jugoslawien eingesetzt. Bothmann auch. Ich als Koch. Dann hatte ich Urlaub und bekam über Fernschreiber Nachricht, daß ich nach Kulmhof sollte, um dort alles zu beseitigen, was dort noch ist.

Vors.: Dann wurde das Lager aber doch wieder eingerichtet?

B.: Naja, da kamen doch dann neue Transporte.

Vors.: Und dann wurden die Ansprachen im Wald, in der Nähe der Verbrennungsgeschichte gehalten? Und es waren auch dieselben Gaswagen wie früher?

B.: Ich nehme an, daß es dieselben waren.

Vors.: Wie war nun der Vorgang der Vergasung? Ist es richtig, daß der Schlauch angeschlossen wurde?

B.: Ja.

Vors.: Können Sie sagen, ob die Transporte alle aus Lodz kamen, wieviele es waren usw.?

B.: Ich war nicht Transportführer. Ich habe keine geleitet. Ich kann nichts sagen.

Vors.: Die Zahl der ankommenden Transporte?

B.: Kann ich nicht sagen.

Vors.: Geschah die Vergasung, wenn ich mich mal so ausdrücken soll, täglich?

B.: Kann ich nicht sagen.

Vors.: Wenn größere Transporte kamen, bis 1 000 Juden, kam es dann vor, daß diese Maschine pausenlos laufen mußte?

B.: Kann ich nicht sagen.

Vors.: Haben Sie Herrn Fuchs mal gesehen?

B.: Ich kenne ihn nur, weil ich ihn in Bonn gesehen habe bei dem Kulmhof-Prozeß – sonst ist er mir nicht in Erinnerung.

Vors.: Sie haben aber früher gesagt, Sie hätten ihn in Kulmhof gesehen?

B.: Da muß ich mich geirrt haben ...

Vors.: Sie sagten auch, daß Sie häufiger auf der Gestapostelle Lodz waren. Erinnern Sie sich, wen Sie von den leitenden Leuten gesehen haben?

B.: Weiß ich nicht mehr.

Vors.: Haben Sie Dr. Bradfisch gekannt?

B.: ... Ich wußte, daß ein Bradfisch als Gestapoleiter da war.

Vors.: Sie haben damals gesagt, daß Sie persönlich bei Herrn Dr. Bradfisch vorgesprochen hätten.

B.: Kann möglich sein. Ich habe gedacht, Herr Dr. Bradfisch war einmal zu einem Kameradschaftsabend in Kulmhof gewesen. In unserem Bonner Prozeß sagten aber alle, daß in Kulmhof kein Kameradschaftsabend war. Da muß ich mich also geirrt haben. Mir war so. Da war eine Feier und da hat jemand gesungen und gesprochen und es wurde gesagt, das war Dr. Bradfisch.

Vors.: Da soll doch auch der Gauleiter Greiser dabeigewesen sein – Kannten Sie Greiser?

B.: Dem Namen nach.

Vors.: Und der gesungen hat, war das Dr. Bradfisch, der hier sitzt?

B.: Weiß ich jetzt nicht mehr ...

Vors.: Was haben Sie gemacht bis Januar 1945 – da wurde doch endgültig aufgelöst?

B.: Die anfallende Kleidung wurde durch den Zerreißwolf geschickt, dann wurde der Gasofen vernichtet und alles. Das zog sich hin.

Vors.: Wie war das mit der Verwertung der Kleidung und Gegenstände, die die Juden hatten?

B.: Das ist alles nach Lodz gegangen.

Vors.: Was wurde mit den Rückständen der Verbrannten, mit den Knochen – klingt zwar schrecklich – gemacht?

B.: Das wurde alles zermahlen. Kam in eine Knochenmühle, kann auch eine andere gewesen sein. Die nannten es Knochenmühle.[2]

Vors.: Haben Sie das gesehen?

B.: Die war so groß wie der Tisch hier – vielleicht.

Vors.: Und wo blieb das jüdische Arbeitskommando?

B.: Die wurden alle im Speicher verbrannt. Der Speicher ging in Flammen auf.

Vors.: Ich mache Sie darauf aufmerksam, falls Sie dabei waren, brauchen Sie nichts zu sagen. Sie können dann die Aussage verweigern. Haben Sie gehört, von anderen, daß das jüdische Arbeitskommando sich niederlegen mußte und durch Genickschuß getötet wurde?

B.: Mir ist es nachher erzählt worden, damals als wir abrückten. Es ging alles so schnell. Der „Warthegau“ mußte ja bis 1/2 10 Uhr geräumt sein.

Vors.: Bei der Schlußaktion, die sich gegen das jüdische Arbeitskommando richtete, da sollen doch zwei Juden entkommen sein. Haben Sie damals davon gehört?

B.: Damals wurde gesagt, es sei einer davongekommen, aber zwei waren ja nun in Bonn bei unserem Prozeß als Zeugen.

Die Todesmaschinerie Auschwitz als „Rüstungsbetrieb"?

Vors.: Wie kam es zu Ihrer Mitwirkung bei der Auslieferung in Richtung Auschwitz, Herr *Fuchs?*

F.: Ich wurde aus dem Urlaub kommandiert. Ich war bei meiner Frau und meinen beiden kleinen Kindern in „Litzmannstadt". Ich wurde dort von einem Dienstwagen von Dr. Bradfisch zum Oberbürgermeisteramt geholt. Dr. Bradfisch sagte mir, der Judenälteste hätte gebeten, ich soll abwiederkommen, ich soll in Ablösung von Müller weiterhin die Abtransporte des gesamten Gettos in Lager und Betriebe des Altreiches vornehmen.

Vors.: Wieso konnten Sie diese Anweisung geben, Herr Dr. *Bradfisch*, wenn Sie nur Oberbürgermeister waren?

Br.: Ich habe nicht „kommandiert" – der Ausdruck ist falsch. Es besteht die Möglichkeit – ich kann mich nicht erinnern – daß ich gesagt habe, Fuchs, schalten Sie sich ein.

Vors.: Herr Fuchs, in der Voruntersuchung haben Sie gesagt, Dr. Bradfisch war diktatorisch, ließ niemanden neben sich aufkommen, auch als Oberbürgermeister ließ er sich oft bei der Gestapo sehen: Er war nicht der Mensch, der anderen etwas überlassen hätte. Haben Sie das gesagt?

F.: Wenn ich es unterschrieben habe, werde ich es auch gesagt haben. Ich weiß es nicht mehr – damals war das 18 Jahre her, als ich einfach vom Schreibtisch weggeholt wurde (zum Verhör). Da hielt man mir Sachen vor. Ließ mich Leute beurteilen. Ich bin auf das Kriminalamt verschleppt worden! Wir müssen Sie verhaften, hieß es, denn am 8. Mai läuft die Verjährung ab. Die Herren in Ludwigsburg waren in ihren Vernehmungsmethoden äußerst merkwürdig. Es wurde gesagt, daß die Verjährungsfrist abläuft und ich müßte vorbeugend eingesperrt werden. Man vernahm mich, und ich habe unter diesen Umständen alles ganz anders gesehen. Ich kann mich in der Person geirrt haben. Das weiß ich nicht mehr. Wenn man so aus seinem normalen Leben weggeholt wird, kann man sich irren.

Vors.: Wir wollen doch mit offenen Karten spielen. Man kommt auf die Idee, daß Sie der Rolle von Dr. Bradfisch in diesem Prozeß Schützenhilfe leisten wollen. – Schildern Sie doch mal, wie es mit der Evakuierung 1944 war. Sind alle nach Auschwitz gekommen? Wie war das, damit die Geschworenen sich ein Bild machen können. Was wurde Ihnen gesagt, wo die Leute hinkommen?

F.: Es wurde gesagt, der Rüstungsbetrieb wird ins Reich verlagert und die Leute werden in ihren einzelnen Fachsparten eingesetzt. Von Auschwitz war nichts bekannt. Ein Zeuge sagte, ich hätte es wissen müssen, man hätte es mir in den Gaststuben erzählen müssen. Ich bin nicht in die Gaststuben gegangen.

Vors.: Aber Sie haben doch Kommandoführer der Schutzpolizei gesprochen, die die Transporte begleiteten?

F.: Die sagten, es sei ein riesiger Rüstungsbetrieb, da brenne es taghell, also muß es ein großer Betrieb sein. Es wurde gesagt, es soll dahinter Auschwitz sein, das als Lager Rüstungsbetrieb sein soll.

Vors.: War Auschwitz nicht als Konzentrationslager bekannt?

F.: Ich hatte ja Unterlagen und das Referat, daher war es mir bekannt, daß da ein KZ war.

Vors.: Ist Ihnen da nicht der Gedanke gekommen, die könnten dort ins KZ kommen?

F.: Ja sicher. Daß sie zunächst nach Auschwitz kommen, war meine Annahme.

Vors.: Ist Ihnen Hanisch schon mal vorgehalten worden? Er hatte bekundet, daß Bradfisch sagte, Ihre Schutzpolizei-Angehörigen sind mir unterstellt. Das kann er doch nur als Gestapoleiter gesagt haben, nicht als Oberbürgermeister.

Br.: Ich war Oberbürgermeister bei der Endaussiedlung, nicht Leiter der Gestapo!

Vors.: Herr Dr. Bradfisch, war Ihnen bekannt, daß die Leute nach Auschwitz kamen?

Br.: Mir ist gesagt worden, daß sie nach Auschwitz kommen. Ich habe mich mit keinem Transportleiter über diese Fragen unterhalten. Ich wußte nur, daß der Rüstungsbetrieb ins Reich kommt. Die Wehrmacht hatte das größte Interesse, daß die Rüstung des Gettos erhalten bleibt.

Vors.: Ich habe noch einige Fragen zu Kommando 1005. Herr Fuchs, wie ging das vor sich. Sie bekamen den Befehl von Dr. Bradfisch?

F.: Ich bekam Zeichnungen von Dr. Bradfisch für den Raum Konin. Stromberg war dabei und die Schutzpolizei, ungefähr 30 Mann. Das jüdische Kommando bestand aus 20 Arbeitern. – Nach den Zeichnungen mußten wir dann die Massengräber aufgraben und die Leichen herausnehmen. Dort wurden dann frische Bäumchen gepflanzt und Schonungen angelegt. Die Leichen kamen auf einen Scheiterhaufen. Das war alles organisiert. Von der Ortsverwaltung bekamen wir das Holz. Dann wurden die Leichen verbrannt.

Vors.: Waren es Juden?

F.: Ich konnte es an der Leiche nicht sehen, ob es Juden waren!

Vors.: Konnte man sehen, wie sie zu Tode gekommen waren?

F.: Es wurde Gewehrmunition bei den Leichen gefunden. Wir haben auch Gräber exekutierter Polen beseitigen lassen. Ich war damals bei den Exekutionen nicht dabei. Ich hatte den Eindruck, als wenn es mit Schußwaffen getötete Menschen waren.

Vors.: Wieviel?

F.: Zwischen 800 und 1 000 Leichen. – Für meine Begriffe waren die Gräber mit 40 bis 60 Leichen belegt. Es können so 20 Gräber gewesen sein. – Wir bekamen immer neue Zeichnungen, von Fall zu Fall. Bei der Arbeit im Landkreis Lodz, in der Nähe von Skertsch, wurde ich von der Schutzpolizei eingewiesen.

Vors.: Was dachten Sie sich dabei?

F.: Mir war bekannt, daß Massenerschießungen stattgefunden haben. Ich dachte, daß es standgerichtlich Exekutierte waren.

Vors.: Aber es waren doch Massenerschießungen.

F.: Standgerichte waren auch immer für 50 Leute.

Vors.: Waren es Juden oder andere?

F.: Standgericht waren überwiegend Polen. Ich kann mich auf Exekutionen besinnen. Es war eine erhebliche Anzahl. Die Polen hatten da ein Zuchthaus in Rawitsch und da saßen solche, die Raubmorde begangen hatten. Wildes Volk. Die kamen vor das Standgericht. Es waren Leute, die von den Polen schon zu lebenslänglich verurteilt worden waren.

Vors.: Waren es 800 bis 900?

F.: Kann ich nicht sagen, was es in Konin für Leute waren. Das weiß ich nicht mehr. Die Leichen waren so mumifiziert, daß sie sehr schnell brannten.

Vors.: Hatte Dr. Bradfisch etwas über die Ursache der Erschießungen gesagt?

F.: (schweigt).

Der Geheimnisträger Nr. 1

Vors.: Herr Dr. Bradfisch – wollten Sie etwas dazu sagen?

Br.: Ich kann zu den Einzelheiten jetzt nichts mehr sagen. Es mag sein, daß die Gräberöffnung als geheim galt und geheimgehalten wurde. Wenn Herr Fuchs sagt, ich hätte diese Weisungen gegeben, dann muß es auf dem Rathaus gewesen sein. – Da muß sich dann eben eine höhere Dienststelle aus Berlin an mich gewandt haben. Schließlich war es eine SS-Angelegenheit, und eine SS-Stelle muß mich damit beauftragt haben, diese Sache als geheime Reichssache in die Hand zu nehmen und einen zuverlässigen Mann vorzuschlagen, der für die Ausführung in Frage käme. – Ich war einer der ältesten SS-Führer im Raum! Ich war in Rußland im Einsatz im Beerdigungskommando. Ich war Geheimnisträger Nr. 1!

Von Anfang an! Da lag wohl der Gedanke nahe, mich bei dieser Aufgabe anzusprechen.

Vors.: Was heißt das, ich war Geheimnisträger Nr. 1 von Anfang an?

Br.: Durch das Einsatzkommando VIII, durch die Massengräber, die ich in Rußland sehen mußte, war ich damit vertraut. In dieser geheimsten Angelegenheit wandte man sich nicht an die Staatspolizei, sondern an einen SS-Führer, der den Überblick hat und Geheimnisträger Nr. 1 ist. –

Die Angehörigen des Sonderkommandos waren besonders vereidigt auf diese Sache. Es war ihnen bekannt, falls sie etwas verlauten lassen, hätten sie mit dem Tode zu rechnen. Die hohen Herren in Berlin meinten, bis nach Rußland hinein sollte man die Massengräber beseitigen, damit der vorrückende Gegner sie nicht findet und damit Propaganda gegen das Reich macht!

Vors.: Wann kamen Sie vom Rußlandeinsatz?

Br.: Ende April 1942. Ich wurde von dort direkt nach „Litzmannstadt" versetzt. Belastet mit seelischen Depressionen, die ich im Einsatz in Rußland erlitt, kam ich dorthin. Zu meinem Schrecken stellte ich fest, daß dort ja auch ein Getto ist und Tausende von Juden drin. – Regierungsrat Weygand sagte mir: Wir haben hier ein Getto, in dem Tausende von Juden sind. Getto-Verwalter ist Herr Biebow. Dann schilderte er mir die Verhältnisse als sehr schwierig. Daß Biebow dort Herrscher sei und das Vertrauen sämtlicher übergeordneter Stellen habe. Er hielt es deshalb für zweckmäßig, wenn ich ihm die Arbeit des Gettos überlassen würde.

Vors.: Und das haben *Sie* getan?

Br.: Ich war durch die seelischen Erschütterungen wegen Rußland sehr geneigt, Herrn Weygand zuzustimmen bei der Geschäftsaufteilung. Ich hatte mir als innere Einstellung zum Grundsatz gemacht, mich möglichst passiv in Gettoangelegenheiten zu verhalten und nur tätig zu werden, wenn es nicht anders geht.

Vors.: Und dann wurden Sie also Oberbürgermeister?

Br.: Ich war kommissarischer Oberbürgermeister von „Litzmannstadt". Ich sah darin einen Weg, mich aus der Gestapo zu lösen.

Vors.: Aber nach der Ernennung waren Sie durchaus noch tätig bei der Gestapo. Sogar im Gegenteil sehr ehrgeizig und aus nichts herauszulösen, wie wir gehört haben.

Br.: Herr Vorsitzender, ich stehe zum zweitenmal vor Gericht. Ich weiß, wie man versucht, abzuschieben. Aber jetzt stellt sich heraus, daß Zeugen, die damals bei mir auftraten, heute selbst vor Gericht stehen!

Vors.: Herr Dr. Bradfisch, ich habe hier eine Beurteilung über Sie von Kaltenbrunner. Es ging da um Ihre Beförderung zum SS-Obersturmbannführer 1943. Da steht drin: „... ihm werden große Führereigenschaften bestätigt. Er hat es verstanden, wenn schwierige Verhältnisse in Lodz waren, stets ein gutes Verhältnis zu anderen Stellen herzustellen." –

Außerdem habe ich den Brief des Inspekteurs der Sicherheitspolizei Posen, Banzer, in dem es u. a. heißt: „Bradfisch hat seinen Dienst am 26. April 1942 in Litzmannstadt angetreten. Vorher war er im Osteinsatz. Er hat sich dort besonders bewährt und Auszeichnungen erhalten. Wir bescheinigen, daß er ein kompromißloser Nationalsozialist ist, der die Belange der Geheimen Staatspolizei in Litzmannstadt vertritt. Wir bitten, in Anerkennung seiner dienstlichen Leistungen ihn zum SS-Obersturmbannführer zum 20. April 1943 („Führers Geburtstag") zu befördern".

Br.: Ich hatte bereits 1941 das Kriegsverdienstkreuz II. Klasse für einen Einsatz an der französischen Grenze. Für meinen Fronteinsatz erhielt ich das EK II – da habe ich in Minsk die Kosaken aufgehalten! Ich erhielt es von Generalfeldmarschall von Bock persönlich und wurde namentlich mit meinen Leuten erwähnt! – Und das Kriegsverdienstkreuz I. Klasse mit Schwertern erhielt ich von Max von Schenkendorf! –

Herr Vorsitzender, ich kann nur sagen, daß ich bis zuletzt auf meinem Posten geblieben bin. Bis zur Räumung 1945 war ich noch in Lodz, als die russichen Panzer schon durch die Straßen fuhren. Da habe ich mich erst nach Westen abgesetzt. Niemand war mehr bei mir. Nur ein Waffen-SS-Führer. Wir haben buchstäblich als letzte Lodz verlassen, als ich sah, da ist nichts mehr zu machen. Lodz sollte erst verteidigt werden, dann kam der Befehl, Lodz aufzugeben. Da bin ich durch den Warthegau und habe mich der Wehrmacht angeschlossen. Ich war als Kampfkommandant eingesetzt in Stellung im Warthegau. Ich habe noch russische Panzer abgeschossen, dann bin ich von einer Stadt zur anderen. Habe mich sofort gemeldet und wurde wieder als Kampfkommandant eingesetzt. Die Russen hatten die Brücke über die Oder gesprengt, da bin ich über das Eis der Oder in Frankfurt angekommen. Von dort bin ich nach Potsdam, zu Kaltenbrunner. Dort übernahm ich dann ein Kommando bis Kriegsende. – Die Russen standen schon in Berlin am Alex mit Panzern, da bin ich noch zum Sicherheitshauptamt nach Berlin gefahren. Dort war alles schon verlassen. Nur der Gruppenführer Müller, Leiter des Amtes IV, war noch dort. Ich fragte ihn: „Was ist los?“, er sagte: „Sie kriegen Bescheid“, und dann haute auch er ab. Ich ging dann in Potsdam zu General Reimann, Verteidiger vom Raum Berlin. Er übertrug mir den Abschnitt Burgstraße, Lustgarten. Ich habe diesen Abschnitt gehalten! General Reimann hat dann eine Brücke freigekämpft, da bin ich mit meinen Männern ausgewichen. Da sagte General Reimann zu mir: „Ich kann Sie so nicht in die Hände der Russen fallen lassen“, und gab mir ein Soldbuch. Und so ging ich in die Wehrmacht ...

Vors.: Als Unteroffzier Karl Evers, nicht wahr?

Br.: Jawohl. So kam ich in amerikanische Gefangenschaft. Ein halbes Jahr. Dann, 1945, wurden wir von den Engländern übernommen und in Schleswig-Holstein entlassen. Dann habe ich dreieinhalb Jahre als Bergmann unter Tage gearbeitet, bis ich es gesundheitlich nicht mehr aushalten konnte. Anständig und ehrlich habe ich mein Brot verdient! Dann habe ich mich legalisiert und bin 1950 nach Düsseldorf zur höchsten Kriminalpolizeistelle gegangen. Dort habe ich mich vorgestellt und meinen richtigen Namen angegeben. Ich erstattete Anzeige gegen mich selbst wegen falscher Namensführung. Das Verfahren wurde wegen Geringfügigkeit eingestellt! –

Vors.: Sie erhielten für Beihilfe an 15 000 Morden in Rußland vom Landgericht München eine Strafe von 10 Jahren Zuchthaus, die Sie zur Zeit in Straubing verbüßen?

Br.: (aufgeregt): Jawohl! – Heute frage ich mich, ob ich nicht besser gefallen wäre. – Ich soll hier sühnen, während Fränkel, Globke, Vialon und andere in Amt und Würden sind ... – Himmler hat gesagt, daß ich und meine Männer keine Verantwortung übernehmen müssen, die Verantwortung trägt die deutsche Reichsführung. Hitler und er. Die Verantwortung für Judenausrottung im Osten tragen allein der Führer und ich, ich verbitte mir jedes Dazwischenreden, sagte er ... Ich gab dann meinen Leuten bei Bialystok bekannt, daß im gesamten besetzten Rußland die Juden auszurotten seien ...

Erklärung des Vorsitzenden für die Geschworenen: Die Großaktion wurde von Bradfisch geleitet, die anderen Aktionen wurden von ihm befohlen und unter Leitung seines Stellvertreters durchgeführt. Im Gegensatz zu seiner sonstigen Behauptung, er könne sich an nichts erinnern, beweist Bradfisch sein fabelhaftes Gedächtnis, wenn er schildert, *wie* die Exekutionen und *wo* sie im einzelnen durchgeführt wurden. In den Vorwürfen aus dem Münchner Prozeß heißt es darüber u. a. „Bradfisch hat im September 1941 240 kriegsgefangene Russen, sogenannte rassisch Minderwertige, erschossen ... In Mogilew hat er eigenhändig auf im Panzergraben Liegende Pistolenschüsse abgegeben. Die Schutzpolizei zog sich daraufhin zurück, weil sie meinte, Bradfisch und seine SS erledige es allein, und weil sie sich gefährdet fühlte ... Das Einsatzkommando VIII meldete, daß in Mogilew das Getto der Stadtverwaltung wieder zur Verfügung stehe, da die Stadt als „judenfrei" bezeichnet werden könne".

Vors.: Wie Sie nach Lodz kamen, wußten Sie also nicht, daß es dort genauso zugehen würde?

Br.: Für Rußland war Befehl gegeben, nicht für Lodz!

Vors.: Also wußten Sie doch, daß die Juden vernichtet wurden, mußten sich also sagen, jetzt komme ich nach Lodz, ich bin Gestapoleiter, da weiß ich, was mir blüht.

Br.: Mir wurde in Lodz kein Befehl gegeben. Im Hinblick auf meine seelischen Erschütterungen in Rußland habe ich mich bewußt zurückhaltend benommen und war froh, daß Vertreter Weygand mir sagte, er möchte das Judenreferat beibehalten. Ich war darüber sehr froh. Die einzige Möglichkeit in Rußland war, möglichst wenig zu tun. In Mogilew habe ich nichts getan, ich bin in einen Partisaneneinsatz gegangen ... Wochenlang bin ich unterwegs gewesen. Nebe sagte dann, daß die Juden in Mogilew den Stern nicht tragen und zu den Partisanen überlaufen. Es müsse endlich in Mogilew eine Aktion zur Ausrottung durchgeführt werden. Auf Drängen von Nebe habe ich es dann wieder getan.

Der Vorsitzende liest aus den Akten über Bradfisch vor, daß er ein ehrgeiziger Karrierist gewesen sei, ein energischer, unnachgiebiger Vorgesetzter, in jeder Beziehung habe er Gehorsam gefordert und damals schon bei jeder Gelegenheit darauf hingewiesen, daß es einen Befehl der Obersten Führung gebe. Gegenüber Stromberg habe er mehrfach geäußert, daß andere Sonderkommandos aktiver seien, er wolle bessere Zahlen sehen. Stromberg habe schließlich keine Möglichkeit gesehen, die Durchführung der Erschießungen länger hinauszuzögern. Auch auf Einwände Strombergs, daß sein Kommando zu klein sei für eine Großaktion, bestand er auf Durchführung ...

Vors.: Sie haben also damals ihren Männern gesagt, wer nicht mitmacht, muß damit rechnen, verurteilt zu werden. Wir haben Zeugenaussagen, daß niemand wegen Weigerung, Juden zu erschießen, verurteilt wurde.

Br.: Ich bestreite, daß ich es damals SS- und Polizeigericht nannte. Ich habe immer offen gesagt, Sie wissen, was Himmler gesagt hat, ich kann Sie nicht entbinden. Ich habe es nicht in Form einer Drohung gesagt, mehr in aufklärender, kameradschaftlicher Weise. Sogar der Staatsanwalt sagte zu mir, Herr Stromberg hätte sich auf meine Kosten freigekauft! Das war unkameradschaftlich, und seine Sache wird ja auch nochmal aufgerollt! ... Ein Teilkommandoführer meldete z. B., daß ein Mann wegen seelischer Belastungen nicht mehr an Exekutionen teilnehmen könne. Ich war Mensch und habe das Schreiben an Nebe weitergeleitet und gefragt, was mit dem Mann werden soll ...

Vors.: Das spricht doch dafür, daß jemand, der versuchte, davon loszukommen, die Möglichkeit hatte. Es hing doch von der persönlichen Einstellung des Vorgesetzten ab. D. h., daß doch nicht allgemein eine Todesdrohung über jedem hing, der sich weigerte, an Erschießungen teilzunehmen! Daß eine Drohung höchstens vom Vorgesetzten abhing.

Br.: Die Entscheidung lag nicht bei mir, sondern bei Nebe. Ich habe die Entscheidung an Nebe weitergegeben! Nebe hat gezittert vor Himmler, er schlotterte. Ich habe Nebe besser gekannt als jeder andere.

Vors.: Wieso, wie soll ich das verstehen?

Br.: Ich habe ihn psychologisch studiert. Ich war nicht befreundet mit ihm, ich habe ihn bei Sitzungen psychologisch studiert!

(Aus weiterer Aktenverlesung ergibt sich, daß Bradfisch immer darauf hinwies, daß die Erschießungszahlen zu erhöhen seien, daß sie zu klein seien. Er wollte sogar einen seiner Offiziere deswegen ablösen.)

Vors.: Sie hatten also gedrängt, daß die Erschießungszahlen zu erhöhen seien. Sie hätten also ein Wenigeres tun können anstatt ein Mehr.

Br.: Es war Konkurrenz zwischen vier Einsatzgruppen. Diese Herren haben sich gegenseitig beobachtet, welche Zahlen nach oben gemeldet wurden. Bei Himmler und Hitler wollten sie gut stehen. Nebe sagte, die Einsatzgruppe A hat höhere Erschießungsziffern und er wolle höhere Zahlen sehen und nach Berlin melden! Nicht ich drängte, sondern Nebe. Nebe wollte nach oben glänzen. Er frisierte die Ziffern noch. Hohes Gericht! Wir müssen doch die Vorgänge durch die damalige Brille sehen, nicht durch die heutige!

Vors.: Wir werden uns bemühen, die Sache zu beurteilen, wie sie vom damaligen Stand aussieht, aber war es nicht unter allen Umständen verbrecherisch, Juden einfach zu töten, nur weil sie Juden waren? War nicht jeder vor seinem Gewissen verpflichtet, alles zu tun, sich dem zu entziehen?

Br.: Was die deutsche Reichsregierung damals getan hat, war ein großes Verbrechen, und man wird derart die deutsche Vergangenheit nie bewältigen, wenn man uns hier auf die Anklagebank setzt. Das ist eine passive Vergangenheitsbewältigung. Aktive Vergangenheitsbewältigung müßte man vornehmen. Ich wüßte schon, wie. Die deutsche Reichsregierung hat uns mißbraucht. Nicht nur uns, auch die Justiz, die Polizei usw. Herr Lübke[1] hat das schon 1960 zum Ausdruck gebracht, daß Mißbrauch mit den deutschen Menschen getrieben wurde.
(Aufgeregt.) Wir sitzen auf der Anklagebank, die Richter aber sind in Pension geschickt worden! Täglich werden noch viele vom Osten „beschossen", das ist die Situation![2]

Aus der Münchner Akte wird verlesen, daß Befehlsnotstand bei Bradfisch nicht vorgelegen habe, weil dem Angeklagten seine damalige Tat nicht abgenötigt worden sei und die Frage der Ausweichmöglichkeit für ihn gar nicht stand. Dazu erklärt der Vorsitzende, das heiße nicht, daß Bradfisch die Tötung nicht als Unrecht erkannt hätte. Sie hätten alle nicht an die Möglichkeit einer Strafverfolgung gedacht, weil sie glaubten, daß der Krieg mit einem Sieg oder Untergang enden müsse. Ihm sei es immer darum gegangen, Vorbild zu sein, auch bei Erschießungen. Zeugen hätten ausgesagt, daß er sie unter Druck gesetzt habe, Befehle auszuführen. Bradfisch habe mehrfach hohe Zahlen verlangt und nicht die Situation kameradschaftlich klar gemacht, sondern gedroht.
Bradfisch geht daraufhin auf den Fall Ehler (?) ein, gegen den zur Zeit ein Verfahren laufe. Man will Ehler der Mittäterschaft überführen. Er sei als Zeuge in dem Verfahren in Ludwigsburg vernommen worden. Die Anklage laute, wegen Mittäterschaft als Vertreter von Nebe in eigener Vollmacht Erschießungsaktionen eingeleitet zu haben.

Br.: *Er* hat allerdings verstanden, Verwaltungsgerichtsrat zu werden, während ich 6 Jahre im Gefängnis sitze! Jezt ist er auch abgeschossen worden vom Osten! Einem Schuß von drüben erlegen und jetzt angeklagt! ...

Vors.: Himmler sagte doch 1943, wenn einer schwach ist, wird er nicht getötet. Er ist ein Waschlappen, also sagen wir – hau ab. Widerspricht das nicht dem, was Sie sagen, Herr Dr. Bradfisch?

Der Vorsitzende verliest zur Kenntnisnahme der Geschworenen einen Teil der Himmler-Rede, in der es u. a. heißt: „... wir hatten das Recht dieses Volk der Juden, das uns umbringen wollte, umzubringen. Aber wir haben nicht das Recht, uns an einer Mark, an einer Zigarette zu bereichern. Einige, die es getan haben, sind des Todes. Gnadenlos! ... Wir werden keinen Schaden nehmen an unserer Seele ... Gehorsam wird morgens, mittags, abends gefordert. Der kleine Mann muß gehorchen, das ist selbstverständlich. Noch selbstverständlicher ist es, daß alle Führer der SS Vorbild im Gehorsam sind! ... Wenn einer glaubt, er könne den Befehl nicht befolgen, dann soll er es ehrlich melden. Dann wird man sagen, Du mußt es ausführen, oder, hat er schwache Nerven, gehen Sie in Erholung!

Br.: Das was Himmler zu uns sagte, war 1941, und diese Rede ist 1943! Da war es vielleicht schon schlecht bestellt ...

Vors.: Wieso, da wurde doch gesagt, wir stehen schon am Ural! Für den SS-Mann hieß die Ehre doch Treue. Wenn er nicht treu ist, hieß es, wird er ausgemerzt. Aber wenn er ein Waschlappen ist, dann wird er nicht getötet, sondern dann sagte man, hau ab. Himmler sagte, alles kann verziehen werden, aber eines kann uns Germanen nicht verziehen werden, das ist die Untreue. Der Name Badoglio [3] wird in Zukunft der Name eines räudigen Köters sein ...
Herr Fuchs – was haben Sie zu der Posener Rede von Himmler von 1943 zu sagen?

F.: Hier liegt doch eine Unlogik vor. Dann hätte sich doch das ganze System selbst den Ast abgesägt, wenn es die Möglichkeit des Ausweichens gegeben hätte. Das ist doch ein Widerspruch in sich.

St.: Nein. Sie sind doch freiwillig zur Gestapo gegangen.

Vert.[4]: Wer fähig war, fünf Millionen Juden umzubringen, wie Hitler, der hätte auch fertiggebracht, einen einzelnen Deutschen umzubringen, wenn er nicht mitmachen wollte.

St.: Ich sagte: Gestapo und: freiwillig. Nicht Polizei! Die Gestapo war die politische Polizei, der verlängerte Arm Ihres Führers! Ich persönlich mache einen sehr großen Unterschied zwischen Polizei und Gestapo. Und Sie (Fuchs) sind freiwillig zur Gestapo gegangen!

Die Verteidigung

Bereits am Anfang des Prozesses versuchte der Verteidiger von Fuchs, Dr. Poppensieker, den Prozeß zu sprengen, indem er von einem angeblichen „Judenkomplott" gegen seinen Mandanten sprach. Er, Poppensieker, hätte bereits während der 40 Monate laufenden Voruntersuchung gegen Fuchs von seinem Kollegen, Rechtsanwalt Dr. Bölsche aus Braunschweig, eine sensationelle Nachricht erhalten, nach der Dr. Bölsche von einem „prominenten deutschen Juden", der ständig mit der Regierung in Israel in Verbindung stehe, aufgesucht worden sei. Dieser hätte erklärt, an ihn seien jüdische Zeugen herangetreten, die man zu falschen Aussagen gegen Fuchs habe verleiten wollen. Sie seien bereit, sich ihm, Dr. Bölsche, zur Verfügung zu stellen. Diese Erklärung hätte Dr. Bölsche ihm, Poppensieker, schriftlich gegeben. Später wollte er seinen schriftlichen Vermerk allerdings wieder zurückhaben, da sich die Betreffenden – angeblich aus Angst vor Repressalien – nicht mehr in der Lage sähen, entsprechende Aussagen zu machen. Deshalb stelle er (Poppensieker) einen Aussetzungsantrag.

Diesen Aussetzungsantrag verknüpfte Poppensieker mit einer langen Geschichte von jüdischen Zeugen, die sich angeblich besprochen hätten, Fuchs durch Lügen zu belasten. Natürlich sei keiner der Zeugen bereit, vor dem Staatsanwalt auszusagen. Poppensieker stellte deshalb den Antrag auf Freilassung seines Mandanten Fuchs aus der Untersuchungshaft. Er begründete diesen Antrag: Fuchs sei von *Beruf Kriminalkommissar* und wäre deshalb am besten geeignet, das Meineidskomplott gegen ihn zu entlarven! Dazu müße er frei sein.

Das Gericht wies diesen Antrag mit der Bemerkung zurück, daß das sogenannte Komplott bereits in einem Ermittlungsverfahren geklärt sei.

Daß es für eine Verteidigung in derartigen Prozessen weder moralische noch sittliche noch gesetzliche Grenzen gab, zeigten zahlreiche Anträge und Unterstellungen.

Zur Klärung bestimmter historischer Vorgänge sollten z.B. deutsche Urkunden aus einer polnischen Dokumentensammlung verlesen werden, deren Überschriften polnisch waren und ins Deutsche übersetzt worden waren. Verteidiger Poppensieker lehnte die Verlesung mit der Begründung ab, es könnte sich dabei um schlechte Übersetzungen handeln. Als er dann begriffen hatte, daß es sich lediglich um die Übersetzung von Überschriften handelte, bezweifelte er die Echtheit der Dokumente überhaupt, da sie „aus einer polnischen Sammlung“ stammten, und hielt es nicht für erforderlich, weitere Dokumente zu verlesen, da „es doch ziemlich klar sei, was damals gelaufen ist.“ Der Staatsanwalt erklärte daraufhin:

St.: Man muß zu Beginn der Anklage in die Geschichte einführen. Herr Bradfisch sieht ja immer noch nicht klar!

Vors.: Ich meine auch, daß keineswegs auf das Verlesen der Dokumente verzichtet werden kann.

Vert.: Welche Garantie haben wir, daß die Polen uns in ihren Büchern echte deutsche Dokumente vorlegen? Unter welchem Gesichtspunkt sie sie zusammenstellen, ist doch klar, nicht in freundlicher Absicht. Indem man zusammenstellt, kann man der Sache einen bestimmten Sinn geben...

F.: Ich möchte darauf hinweisen, daß im Prozeß gegen Globke und Oberländer sehr mit gefälschten Akten aus Polen gearbeitet wurde.

Nebenkläger Dr. Greve: Urkunde ist Urkunde!

An dieser Stelle entstand ein Disput, ob die Akten als Vorhalt oder als Beweismittel verlesen werden sollten. Poppensieker erklärte, er habe nicht genügend Zeit erhalten, sich mit allem vertraut zu machen. Der Vorsitzende wies das zurück und erklärte, er habe Poppensieker bereits im März die Akten gegeben, dieser habe sie aber zurückgeschickt mit der Bemerkung, er brauche sie nicht. Schließlich verzichtete Staatsanwalt Dr. Götz auf das Verlesen der Urkunden. Verteidiger Poppensieker bat daraufhin um eine kurze Pause. Der juristische Streit war beendet. Die Herren gingen gemeinsam eine Tasse Kaffee trinken. Der Angeklagte Fuchs plauderte inzwischen, ohne jegliche Bewachung, mit seiner Frau, die ihm und seinem ehemaligen Vorgesetzten und Mitangeklagten, Dr. Bradfisch, Kaffee aus einer Thermosflasche einschenkte.
Nach der Pause wurde ein schlecht leserlicher Plan des Gettos „Litzmannstadt“ vorgelegt. Fuchs zeigte die Begrenzung des Lagers. Er bewies sein gutes Erinnerungsvermögen, indem er erzählte, welche Straßenbahnlinie durch das Getto fuhr, wo die Adolf-Hitler-Straße, der Deutschlandplatz usw. lagen. Der Vorsitzende bat, wenn „irgendwo“ noch ein besserer, leserlicherer Stadtplan von „Litzmannstadt“ sei, möchte er ihn haben. Von deutschen Dokumenten aus einer polnischen Dokumentensammlung wurde nicht mehr gesprochen. Die Verhandlung ging weiter.

Vors.: Herr Fuchs, als Sie mit der Getto-Sache befaßt wurden, war Ihnen da bekannt, welche Absichten mit dem Lager waren?

F.: Mir war nur bekannt, daß ein großer Teil der Lodzer Unterwelt sich aus Juden zusammensetzt, z.B. war in Lodz die europäische Hochschule für Taschendiebe in jüdischer Hand. Das war Anlaß, die Leute unter Aufsicht zu stellen.

Vors.: Was war die Buschlinie?

F.: Die Hauptdienststelle der Kripo.

Vors.: Welche Funktion hatte Biebow? Wann lernten Sie ihn kennen?

F.: Biebow war Vertreter der Geheimen Staatspolizei. Mai/Juni 1940 lernte ich ihn kennen, da war noch nicht alles so aufgebaut, es entwickelte sich erst.

Dr. Six und der Befehlsnotstand

Vernehmung des *Zeugen Prof. Dr. Six,* Alfred, Franz, geb. 1909, 54 Jahre alt, Wirtschaftsberater in Kreßbronn. Vor Gericht steht ein Professor mit hohem SS-Rang, der gebeten wurde, sich zu dem Komplex *Befehlsnotstand* zu äußern. Six war 1939 bis 1943 im Amt VII, Wissenschaft und Weltanschauung, Leiter im Pressearchiv (Bibliothek und Auswertung von Akten).

Vors.: War es nach Ihrer Kenntnis möglich, daß sich jemand dem Befehl, Judenerschießungen vorzunehmen, entziehen konnte? – Eine Möglichkeit der Strafverfolgung Ihrerseits besteht wohl nicht mehr? Sie sind in Nürnberg verurteilt worden wegen der Einsatzgruppen?

Six: Ich bin 1940 freiwillig zur Waffen-SS gegangen. 1941 bin ich von Rußland nach Berlin zurückgekommen. Gegen meinen Willen wurde ich von der Truppe vor der Kampfhandlung weggeholt. Ich habe es als Diskriminierung angesehen und auch damals gesagt. Ich wurde dann zu Nebe versetzt, um mit der kämpfenden Truppe in Moskau einzumarschieren ... Erreichen von Moskau nicht möglich. Daraufhin die Konsequenz gezogen, und Rückberufung ins Reichssicherheitshauptamt (RSHA) Berlin durch Telegramm und Funkspruch. Die Aufgabe, die mir gestellt war, Vorkommando bei der Einnahme von Moskau zu bilden, war nicht möglich. Ich erhielt am 20. 8. 1941 die Genehmigung zurückzukehren.

Vors.: Rückberufung aufgrund persönlicher Beziehungen?

Six: Es war eine Frage des persönlichen Risikos. Abberufung hat damals Heydrich [1] verfügt.

Vors.: Wollten Sie sich praktisch den Judenerschießungen entziehen?

Six: Die Unterhaltung mit Heydrich war sehr kurz ... Ich sagte, daß man einen Soldaten, der an der Front steht, nicht ohne Diskriminierung abberufen kann. Nach dem Tod Heydrichs bin ich aus dem RSHA ins Auswärtige Amt übergewechselt.

Vors.: Es bestand die Möglichkeit, sich zur Front zu melden, sagten Sie einmal.

Six: Es war das persönliche Risiko jedes einzelnen innerhalb des SS-Betriebes. Jeder mußte für sich selbst entscheiden, was er in bestimmten Fallen zu tun hat. Das war auch meine Aussage auf die Frage des Verteidigers von Eichmann[2]. Ich kann sagen, daß damals jeder die Möglichkeit und Chance hatte, obwohl er dann alle Konsequenzen auf sich nehmen mußte.

Vors.: Es wurde gesagt, daß man bei höherem Dienstgrad sich unter keinen Umständen entziehen konnte. Wobei die Frage steht, ob es deswegen war, weil man dann nicht mehr Karriere machen konnte.

Six: Man kann sagen, historischer Tatbestand, daß die Gesetze in der SS außerordentlich hart waren. Daß die Männer, die über uns zu verfügen hatten, nicht zurückschreckten. Jeder aber hatte die Möglichkeit, das Risiko auf sich zu nehmen, obwohl es drin war bei der Mentalität von Heydrich, daß er einen dann ohne Verfahren beseitigte.

Vors.: Haben Sie Beispiele, daß ohne Verfahren jemand beseitigt wurde?

Six: Ich könnte den Fall Nebe selbst anführen. Auch durch Unterhaltungen mit Müller bin ich in solche Verwicklungen hineingekommen, wo Studenten von mir in die „Rote Kapelle"[3] verwickelt waren. Obwohl ich Ehrenträger war, war ich meines Lebens nicht mehr sicher. Rückwirkend betrachtet, hatte man ständig ein Gefühl der Angst und Bedrükkung. Ich sagte zu meiner Frau oft, es ist ausgeschlossen, daß man ohne menschliches Risiko wieder herauskommt ...

Vors.: Konnte man größere Erschießungen vom damaligen Standpunkt als rechtmäßig ansehen?

Six: Weiß nicht, daß ich mich damals dazu geäußert habe.

Vors.: Damals sagten Sie, es entsprach dem damaligen Rechtsbewußtsein nicht, ein einheitliches Rechtsbewußtsein gab es nicht.

Six: In meinem Nürnberger Prozeß sagte ich, ich habe auch während des Krieges Massenerschießungen ohne gerichtliches Verfahren nicht für rechtmäßig gehalten.

Vors.: Ich frage, weil heute gesagt wurde, es war alles „Führerbefehl" ... Sie hielten es also nicht für rechtmäßig. Wie stand im Verhältnis dazu der Begriff „Führerbefehl"?

Six: Ich habe Recht studiert. Auch im Rahmen der Waffen-SS ist der Begriff der persönlichen Tapferkeit gewesen ... Erst im Laufe der Zeit, erst aus Fahrlässigkeit, aus Gleichgültigkeit, aus Kriegsgeschehen haben viele den Sinn dafür verloren. Ich kann nur rückblickend sagen, daß nicht nur unser Persönliches als Funktionäre des Regimes abstumpfte. Ich glaube, daß Tatbestände geschaffen wurden, die außerhalb unseres Rechtsempfindens lagen. Es ist also das Ergebnis langer Besprechungen, Verhöre in Nürnberg, daß man sagte, es gab ... auch ein Kriegsrecht, auch bei Geiselerschießungen, die eventuell als analog betrachtet werden können. Wir haben alle in einer tiefen Verirrung gelebt, unser Bewußtsein ist abgestumpft. Nur mancher sagte noch in einem letzten Aufbegehren, hier mache ich nicht mehr mit ... Wenn Heydrich nicht umgekommen wäre, wäre ich auch nicht rausgekommen. Erst als er tot war, konnte man mich zur Front melden. Er ließ mich einfach nicht weg. Ich hoffte auf eine Chance durch meine freiwillige Meldung an die Front.

Vors.: Konnte man nicht schon das Verbrechen bei der Röhm-Affäre erkennen?

Six: (schweigt)

Vors.: Einzelheiten, daß jemand auf kaltem Wege beseitigt wurde, können Sie nicht sagen?

Six: Nein.

Vors.: War es nur die Überzeugung, daß so etwas geschah?

Six: Von 1963 aus gesehen war eben eine allgemeine Furcht vor diesem

Mann, vor dieser Gruppe, auch unter den Dienstgraden. Haben einfach alle Angst gehabt. Auch Müller usw. haben das Gefühl der Abhängigkeit immer wieder geweckt.

St: Die Studenten, die in die „Rote Kapelle“ verwickelt waren, wer war da der Vernehmende?

Six: Ich wurde selbst vernommen. Von Müller, Gestapo. Ich hatte das Gefühl, hier ist kein Mensch mehr sicher.

Vors.: Kann das verallgemeinert werden, daß man sich nicht mehr sicher fühlte? ... Andere sagen aus, daß es ein kleiner Mann doch viel leichter hatte wegzukommen, da man sagte, das ist nur ein kleiner Mann, ein Schlappschwanz, laßt ihn laufen, wir haben genug davon.

Pop.: Es wurde hier einmal gesagt, man hätte Krankheit simulieren können, um herauszukommen.

Six: Wenn einer simuliert hätte, wäre er ja auch mal wieder gesund geworden. Aber es gab tatsächlich so etwas. Erst während des Krieges, eigentlich erst mit dem Ostfeldzug, setzte es ein. Vorher bestand absolut die Möglichkeit, aus der Gestapo usw. wieder herauszukommen. Erst nach dem Ostfeldzug war kein Kodex mehr da, da war alles schon ins Wanken geraten.

Pop.: Konnte man vor dem Ostfeldzug schon das Verbrecherische des Systems erkennen?

Vors.: Röhm-Putsch, Kristallnacht – das alles war doch rechtswidrig ...

Six: Das war eine Frage der Qualität, nicht des Systems. Das war damals die SA, da hieß es Hoppla, der schoß, nicht das System.

Gr.: (Nebenkläger): Heißt es, daß vor Beginn des Rußlandfeldzuges niemand erkennen konnte, daß es sich bei dem Nationalsozialismus um ein System ausgemachter Verbrecher handelte?

Six: Die Beantwortung ist leichter für einen, der im anderen Lager stand. Ich bin nicht wegen hoher Verdienste, sondern als junger Student zur NSDAP gekommen. Ich kann nur wiederholen, daß es eine progressive Entwicklung war, daß die Erkenntnis für einen Außenstehenden leichter war, als für uns.

Vors.: Wozu sind Sie in Nürnberg verurteilt?

Six: Zu 20 Jahren, später zu 10 Jahren begnadigt. Nach 8 Jahren wegen guter Führung entlassen.

St: Wurden Ihnen persönliche Erschießungen vorgeworfen?

Six: Nein.

Pop: Was wurde vorgeworfen?

Six: Ich wurde verurteilt, obwohl nicht persönliche Erschießungen nachgewiesen werden konnten. Ich war doch Mitglied der Einsatzgruppe B, nach meinem Abgang übernahm Nebe, und da tauchten erstmals Zahlen auf, aber es ließ sich nicht mit wissenschaftlicher Sicherheit nachweisen, daß ich beteiligt war.

Gr: In dem Verfahren handelte es sich doch ausschließlich um politische Kommissare bei Smolensk. Sie sollten doch heraussuchen, ob sich unter den Gefangenen politische Kommissare befanden.

Pop: Wie hoch war der Prozentsatz von Juden unter den Kommissaren?

Six: Ich habe keine gesehen.

„Sachverständige in Widerstandsangelegenheiten“ Dr. Globke und Dr. Vialon sagen aus

Monatelang hatte der Prozeß sich hingezogen. Vor Gericht war eine lange Reihe von Zeugen erschienen, darunter Zeugen, die im Dritten Reich hohe Staatsfunktionen hatten. Jeder wußte, welche Rolle sie im Unrechtsstaat Hitlers spielten. Jeder wußte aber auch, welchen Einfluß sie noch immer hatten. Viele waren als Beamte in den „Rechtsnachfolgestaat des Deutschen Reiches“ übernommen worden. Einige in exponierte Stellungen. Von den Verteidigern benannt, traten sie in vielen Prozessen als Entlastungszeugen auf. Publikum und Akteure, Angeklagte und die Öffentlichkeit wußten Bescheid, nur das Gericht mußte so tun, als wüßte es nichts. Es stellte Fragen wie andere Gerichte in solchen Prozessen vor ihm auch. Es hörte sich Lügen und Halbwahrheiten an und gab – wie es das Gesetz verlangte – den Ratschlag, nichts auszusagen, wenn man sich selbst belasten würde. Jetzt erschienen die, die einst zur Rechten der Hauptverantwortlichen saßen, sogar als „Sachverständige in Widerstandsangelegenheiten“ und als Zeugen für „Befehlsnotstand“. Sie spielten die Rolle, die man jetzt von ihnen verlangte. Und alle spielten mit. Sie empfanden weder Reue noch Scham. Nach ihrem Auftritt holten sie sich Reisespesen und Unkosten aus dem Staatssäckel. Inzwischen lief ihr Gehalt für „Berufsbeamte“ mit Pensionsberechtigung weiter.

Die juristisch Beteiligten machten den Eindruck, als würden sie erstmalig mit dieser Vergangenheit konfrontiert. Der Vorsitzende des Gerichts erklärte: „Wer diesen Prozeß erlebt, ist erschüttert.“ Der Staatsanwalt sagte: „Wer dies erlebt hat, dem stellt sich die Frage nach dem Schlußstrich nicht mehr.“ Hatten sie wirklich vorher weder Bücher über die Verbrechen noch über die Widerstandstätigkeit dagegen gelesen oder Menschen gesprochen, die dabei waren? Widerstandskämpfer, Antifaschisten, Angehörige der zahlreichen Widerstandsbewegungen zwischen 1933 und 1945, existierten für die Gerichte nicht. Sie existierten nur für die Verteidiger – als ironische Floskel.

Von dem Verteidiger des „Judensachbearbeiters“ Fuchs wurden unter anderem als „Sachverständige in Widerstandsangelegenheiten“ benannt: Dr. Hans Maria Globke [1], unter Hitler Mitverfasser und Kommentator der „Nürnberger Gesetze“. Er legte dem Gericht eine „Genehmigung zur Aussage“ des damaligen Kanzlers der Bundesrepublik Konrad Adenauer vor, dessen Graue Eminenz er war. Dann erklärte er: „Ich habe von der Endlösung der Judenfrage im Sinne der physischen Ausrottung erst nach dem Kriege erfahren.“

Auf die Frage des Verteidigers Dr. Poppensieker, ob „die Judengesetze, wie Nürnberger Gesetz und seine Ausführungsbestimmungen, verbindlich gewesen seien“, antwortete er:

„Formal ja. Ich habe mich aber stets bemüht, diese Gesetze zu umgehen.“

Jeder wußte, welchen Anteil Dr. Hans Maria Globke selbst an der Ausarbeitung dieser Gesetze hatte. Jeder kannte inzwischen auch die Auswirkung für jene, die aufgrund dieser Gesetze mit einem „J“ gekennzeichnet wurden und ihrem Namen ein Sarah oder Isaak voransetzen mußten.

„Die Nürnberger Gesetze sollten die rechtliche Ausgangsbasis für die Judenverfolgung bilden“, heißt es im Duden-Lexikon des Bibliographischen Institutes von 1962. Und weiter unter dem Stichwort „Nürnberger Gesetze“: „Die während des Reichsparteitages der NSDAP in Nürnberg am 15. September 1935 verkündeten Gesetze: 1. das Reichsbürgergesetz (das allen, die ‚nicht deutschen oder artverwandten Blutes‘ waren, das Bürgerrecht nahm); 2. das Gesetz zum Schutz des deutschen Blutes und der deutschen Ehre (mit diskriminierender Bestimmung für die Juden bei einer ‚Vermischung mit Ariern‘).“

Dr. Hans Maria Globke wußte, welche Auswirkungen diese Gesetze, an denen er entscheidend mitgearbeitet hatte, haben sollten. Wie wenig ihm das Publikum seine Erklärung: „Von der Endlösung im Sinne der physischen Ausrottung der Juden habe ich erst nach dem Krieg erfahren“, glaubte, zeigte das ironische Gelächter im überfüllten Gerichtssaal. Daraufhin gab er zu, daß er „privat“ im damaligen Berlin von Judenexekutionen schon etwas gehört habe.

Als zweiter „Sachverständiger in Widerstandsangelegenheiten“ erschien Prof. Dr. Friedrich Karl Vialon[2]. Er erklärte: „Ich war Leiter der Finanzabteilung beim Reichskommissar in Riga, Berufsbeamter und Haushaltsspezialist. Ich kann zur Frage des Befehlsnotstandes nichts sagen.“

Auf die Frage, was er damals dachte, als er von Exekutionen und Gettos hörte, erzählte Dr. Vialon dem Gericht und den Geschworenen über seinen Besuch in einem Getto, der für ihn „ganz abscheulich“ gewesen sei. An den geheimen Getto-Erlaß, der die Sicherstellung der den ermordeten Juden herausgebrochenen Goldzähne betraf und seine Unterschrift trägt, konnte er sich nicht erinnern. Für ihn war „die Verwaltung des jüdischen Vermögens eine Ordnungsaufgabe“. Noch heute ist er davon überzeugt, eine staatspolitisch wichtige Aufgabe erfüllt zu haben, indem er das „anfallende jüdische Vermögen“ verwaltete, damit „dieses Vermögen nicht in unrechte Hände geriet“. Dr. Vialon wurde, aufgrund seiner „Verdienste um das Vaterland“ im Nachfolgestaat Hitlers, das heißt in der Bundesrepublik, Staatssekretär.

Für ihn, den Berufsbeamten, war der ganze Prozeß wie für seinen „Kollegen“ Globke nichts weiter als „peinlich“. Sie konnten nicht verstehen, warum man sich in diesem Staat noch mit „diesen Dingen“ befaßte. Sie meinten, immer nur ihre Pflicht getan zu haben, – wie es die Staatsräson verlangte.

Das Plädoyer des Verteidigers Dr. Poppensieker

Das Plädoyer zeigt deutlich, mit welchen Argumenten NS-Verbrecher und Massenmörder in diesem und anderen Prozessen verteidigt wurden. Die Reaktion ausländischer Zeugen reichte von Entsetzen bis zur Angst davor, daß die Vergangenheit wieder Gegenwart werden könnte. Die Presse nahm kaum Notiz. Das öffentliche Interesse war dementsprechend gering, und für die nachwachsende Generation wäre dies Plädoyer kaum ein Anschauungsunterricht zur Aufklärung über Nazi- und Kriegsverbrechen gewesen. Im Zusammenhang mit dem Konzept dieses Buches erwies es sich dagegen als notwendig, die „Entlastungspunkte“ ausführlicher darzustellen. Die scheinbar umfangreiche Aufzeichnung des Plädoyers ist nur eine Zusammenfassung aus den stundenlangen Ausführungen Dr. Poppensiekers.

Dr. Poppensieker begann sein Plädoyer mit einer Erklärung in eigener Sache. Er habe, sagte er, Telefonanrufe und Briefe erhalten, in denen er „dreckiges

Nazischwein" tituliert worden sei wegen seiner Funktion als Verteidiger der Angeklagten. Als noch unangenehmer empfinde er es jedoch, wenn man sich von einem Kollegen[1] sagen lassen müsse, daß man der einzige in diesem Prozeß sei, der gegenüber dem Schmerz der Juden kein Gefühl aufbringe. Um nicht in den Verdacht zu kommen, antisemitische und judenfeindliche Ausführungen vorzutragen, wolle er zunächst erläutern, aus welcher Familie er stamme. Sein Vater, ein deutscher Beamter, und seine Mutter seien nie Mitglieder der NSDAP gewesen. Sein Vater sei deshalb damals strafversetzt worden. Er selbst wurde als Demokrat erzogen. Im Dritten Reich habe er promoviert und sei als Nichtparteimitglied an einem kleinen Amtsgericht tätig gewesen. Zwei seiner Onkel hätten im KZ gesessen, ein dritter Onkel sei sterilisiert worden.

„Wenn ich höre, daß ich kein Verständnis für das Leid der Juden aufbringe, bin ich sprachlos und unterstelle dem Vorwurf keine lauteren Absichten", erklärte Poppensieker. Er könne sich nichts Schrecklicheres denken, als die Vernichtung von Millionen Juden. Es gebe keinen rechtlich denkenden Menschen, der eine Entschuldigung für diese Taten finden könne. Es gebe einfach nichts, was man vorbringen könne, um auch nur einen Teil zu rechtfertigen. Aber darum gehe es hier nicht. Es gehe darum, ob die Angeklagten in dem Maße mitschuldig seien, daß Fuchs dafür lebenslänglich ins Zuchthaus und Bradfisch wegen „eines angeblich minderen Tatumfanges" eine Strafe von 15 Jahren erhalten solle.

Poppensieker erklärte: Wir befinden uns mit der Rechtsprechung am Rande der Politik, am Rande der Probleme, die wir als politische Prozesse betrachten. Er stellte fest, daß es nicht eine „ganz kleine Clique" war, zu der die Angeklagten gehören sollen, sondern daß die Verantwortung erheblich weitergehe. Dabei spielte er auf jene an, die als Schreibtischmörder bisher ungestraft unter uns leben. Man könne darüber streiten, ob die Verantwortung überhaupt noch strafrechtlich faßbar sei, oder ob es sich nur noch um moralische Schuld handle. Die Angeklagten treffe wohl die moralische, nicht aber eine strafrechtliche Schuld.

Hier lag der Kerngedanke der Verteidigung, der es darauf ankam, die Geschworenen davon zu überzeugen, daß die vom Staat organisierte Ermordung von Millionen jüdischer Kinder, Frauen und Männer allenfalls eine moralische Schuld darstelle, nicht aber eine strafrechtlich verfolgbare. Diese dem Völkerrecht widersprechende Behauptung wurde als Leitmotiv der Verteidiger in vielen derartigen Prozessen gegen SS- und Gestapomörder verwendet. Dementsprechend versuchte Poppensieker im wesentlichen folgende Entschuldigungsgründe für die Angeklagten anzuführen, um zu beweisen, daß sie keine Verantwortung für die begangenen Taten trügen:

1. Der Angeklagte Fuchs hätte 1933 „nicht wissen können, wozu er später mißbraucht würde."

1933 sei Fuchs 22 Jahre alt gewesen. Die NSDAP habe für viele den Strohhalm bedeutet, an den sie sich geklammert hätten. Man habe gehofft, es gehe wieder bergauf. Die Parteien der Weimarer Republik hätten kläglich versagt, so daß der NSDAP viele Wähler zugeströmt seien. Sie versprach Ordnung und Arbeit und wollte das Nationalbewußtsein in den Vordergrund stellen.

2. Aus der Zugehörigkeit zur Gestapo könne, „keine Rückschluß gezogen werden auf die politische Einstellung und die Einstellung gegenüber der Lösung des Judenproblems."
Es habe ein Gesetz gegeben, daß nur Deutsche Staatsbürger sein können. Nicht nur den Angeklagten hätte dabei der Gedanke kommen müssen, daß für Juden kein Platz sei. Im übrigen sei das Programm der NSDAP kein Geheimnis gewesen. Klügere und erfahrene Menschen hätten es gelesen und seien trotzdem der Partei beigetreten. Sie hätten dem „Führer" erst die Position gegeben, die er brauchte. Die NSDAP sei mit legalen Mitteln an die Macht gekommen. Erst mit dem Ermächtigungsgesetz seien dem „Führer" die Befugnisse eines Diktators eingeräumt worden. Auch der frühere Bundespräsident Heuss habe zu denjenigen gehört, die damals für das Ermächtigungsgesetz gestimmt haben. Auch sie hätten also damals nicht erkannt, was sich später entwickelte.

3. Man könne den Angeklagten keine Vorwürfe machen, „weil sie nicht versucht hätten, aus der Gestapo herauszukommen".
Es habe nur Wege der persönlichen Geschicklichkeit gegeben, um zu entrinnen. Man mußte zum Beispiel einen „guten Vorgesetzten" haben, oder man hätte krank werden müssen. „Aber ein Angeklagter wie Fuchs, der damals vor Gesundheit strotzte, was sollte er vortäuschen, was simulieren?" Poppensieker unterstellte Fuchs offensichtlich, er hätte die Absicht gehabt, nicht mehr mitzumachen, um dann seine Verantwortung überhaupt in Frage zu stellen. „Als Judenreferent war Fuchs der ‚letzte Briefträger'. Gewiß, er hatte noch ein paar Beamte unter sich, aber er war kein Vorgesetzter. Es waren nur Mithelfer, die in der Dienststelle halfen. Behördenvorgesetzter waren Bradfisch oder Kuke, und von dort ging der Draht zu Heydrich. Und wer das war, das wissen wir, daß er jeden aus dem Leben befördern wollte, der zu weich war." Als Beweis dafür zitierte Poppensieker Dokumente aus der Tschechoslowakei mit der Bemerkung, „obwohl ich von solchen Dingen, die aus der Ostzone kommen, nichts halte". (Während des Prozesses kam es mehrfach unwidersprochen zu derartigen Aussprüchen mit denen Dokumente, die von östlicher Seite zur Verfügung gestellt wurden, als mögliche Fälschungen abgelehnt wurden. Zur Verteidigung zog er allerdings einen Urteilsspruch heran, der tschechische Patrioten zum Tode verurteilte, weil sie Menschen vor den Nazis versteckt hatten). „Diese Urteile unterschrieb ein Staatsanwalt, der heute noch Staatsanwalt ist. Es wäre ein Kuriosum, wenn er heute hier als Vertreter der Anklage säße. Und warum sollte er nicht hier sitzen? Man kann keine Unterschiede machen, ob man einen nimmt, der in der Partei war, oder lieber einen, der nicht in der Partei war. Das sind Umstände, die gesagt werden mussen." 80 % aller Richter seien Parteigenossen gewesen. Er, Poppensieker, habe niemals gehört, daß sich ein Richter geweigert hätte, wenn er an ein Sondergericht versetzt wurde. Es habe keine Massenflucht von Beamten gegeben, sie hätten weitergemacht, trotz „Kristallnacht". Die Pläne der „Endlösung" seien erst mit Beginn des Rußlandfeldzuges gefaßt worden. Vorher habe man vorgehabt, die Juden in andere Lander, auf eine Insel abzuschieben.

4. Die Angeklagten hätten „aus Angst nicht anders handeln" können.
Poppensieker berief sich hierbei auf Reitlingers Buch „Die Endlösung", das

weitgehend dazu beigetragen habe, aufzuklären, wer an welchen Taten beteiligt gewesen sei. Je höher der Deutsche damals im Rang gestiegen sei, um so größer sei seine Angst geworden. Himmler sei von Hitler nur deshalb gehalten worden, weil er ein Mann voller Angst gewesen sei. Die Höchsten hätten die größte Angst gehabt, ins KZ versetzt zu werden. Die Beispiele, mit denen er versuchte, seine These zu untermauern, reichten von der DDR bis zu den USA. Nach Poppensieker war die Naziherrschaft ein System, „wie wir es heute in der Ostzone haben". Es habe kein Entrinnen mehr gegeben. Wer nicht mehr mitmachen wollte sei beseitigt worden, „ähnlich wie bei den Gangsterbanden in den USA".

5. Es habe sich bei den Angeklagten um „Fälle besonderer Art gehandelt". Poppensieker führte dazu aus: Wenn wir uns die Staatssekretäre betrachten, zum Beispiel Dr. Globke, höchster Beamter, persönlicher Vertrauter unseres ausgeschiedenen Bundeskanzlers Adenauer. Zu einer Zeit, wo manches nach Meinung der Nebenkläger schon ersichtlich war, am 25. April 1938, schrieb der damalige Innenminister Frick in seinem Beförderungsvorschlag: „Oberregierungsrat Dr. Globke gehört zu den befähigtsten Beamten. In hervorragendem Maße war er an der Ausarbeitung der Nürnberger Gesetze beteiligt ..." Poppensieker verlas den gesamten Wortlaut des Schreibens, um dann zu fragen: „Halten Sie es bei dem System des damaligen Staates für möglich, daß man zur Beförderung vorgeschlagen wurde und dabei gleichzeitig gezwungen war, Kommentare zu den Nürnberger Gesetzen zu schreiben, wenn man innerlich dagegen war?" Danach sprach Poppensieker über den ehemaligen Staatssekretär Vialon: „Dieser Staatssekretär war damals für beschlagnahmte Vermögen verantwortlich. Er gab zu, Gettos besichtigt zu haben. Es gibt einen Geheimerlaß von ihm, daß den Juden nur das Allernotwendigste zu lassen sei und ihre Arbeitskraft bis zum letzten dienstbar gemacht werden muß." Dagegen sei Fuchs „nur ein ganz kleiner Täter" gewesen. Poppensieker warf die Frage auf, ob die Unterschiede so groß seien, daß der eine als Verbrecher betrachtet werde, während der andere als höchster Beamter im Staat tätig sein könne. Er verwies auf das „sonstige Verhalten" der Angeklagten im Privatleben. Es handle sich hier um Menschen, die keinem auch nur eine Briefmarke wegnehmen würden, die keinen betrogen hätten, die in ihrer Familie ordentlich lebten. Und diese füllten heute die Gefängnisse. Man könne sie nicht mit Mördern oder Gewohnheitsverbrechern vergleichen. Die Schuld sei doch geringer zu bemessen, wenn die Angeklagten nicht rechtzeitig erkannt hätten, welche Verbrecher am Werk waren. In immer neuen Varianten versuchte der Verteidiger solchermaßen, Mitleid bei den Geschworenen für seine Angeklagten zu erregen. Er schilderte, in welches Unglück sie durch diese ungewöhnlichen Umstände hineingeraten seien, er fragte, ob man von jedem Heldentum verlangen könne, ob man verlangen könne, daß einer sein eigenes Leben aufs Spiel setze. Er unterstellte dabei, daß es nur die Möglichkeit gegeben hätte, Tausende von jüdischen Männern, Frauen und Kindern ins Gas zu schicken oder das „eigene Leben zu riskieren". Dabei berief er sich auf Richter, die Todesurteile aussprachen, auf Staatsanwälte, die Beihilfe leisteten, auf Pastoren und ihre Kirchen, die nicht verlangt hätten, daß diese sich zu Märtyrern machten. Nichts sei geschehen, als daß alle zugesehen hätten und geschehen ließen! Mit dieser Anspielung auf eine Kollektivschuld

versuchte er, die Geschworenen in die Verantwortung einzubeziehen, um die seiner Mandanten herunterzuspielen. „Entweder muß ich etwas dagegen tun, oder ich bin mitschuldig", erklärte er dem Gericht.

6. Bei dem Krieg gegen Rußland habe es sich um zwei weltanschauliche Systeme gehandelt, die aufeinandergestoßen seien, und die in die Kämpfe Fanatismus, Haß und Grausamkeit gebracht hätten. Das sei anders zu beurteilen als bei dem Krieg im Westen, „wo wir es bis zum letzten Augenblick mit einer gewissen sportlichen Fairneß zu tun gehabt" hätten. Zum Beweis dafür zitierte er Prof. Carlo Schmid, der damals vor der Akademie für Deutsches Recht erklärt habe, daß für den Krieg im Osten die Haager Landkriegsordnung nicht mehr anzuwenden gewesen sei. Objektiv gesehen habe es durchaus Gründe für den Judenhaß gegeben. Dabei bezog sich Poppensieker auf einen Artikel im „Daily Express", in dem damals auf der ersten Seite gestanden habe: „Juda erklärt Deutschland den Krieg." Das hieße, erläuterte Poppensieker, daß das jüdische Volk sich damals entschlossen habe, mit den Mitteln, die ihm zur Verfügung gestanden hätten, den Nationalsozialismus so lange zu bekämpfen, bis er zusammenbrechen würde. Diese Erklärung habe Boykottmaßnahmen gegen deutsche Geschäfte im Ausland ausgelöst. Der jüdische Schriftsteller Theodor Kaufmann habe in Amerika ein Buch herausgebracht mit dem Titel „Deutschland muß sterben", das damals über ausländische Sender kapitelweise verlesen worden sei. Dabei verquickte Poppensieker die Argumentation Hitlers über die Juden, die Deutschland den Krieg erklärt hätten, mit der Auffassung, daß „die Juden schon immer zu bestimmten Zeiten verfolgt worden seien". Sie hätten nicht unter Hitler erstmalig in Gettos gelebt. An die Geschworenen und das Publikum gewandt stellte er die rhetorische Frage, woran das wohl gelegen habe. Vom Gericht ungerügt machte Poppensieker seine antisemitischen Ausführungen dazu. Für ihn waren deutsche Juden offenbar immer noch keine „Deutschen" und dem Deutschen Reich damals einverleibtes polnisches Gebiet noch immer deutsches Territorium. Es sei „nicht tragisch, wenn ein Staat sagt, auf seinem Territorium sollen sich nur deutsche Staatsbürger befinden". Der jüdische Staat Israel sei nicht anders. Als Beweis zitierte er seitenlang aus I. G. Burgs „Schuld und Schicksal", was Israelis mit den Arabern gemacht hätten, um dann zu fragen: „Glauben Sie ernstlich, daß in Israel ein Araber Arzt oder Lehrer werden könnte?" Als Unterschied blieb schließlich nur noch, daß „Hitler die Juden mit einer Grausamkeit verfolgt habe, wie sie einmalig" sei.

7. Fuchs sei „ein guter Mensch" gewesen.
Fuchs habe unter Zwang gehandelt. Er habe einmal gesagt, er könne nicht mehr, weil er nachts die Schreie der Juden höre. Der „gute Fuchs" habe nie geschlagen. Eine Volksdeutsche habe erklärt, Fuchs habe sich sogar zusammen mit Juden fotografieren lassen. „Fuchs trank sogar mit Juden und hatte eine Jüdin im Arm." Dies alles spreche nicht dafür, daß Fuchs ein Judenhasser gewesen sei. Außerdem habe er einigen Juden das Leben gerettet. Dabei bezog sich Poppensieker auf die Aussage einer Frau Messing, deren Mann Jude war. (Nach Aussagen von Zeugen war Herr Messing V-Mann). Sie habe gesagt: „Ich freue mich, daß Herr Fuchs den Krieg überlebt hat, und möchte ihm Dank sagen, daß er uns anständig behandelt hat." Im übrigen seien alle Morde, mit

Ausnahme von zwei, in der Woche vom 5. bis 11. September 1942, d. h. während der Gettosperre, geschehen. Für die übrige Zeit sei nichts Nachteiliges über Fuchs bekannt. Fuchs habe im Gegenteil immer weniger Juden auf den Transport (nach Chelmno) geschickt, als gefordert gewesen seien. (1 000 Menschen täglich!)

8. „Um Juden zu retten", habe Fuchs „Juden opfern müssen".
Poppensieker berief sich auf die Version von den zwei Gruppen, die es in der Parteispitze gegeben haben soll. Die einen, die das Getto vernichten wollten, und die anderen, die meinten, die Juden sollten für sie arbeiten. Dabei sei es gleichgültig, ob sie damit das Leben der Juden hatten erhalten wollen. Das Endergebnis war, diese Menschen nicht zu vernichten. Wenn aber schon die Forderung auf Erhaltung stehe, dann hätten alle aus dem Getto entfernt werden müssen, die nicht arbeiten konnten. Fuchs habe also nichts anderes tun können, als mit Strenge durchzugreifen. „Lassen Sie sich nicht von der Beweisaufnahme zu sehr beeindrucken. Sie haben gehört, was in Kulmhof war. Fuchs hatte mit Kulmhof nichts zu tun. Sie können ihm nicht zur Last legen, was dort geschehen ist. Es ist zwar das Ende der Endlösung, aber ein Ende, von dem er in dieser Form nichts gewußt hat", erklärt Poppensieker. – Immer wieder versuchte er, den Geschworenen einzureden, Fuchs habe Kinder, Kranke und Alte nur deshalb auf Transport geschickt oder erschossen, um andere Juden zu retten. Dabei unterschob er Fuchs Gedanken, die dieser ohne Zweifel nie hatte. Er erfand Beispiele wie das von dem Weichenwärter, der sähe, wie ein vollbesetzter Zug heranrasen würde. Wenn er die Weiche nicht stellen würde, führe der Zug auf einen vollbesetzten anderen Zug, würde er sie auf ein Nebengleis stellen, wo 7 Gleisarbeiter arbeiten, würden diese totgefahren werden. Hierbei handle es sich um einen „übergesetzlichen Notstand". Das Leben von vielen sei nur zu retten gewesen auf Kosten einer kleinen Gruppe. „Wenn ich Fuchs unterstelle, daß es ein Problem für ihn gab, dann dies: Entweder alle gehen drauf – denn die Gruppe die alle umbringen wollte, hätte keine Ausnahme gemacht –, oder ich opfere einen Teil, um den Arbeitsfähigen das Leben zu retten."

9. Fuchs sei „nur bloßer Mordgehilfe" bei den Verbrechen gewesen, auch wenn er die Merkmale des Tatbestandes erfülle.
Diese Argumentation tauchte in vielen derartigen Prozessen auf. Sie wurde gewissermaßen von einem Verteidiger an den anderen weitergereicht. Der Mörder wurde so zum „Gehilfen" seiner eigenen Tat degradiert! Poppensieker konnte sich dabei auf ein „neues Urteil des Bundesgerichtshofes im Falle Stachnitzki" beziehen. Bei Stachnitzki hätte es sich angeblich um einen russischen Spion gehandelt, der von Geheimdienstleuten beauftragt gewesen sei, politische Morde auszuführen. Im Unterschied zu den Angeklagten habe Stachnitzki seine Tat im freien westlichen Ausland begangen, sei also „dem Zugriff seiner Regierung nur in seiner Vorstellung ausgesetzt" gewesen. Stachnitzki sei jedoch in beiden Fällen, die ihm vorgeworfen worden seien, nur als „Mordgehilfe" verurteilt worden. Das Urteil von 1962 besagte: „Gehilfe ist, wer die Tat nicht als eigene begeht, sondern nur als Werkzeug bei fremder Tat mitwirkt." Maßgebend sei die innere Haltung zur Tat. Danach kommt als Täter auch in Betracht, wer die Tat vollständig durch andere ausführen läßt, wie wer sie eigenhändig erfüllt. Dieser

Meinung habe sich der Bundesgerichtshof angeschlossen. Auch derjenige könne also nur bloßer Gehilfe sein, der die Merkmale des Tatbestandes erfülle.

10. Fuchs hätte „unter Befehlsnotstand" gehandelt.
Poppensieker versuchte die Morde als bloße Befehlsausführung zu deklarieren. Danach habe Fuchs einen Dauerbefehl in Form eines Rahmenbefehls gehabt, nämlich den zu erschießen, der versucht, die Bannmeile zu überschreiten, zu flüchten, sich zu verstecken, „Widerstand zu leisten, indem er wegläuft". Es sei also nur eine Frage gewesen, ob er den Befehl ausführe oder nicht, und nicht, wie der Statsanwalt meine, eine Ermessensfrage. Das, was der Staatsanwalt angeführt habe, sei ein ganz anderer Fall. Es liege eben kein Befehl vor, wenn ein Untergebener den Auftrag bekomme, zu einer Ortschaft zu gehen und alle Unzuverlässigen festzunehmen. Die Frage, wer unzuverlässig sei, sei nicht konkret genug. Auszusuchen, ob Personen unzuverlässig seien, sei ein großer Rahmen und könne deshalb nicht als Befehl angesehen werden.
Poppensieker griff sodann mit seiner Verteidigung auf die bewährte Methode des Angriffs auf Justiz, Kirche und Wehrmacht zurück. Diese Methode wurde in vielen Prozessen von den Verteidigern angewandt, während sich Vorsitzende und Staatsanwälte bemühten, die Mitschuld der Angehörigen dieser Kategorien auszuklammern. Poppensieker erklärte: Ich habe in der Beweisaufnahme bereits angedeutet, daß von der Wehrmacht in erheblichem Umfange Tötungen von Juden durchgeführt wurden, daß darüber keine Prozesse stattfanden und Militärs deshalb nicht verurteilt wurden, weil sie Befehle, die sich auf Tötungen von Juden erstreckten, weitergaben.
Als Beweis verlas Poppensieker einen persönlichen Befehl des Generals von Manstein, der zu seinem 75. Geburtstag von dem damaligen Bundeskanzler Adenauer ein „persönliches Glückwunschschreiben!" erhalten habe. Ferner verlas er den Befehl von General Bohne vom 9. Oktober 1941, nach dem 2 000 Kommunisten und Juden als Vergeltung für 22 ermordete deutsche Soldaten zu erschießen waren, ferner den Befehl – vom 18. Oktober, nach dem zwei Ortschaften dem Erdboden gleichzumachen und 207 Einwohner zu erschießen waren, weil Partisanen in dem Ort Rückhalt gefunden hätten, – einen Befehl des deutschen Stadtkommandanten von Kiew vom 22. Oktober, 300 Einwohner wegen Brandstiftung und Sabotage zu erschießen; vom 3. November von den Generälen Böhme und Kunze, alle Juden und Zigeuner zu deportieren; vom 21. Oktober, 2 300 Einwohner auf Befehl des Stadtkommandanten zunächst alle Juden, dann alle Kommunisten zu erschießen; des Kiewer Stadtkommandanten vom 29. Oktober, 400 Einwohner zu erschießen; vom November 1941, 800 Einwohner von Kiew, wegen Sabotageakten, die nicht aufgeklärt wurden, zu erschießen; weitere Befehle von Feldmarschall von Reichenau, von General von Puttkamer, von General von Rock; ferner einen Befehl vom September 1941, 165 Funktionäre, 1 658 Juden bei Säuberungsaktionen zu erschießen. Dann erklärte er: „Ich habe noch drei Seiten dieser Beweise, die ich verlesen könnte ... Ich will damit beweisen, daß auch im Bereich der Wehrmacht Judenerschießungen aufgrund von Befehlen der höchsten Ebene vorgenommen wurden." Die Weitergabe der Befehle von höchsten Wehrmachtsstellen stelle nichts anderes dar, „als was die Gestapo tat". „Alle Befehle des Feldmarschalls von Reichenau und des Feldmarschalls von Manstein bringe ich, um zu überle-

gen, daß die, die die Befehle gaben, heute in höchsten Staatsstellen sitzen oder – wie General von Manstein – vom damaligen Bundeskanzler Adenauer Glückwünsche zum Geburtstag erhielten, während die kleinen Verbrecher sich auf der Anklagebank befinden." Es sei kein Unterschied, ob einer den Befehl von oben weiterleite und ihm durch die Wucht seiner Persönlichkeit als höchster Vorgesetzter noch mehr Gewicht verschaffe, oder ob der Kleine unten, der praktisch diesen Befehl habe ausführen müssen, es mit der Schwäche seiner Person getan habe. „Schließlich haben in Deutschland nicht nur Helden gelebt, und die Erfüllung der Befehle verlangt kein Heldentum", verteidigte Poppensieker seine Mandanten.
Dann bezog er sich auf den Befehl des Feldmarschalls von Reichenau vom 20. Oktober 1941, nach dem das wesentliche Ziel des Feldzuges gegen das jüdisch-bolschewistische System dessen völlige Zerschlagung und Ausrottung sei. Der Soldat, als Träger einer völkischen Idee, müsse deshalb für die harte und gerechte Sühne am jüdischen Untermenschentum volles Verständnis haben. „Keiner kann heute behaupten, daß das ein rein militärischer Befehl war, wenn das Judentum zur Zielscheibe der Tötungshandlungen erklärt wurde." Auch General von Manstein, „Glückwunschempfänger des Bundeskanzlers", habe geschrieben: „Der Kampf wird nicht in hergebrachter Form gegen die sowjetische Wehrmacht geführt, hinter der Front wird weitergekämpft ... Das Judentum bildet den Mittelsmann zwischen dem Feind im Rücken und den noch kämpfenden Restteilen der Roten Wehrmacht ... Das Judentum schürt alle Unruhen. Der Soldat hat die Aufgabe, als Träger einer völkischen Idee, Rächer aller Grausamkeiten, die ihm und dem deutschen Volk zugefügt werden", zu sein. Poppensieker kam dann über die Befehle Stalins, den Partisanenkampf zu entfachen, zu seiner Frage, wie weit die polnischen Juden damit in Zusammenhang gebracht werden können. Er bezog sich auf Prof. Burkhardt, nach dem 90 % aller Kommunisten Juden und 60 % aller Juden Kommunisten seien ...

* * *

Erinnern wir uns, was Poppensieker an den Anfang seines Plädoyers stellte, an seine Erklärung in eigener Sache, daran, daß es nach seiner eigenen Auffassung „keinen rechtlich denkenden Menschen" gäbe, „der eine Entschuldigung für diese Taten finden könne".
Wir haben diesem Plädoyer deshalb so breiten Raum gegeben, um dem Leser die Möglichkeit zu geben, selbst zu prüfen, auf wieviele „Antis" eine Verteidigung aufbaut, auf wieviel subjektive Gefühle und Erlebnisse sie spekuliert, um die Geschworenen bei der Urteilsfindung zu beeinflussen. Antisemitismus, Antikommunismus, Antisowjetismus werden immer wieder, trotz gegenteiliger Beteuerungen, als „Entschuldigung für diese Taten" ins Feld geführt. Weil diese Art Verteidigung kein Einzelfall eines Poppensieker ist, sondern typisch, sollte sie auch als typisches Beispiel gesehen werden. Um so mehr, als sich später keiner mehr vorstellen kann, wie es zu den vielen unbegreiflich milden Urteilen kam.
Poppensieker forderte für seinen Mandanten Einstellung des Verfahrens wegen Verjährung – im äußersten Fall eine zeitlich begrenzte Zuchthausstrafe wegen Beihilfe zum Mord. Gleichzeitig stellte er die Frage, ob das „Problem einer

Amnestie" nicht ein „völkerrechtlich ungeschriebenes Gesetz" sei, das eine Generalamnestie erfordere.
Der Nebenkläger, Dr. Greve, erklärte zu dieser Verteidigung: „Die Verteidigung argumentiert, als ob nicht die Mörder schuld seien sondern die Gemordeten."

Die Plädoyers der Staatsanwälte

1. Staatsanwalt Dr. Götz

Staatsanwalt Dr. Götz ging in seinem Plädoyer vor allem auf die wesentlichen, von der Verteidigung vorgebrachten „Entlastungsmomente" ein und wies die Mitverantwortlichkeit der Angeklagten im Rahmen des gesamten Verbrechenskomplexes nach.
Einleitend erklärte er:
„Vor unseren Augen rollte ein Kapitel der ‚Endlösung der Judenfrage' ab, das in seiner Grausamkeit nicht zu überbieten ist ...". Dann gab er noch einmal einen kurzen Überblick über die politische Entwicklung, die zur Gründung des sogenannten Warthegaus führte, und kennzeichnete die nach seiner Meinung zwei Hauptaufgaben, die sich die neuen Machthaber im Warthegau stellten,

1. diesen Raum „judenfrei" zu machen,
2. diesen Raum mit Volksdeutschen aus den russischen Gebieten (Siebenbürgen, Bessarabien u. a.) zu besiedeln.

Von dieser sogenannten Freimachung des Warthegaus seien nicht nur die Juden, sondern auch die Polen betroffen worden. Die erste Stufe war das Abschieben in das Generalgouvernement, dann kam die Gründung des Gettos und schließlich die „Endlösung".
Zur Verantwortlichkeit der Angeklagten erklärte Dr. Götz:
Die Endlösung war Himmler übertragen. Ausführendes Organ war die Staatspolizei[1], nicht die Ordnungspolizei. Es war die Polizei, die man sich eigens zu diesem Zwecke nach 1933 geschaffen hatte, die gesamte Öffentlichkeit im Reich mit allen, d. h. mit legalen und illegalen Mitteln zu unterdrucken. Illegale, wie Konzentrationslager z. B., fehlten im Gesetz vollkommen. Das Reichssicherheitshauptamt bediente sich der staatspolizeilichen Stellen. Als Leiter der Staatspolizei konnte man also nur einen Mann brauchen, der unbedingt ergeben war. In Lodz war von der Bildung des Gettos an das Pendant von Eichmann Fuchs. Später kam als Leiter der Gestapo Bradfisch dazu. Der erste Gestapochef, Schefe, ist verschollen, der zweite, Weygand, ist nicht zu ermitteln; so kommen als maßgebliche Leiter nur diese beiden vor uns Sitzenden in Betracht. Ihnen war die Aufgabe zugefallen, die entsprechenden Befehle des Reichssicherheitshauptamtes auszuführen ...
Die von der Verteidigung behauptete Nichtverantwortlichkeit der Angeklagten für die Verbrechen in Chelmno wies Dr. Götz zurück, indem er erklärte: Die fabrikmäßige Tötung mit Gaswagen, die zunächst in der „Euthanasie" verwendet wurde, wurde weiterentwickelt, so daß Laabs in seinem Wagen über 100 000 Menschen umbrachte ... Wenn sie nicht tot waren, wurden sie mit Pistolenschüssen erledigt, wenn sie aus dem Gaswagen kamen. Zwei Kinder wurden nach Zeugenaussagen mit Kopfschüssen „erledigt" ... Das Ausbrechen

der goldenen Zähne besorgten andere. Jedes Milligramm, was diese Menschen noch wert waren, sollte für das Reich gerettet werden. Diese „Drecksarbeit" mußte das jüdische Arbeitskommando tun, das erschossen und ergänzt wurde durch neue arbeitsfähige Leute, die, wenn sie verbraucht waren, wieder erschossen wurden. Geld, Sachen, Pelze, wurden fein säuberlich registriert ...
Die Taten in Chelmno sind rechtlich zu werten als rechtswidrige Tötungen, als Morde. Das Motiv waren niedrige Beweggründe. Die Tötung der Menschen erfolgte nur aus dem Grunde, weil sie Juden waren. Tötung aus rassischen Gründen ist nach heutiger Wertung ein niedriger Beweggrund. Außerdem waren die Tötungen grausam und heimtückisch, denn die Menschen wurden über ihre Tötung getäuscht. Die Frage sei nun, wer von der Staatspolizei in Lodz strafrechtlich verantwortlich sei.

Dr. Götz untersuchte zuerst *die Verantwortlichkeit von Fuchs,* und zwar für die Tötung von 55 000 Menschen in der ersten Etappe und 15 700 Menschen im September 1942. Er stellte fest, in beiden Fällen habe Fuchs objektiv Beihilfe geleistet. Diese Beihilfeleistungen seien in ihrer Art verschieden. Im ersten Fall habe er sich darauf beschränkt, die Befehle, die vom Reichssicherheitshauptamt, Abteilung IV, kamen, dem Judenältesten weiterzuleiten.
Die damalige jüdische Verwaltung hat, ob in Kenntnis des Todes oder nicht, von Januar bis Mai die Menschen freiwillig abgestellt, so daß dem Angeklagten Fuchs nur oblag, die allgemeine Aufsicht zu halten. Die Leute selbst gingen nichtsahnend und gutgläubig in den Tod. Sie wurden getäuscht. Sie hatten vielleicht einen Verdacht, aber konnten es nicht glauben, daß einer so bestialisch sein könnte, ein ganzes Volk auszurotten. Die Lage wurde anders, als der Befehl kam, der sich auf die Kinder unter 10 Jahren bezog.
Dr. Götz erklärte: Jetzt kam, was kommen mußte: ein einheitlicher Wille der jüdischen Bevölkerung, das nicht mehr freiwillig zu tun. Deswegen war die Staatspolizei gezwungen, selbst Hand anzulegen. Das war nun die Aufgabe des Fuchs. Zwei verschiedene Tätigkeiten also, zwei selbständige Beihilfehandlungen. Einmal Übermitteln der Befehle und dann, im September, die eigenhändige Aussiedlung. Für diese neue Tätigkeit muß er den Entschluß gefaßt haben.
Dr. Götz setzte sich lange mit der Frage auseinander, seit wann Fuchs gewußt haben könnte, daß die Menschen ermordet wurden. Er ging dabei im einzelnen auf die Einlassungen von Fuchs ein, der im Laufe des Prozesses einräumte, er habe es seit September gewußt, und wies nach, wie unglaubwürdig diese Einlassung sei. Er erinnert, noch einmal an die verschiedenen Zeugenaussagen der Beteiligten aus der Schutzpolizei, die bestätigten, daß alles lange vorher bekannt gewesen sei. Jenen Zeugen, die sagten, sie hätten es nicht gewußt, sei es vielleicht gelungen, ihre damalige Empfindung zu überspielen, d. h. daß ihr Gedächtnis es nicht wissen wollte. Objektiv gesehen könne man es für die Mehrzahl der Fälle nicht glauben.
In einem Monat verschwinden lautlos 10 000 Juden, d. h. an einem Tage 1 000, und nichts kommt raus? Glauben Sie, fragte er, daß die Bevölkerung, die da wohnt, nicht sah, daß Zigtausende hinter dem hohen Zaun einfach verschwanden? ... Und als das Verbrennen losging, nicht den Gestank verspürten ...?
Die Widerstandsbewegung machte Aufrufe, in ausländischen Nachrichten kamen Berichte, – das war doch nicht geheimzuhalten! Das war doch ein Unding!

Wer die Ohren aufmachte, hat es auch gewußt. Aber das brauchten die beiden Angeklagten gar nicht. Sie waren ja bei der Gestapo. Vor ihnen konnte und durfte es gar nicht geheimgehalten werden. Was soll also der Unsinn, vor ihnen sei es geheimgehalten worden, fragte Dr. Götz, um im weiteren Verlauf seines Plädoyers festzustellen:
„Also die Kenntnis seit Frühjahr 1942 steht für mich fest. Die Frage ist, hat Fuchs nach Kenntnisnahme für den letzten Transport noch etwas veranlaßt? Zur Beihilfe gehörte nicht nur Kenntnis der Tötung, sondern in Kenntnis der Tötung noch Beihilfe! Hat er den letzten Transport noch in Kenntnis veranlaßt? Wir wollen großzügig sein. Es mögen letzte Beweisschwierigkeiten sein, so daß ich den Beihilfekomplex von Januar bis Mai beantragen werde einzustellen."
Anders verhalte es sich bei der zweiten Etappe. Hier seien 15 700 Juden von Fuchs und seinen Helfershelfern in die Vernichtung geschickt worden ... Stromberg sei dafür in Polen zum Tode verurteilt worden ... Der Krankenhaustransport sei unbeschreiblich gewesen. „Wie die Backsteine wurden die Menschen verladen, so daß ein großer Teil der Patienten das Ziel gar nicht mehr lebend erreichte. Jeder mußte sich also sagen, es sind Todestransporte." Noch einmal ließ Dr. Götz den ganzen schrecklichen Ablauf dieser Tage vor den Geschworenen Revue passieren:
„Fuchs suchte die Leute aus. Seine Richtschnur – Arbeitsunfähige, Alte und Kinder unter 10 Jahren. Er hatte also eine feste Richtschnur. Die Leute hatten feste Arbeitskarten. Aber Fuchs suchte aus. Auf die Arbeitskarte kam es also gar nicht an. Er sucht aus, was er für arbeitsfähig hielt. Eine reine Ermessensfrage. Er konnte tun und lassen, was er wollte. Er war Herr über Leben und Tod.
Seine (Fuchs') Einlassung dazu: er habe statt 20 000 nur 15 000 ausgesucht, also 5 000 gerettet! Er hatte praktisch den Befehl, für Kulmhof Menschenmaterial zu liefern, aber in Einzelfällen war er Herr über Leben und Tod. Dazu sei er ermächtigt worden von oberster Stelle.
Und wie führte er die Aussiedlungen durch? Hat er sie, wie er sagt, so human wie möglich durchgeführt? Wobei man von „human" bei der Aussiedlung gar nicht sprechen kann. Zunächst hat er die Juden terrorisiert, durch Terrorschüsse. Schwerwiegend ist die Aussage des Zeugen Stobnicki, eine Mutter habe Fuchs gebeten ihr das Kind zu lassen. Stobnicki machte einen ruhigen und sachlichen Eindruck. Er schilderte überzeugend, wie Fuchs mit seinen Stiefeln der Mutter mehrfach gegen den Kopf getreten habe. Das war die von ihm angegebene humane Ausführung!
Sobottka und andere schilderten, daß Fuchs tote Juden als ‚Dreck' beschimpft habe. – Dann ist da die Aussage von Frau Waynberg, der er das Kind wegnahm und sagte, sie sei noch jung, sie konne noch arbeiten. – Fuchs hat nicht nur die Aussiedlung tatkräftig selbst gefordert, sondern auch Roheit, Brutalität und Zynismus offen zur Schau getragen. Fuchs ist also schuldig der ‚Beihilfe für die September-Aussiedlung' in voller Kenntnis der Tatsache, daß die Leute ermordet wurden, dafür muß er zur Rechenschaft gezogen werden."
Zur Verantwortlichkeit von Dr. Bradfisch stellte Dr. Götz fest:
Bradfisch wurde am 26. 4. 1942 Dienststellenleiter. Er hatte die Befehle des Reichssicherheitshauptamtes weiterzugeben. Für wichtige Sachen war er Leiter

der Gestapo, trotz seines Bürgermeisteramtes. Kuke[2] bekundete, daß Bradfisch die Dienststelle weitergeführt habe. Kuke sei nur Vertreter gewesen, habe mit den entscheidenden Dingen nichts zu tun gehabt. Es wäre auch undenkbar, daß das Reichssicherheitshauptamt den eigenen Geheimnisträger ausspart und den Vertreter betraut hätte.
Kuke sagte, Bothmann wäre zu Bradfisch gekommen. 1942 war er da. Und auch 1944. Das hat auch Leskow bestätigt. Die wichtigsten Angelegenheiten der Staatspolizei mußte er trotz seiner Bürgermeisterei machen, da war kein anderer. Wenn das RSHA befahl „Geheime Reichssache", dann ging es in erster Linie an Bradfisch. Ohne dessen Wissen konnten 7 000 Juden nicht überführt werden. Wie Bradfisch hier noch auftritt, 20 Jahre später, das beweist, daß es undenkbar ist, daß er ein Mann war, der sich von einem Kuke an die Wand drücken ließ. Er war weiter Gestapoleiter und befaßte sich mit der Aussiedlung. Die Befehle gingen von ihm an den zuständigen Mann. Auch die Kenntnis der Tötung von etwa 7 000 Menschen in Jahre 1944 ist für ihn „nur Befehlsweitergabe" gewesen. Dafür ist er strafrechtlich verantwortlich. Das war „gemeinschaftliche Beihilfe zum Mord."
Der Staatsanwalt widerlegte sodann im einzelnen die Einlassungen Bradfischs und erklärte:
„Bradfisch kam vom Einsatzkommando Rußland. Wir wissen, daß er für die Tötung von 15 000 Menschen in Rußland von dem Schwurgericht München bereits verurteilt wurde. Er wußte also schon, bevor er nach Lodz kam, was das heißt, ‚Endlösung'. Daß er das Getto bemerkt hat, konnte er nicht in Abrede stellen! Er übernahm also die Geschäfte von Weygand. Er ist ein tatkräftiger Mann, der sich um alles kümmert, was ihm unter die Finger kommt. Glauben Sie also, daß am 26. April 1942 der Weygand gewagt hätte, ihm zu verschweigen, daß bereits Zigtausende von Juden herausgenommen waren und in der nächsten Woche weitere 10 993 wegkommen sollten? Bereits bei der Einweisung in seine Dienststelle muß ihm klarer Wein eingeschenkt worden sein ... Nun behauptet er, er hätte sich auf die Widerstandsbewegung konzentriert. Aber auch dann hätte er es erfahren müssen. Er ist ja auch im Wagen an Kulmhof vorbeigefahren. Daß Bothmann dem Kommandoleiter verschweigt, was dort los ist, widerspricht jeder menschlichen Erfahrung! Der Chauffeur hat Bothmann wiederholt zur Polizeistelle gebracht. Damals war Bradfisch noch nicht Oberbürgermeister, er war Dienststellenleiter. Görlich ist mehrfach mit den Gehältern zur Staatspolizei Lodz gefahren und hat abgerechnet. Andere haben Bekleidung geholt ... Und das alles soll der Dienststellenleiter nicht bemerkt haben? Dieser Mann hat vom ersten Tage seiner Übernahme gewußt, was dort gespielt wurde. Muß es gewußt haben, sonst wäre er völlig untauglich für seine Aufgabe gewesen."
Dann ging Dr. Götz auf die Teilnahme Bradfischs bei der Krankenhausräumung im Getto ein. Er erklärte, Bradfisch sei bei der ersten Krankenhausräumung zugegen gewesen und habe das Verhalten seiner Untergebenen gebilligt durch Rat und Tat. Wie er die Befehle gab, habe er sie in Kenntnis der Tatsache gegeben, daß die Menschen ermordet wurden. Als weiteren Beweis führte Dr. Götz in seinem Plädoyer den Kameradschaftsabend an, bei dem Bradfisch dabei war, aber nicht gewußt haben will, was da los war: Greiser nahm persönlich daran teil und lobte den Einsatz der Männer, versprach ihnen Urlaub. „Und

Bradfisch sitzt dabei und weiß nicht, worüber geredet wird? Wenn alles so geheimgehalten werden sollte, wie hier behauptet wurde, dann wird man einen zur Abschiedsfeier einladen, der es nicht wissen soll! Natürlich waren dort nur Leute, die Bescheid wußten", erklärte Staatsanwalt Dr. Götz und kam zu dem Schluß, daß Bradfisch der „Beihilfe schuldig" sei.
Trotzdem kam er zu dem Resultat, daß die Schuld eines Bradfisch „nicht so tief sei wie die eines Fuchs". Fuchs sei ein Mann, der „nicht mal seine damalige Stellung ordentlich ausführte", weil er sich „bestechen ließ mit einem Ring zur Hochzeit, mit Geld und Pelzen". Das könne man Bradfisch nicht nachsagen. Er sei „korrekt" in seiner Art. Fuchs habe es für die Nazis gemacht, er würde es auch für andere machen. Das sei charakterlich minderwertig. Bradfisch dagegen sei durch das Zeitgeschehen hineingekommen. Das spreche ihn nicht frei. Aber Fuchs sei ein Mann, der an die Front gehört hätte!
Bradfisch sei „auch kein Notstandstäter". Himmler habe ihn nicht ernstlich bedroht. Er kam vom Einsatzkommando Ost nach „Litzmannstadt", einer der wenigen Städte, wo noch ein Getto war. Im „Altreichsgebiet" war es das einzige, das noch existierte. Wen bringt man in eine solche Aufgabe? Leute, von denen man weiß, daß sie es machen. Bradfisch machte es. Er wurde Kommandeur der Sicherheitspolizei, Oberbürgermeister, und kämpfte noch vor den Toren Berlins ... Glauben Sie, daß sie da einen hinsetzen, den sie für unzuverlässig halten? fragte Dr. Götz die Geschworenen und stellte fest: Bradfisch hatte das Vertrauen der obersten SS-Führung vom ersten bis zum letzten Tage!
Trotzdem brachte Dr. Götz auch hier wieder Milderungsgründe: Bradfisch habe sich, soweit nachweisbar, nur an die Befehle gehalten. Es gebe keine nachweisbaren Fälle von direkter Tötung. Für ihn sei strafmildernd, daß er als getreuer Gefolgsmann des „Führers" – das solle kein Vorwurf sein! – geglaubt hätte, nicht anders handeln zu können. „Bradfisch war doch ein gebranntes Kind, wie er nach ‚Litzmannstadt' kam. Er sah das Getto und mußte sich sagen, daß mit denen das gleiche geschehen mußte, wie im Osten. Er sah den verbrecherischen Befehl auf sich zukommen. Es war ihm doch vom ersten Tage an klar, daß eines Tages das Reichssicherheitshauptamt kommt und sagt, bringe diese Juden um. Da hatte er beizeiten sagen können, ich kann es nicht mehr, ich habe Sonderkommando lange gemacht, ich bin fertig. Er wäre versetzt worden, es wäre ihm nichts passiert. Wenn er heute fragt, was sollte ich machen, dann antworten wir ihm, das hättest Du tun können. Rechtzeitig."
Bradfisch – wie Fuchs – seien eindeutig keine Täter, die widerwillig die Anordnungen befolgt hätten, deren Wille hätte gebeugt werden müssen durch Drohung. Beide hätten widerspruchslos gehandelt. Beide seien vor 1933 in der Partei gewesen. Sie seien Antisemiten gewesen. Beide hätten den Befehl auf sich zukommen sehen, wie könnten sie noch von Notstand reden? fragte Dr. Götz.

Ein weiterer Punkt des Plädoyers behandelte *die rechtliche Seite und die Frage des sogenannten Befehlsnotstandes.* Dazu erklärte der Staatsanwalt unter anderem:
Die Juden-Endlösung sei eine Erfindung der Nazis gewesen. Es könne nicht ernstlich behauptet werden, daß das rechtmäßig gewesen sei. Es sei befohlen worden, aber daß ein solcher Befehl Recht und Gesetz geschaffen hätte, das schlage unserer gesamten Rechtsauffassung ins Gesicht. Die Angeklagten hätten

sich auf Paragraph 47 des Militärstrafgesetzbuches berufen, der besagt, grundsätzlich ist der Befehlsgeber verantwortlich, nicht der Untergebene. Mit zwei Ausnahmen: 1. wenn Befehlsempfänger den Befehl überschreiten – wofür der Befehlsgeber nicht verantwortlich sein kann; 2. wenn der Befehlsempfänger den verbrecherischen Charakter erkennt, dann darf er den Befehl nicht ausführen. Dr Götz widerlegte das Argument, die Prüfungspflicht hätte nur Sinn, wenn eine höhere Instanz da sei, wo man seine Bedenken anmelden könne. Die so argumentieren, meinen, der unbedingte Gehorsam mache die Prüfungspflicht überflüssig. Das sei nirgendwo gesetzlich verankert, nicht einmal in einem Geheimbefehl. Es sei richtig, daß der Führerbefehl den Paragraph 47 hätte außer Kraft setzen können. Aber auch daran seien Anforderungen zu stellen: Ein Führererlaß mußte verkündet werden. Ein Geheimerlaß konnte kein Gesetz schaffen. Das sei eine eindeutige Auffassung der Rechtslehre von 1938. Auch in den Reichsgesetzblättern von damals seien Führererlasse verkündet worden. Die Juden-Endlösung sei ein Geheimerlaß. Sie sei geheim gehalten worden, weil ihre Erfinder und Durchführer sie selbst für Unrecht gehalten hätten, und er deshalb nie Gesetzeskraft gehabt habe. Eine Parallele dazu bilde das Nürnberger Gesetz. Es sei zwar materiell Unrecht, aber formal habe es als Gesetz gegolten, das im Gesetzblatt erschienen sei. Das Nürnberger Gesetz hätten sie damals für Recht gehalten, erklärte Dr. Götz. Paragraph 47 hätte den Befehl in Dienstsachen vorausgesetzt. Es sei kein eigenes Ermessen des Untergebenen erlaubt gewesen. Die Aussiedlung sei – meinte Dr. Götz – ein Befehl in Dienstsachen gewesen. Die Tötung dagegen war kein Befehl in Dienstsachen. Beide – Fuchs und Bradfisch – hafteten als Teilnehmer, weil sie das Verbrecherische des Befehls erkannt hätten, als sie unschuldige Frauen und Kinder in die Gaswagen schickten. D. h., daß sie hätten wissen müssen, daß sie rechtswidrig handelten.
„Befehlsnotstand" sei ein entschuldigender Grund, den das Gesetz aufgestellt habe. Er setze aber voraus, nach Paragraph 52, daß die Handlung unter Drohung abgenötigt wird, daß jemand widerwillig, nicht freiwillig handelt, und daß sein Wille gebeugt werde durch die Drohung, erschossen zu werden. Nur das sei ein Notstandstäter. Die bloße Feststellung, daß ihnen „etwas passiert wäre", genüge nicht nach dem Gesetz. Das ganze Gerede sei für die Katz. Bradfisch und Fuchs hätten gesagt, man müsse das vom damaligen Stand aus sehen. Dr. Götz untersuchte, wie „das" bei Fuchs „vom damaligen Stand" aus aussah, und erklärte: „Er hat 26mal geschossen, ohne daß er das mußte. So war das damals. Er hätte nicht die bittenden Mütter und Kinder erschießen müssen. Er sagte selbst, er habe 3 000 laufen lassen. Warum hat er die 26 nicht laufen lassen? Verhält sich so ein Mann, dessen Wille gebeugt ist? Tritt ein Mann einer Frau vor den Kopf? Das ist ein Sadist, nicht ein Notstandstäter! Beschimpft so einer seine Opfer als ‚Dreck'? Sieht er zu, wie Kinder aus dem Fenster des Krankenhauses geworfen werden? Nein. Er greift ein. Fuchs aber ist ein Modellfall für einen Mann, der nicht im Notstand gehandelt hat. Sein brutales Verhalten ist der Beweis, daß er es freiwillig machte. So benimmt sich kein Mann, der Hemmungen hat. Das lächerliche Gerede, daß er das Schnäpschen mit dem Judenältesten getrunken habe – daraus kann er kein Kapital schlagen, indem er behauptet, daß er ein Judenfreund sei. Für ihn scheidet Notstand auf den ersten Blick aus. Aussiedlung plus Erschießungen, Roheit, Brutalität – das

ist insgesamt ein freiwilliger Täter. Die paar Schnäpse mit den Juden können ihn nicht entschuldigen."
Dr. Götz stellte fest, bei Fuchs seien mildernde Umstände nicht zu finden. Aber – „zu seinen Gunsten geht letztlich falsch verstandene Treue und gute Führung nach dem Kriege ..." Er sei ein Typ, der im bürgerlichen Leben gescheitert, geprägt von Menschenverachtung sei. Für Dr. Götz sei es deshalb „unvorstellbar, daß Fuchs das Wohl und Wehe über Hunderttausende von Menschen anvertraut" worden sei.
Zum Schluß bat Dr. Götz die Geschworenen, zu berücksichtigen, bzw. daran zu denken, daß die beiden Angeklagten „zu der verhältnismäßig kleinen Gruppe" gehörten, die den deutschen Namen auf Jahrhunderte hinaus auf das schwerste geschändet hätten. „Es wird viele in der Welt geben, die es nicht vergessen können und denen Sie es nicht übel nehmen können, wenn sie es nicht vergessen." Außerdem bat er, auch an das ungeheure Leid zu denken, an die Mütter, deren Leben praktisch zerstört worden sei.

2. Staatsanwalt Winfried Segger
Der 2. Staatsanwalt hatte die Aufgabe, zu den Einzelfällen des Angeklagten Fuchs Stellung zu nehmen, d. h. zu den ihm vorgeworfenen 46 Tötungen. Er erklärte dazu einleitend:
Vergleicht man diese Zahl mit der Zahl von 15 700, ist es eine bedeutend kleinere Zahl. Andererseits ist der strafrechtliche Vorwurf größer, da es sich hier „um eigenhändige Tötungen" handelt. „Zu jedem Einzelfall haben wir wochenlang Zeugen gehört. Das Leid, was jeder einzelne Zeuge in den Gerichtssaal brachte, dieses Leid hat seinen Eindruck bei uns allen hinterlassen." Die Einzelfälle bildeten einen schweren Schuldvorwurf, zu dem er zu sprechen habe.
Bevor der Staatsanwalt zur Wertung der einzelnen Zeugenaussagen Stellung nahm, ging er auf den Gegenvorwurf der Angeklagten ein:
Es wurde die Behauptung aufgestellt, unter den jüdischen Zeugen liege ein Komplott vor. Mit einer solchen Behauptung ist es so eine Sache. Nach der Strafprozeßordnung kann ich eine Behauptung in den Raum stellen ... Eine andere Frage ist, wie man in der Beweisprüfung diese Behauptung wertet. Er erklärte den Geschworenen, sie müßten das Zustandekommen solcher Behauptung überprüfen, dann würde nichts davon übrigbleiben. Sie sei zerplatzt. Herr Bölsche habe gesagt, daß er die Information mit großen Vorbehalten aufgenommen habe, da der Mandant als unzuverlässiger Mensch angesehen werde. Den Namen des Mandanten hat Dr. Bölsche aber nicht genannt und sich auf seine Schweigepflicht berufen. Es sei Dr. Bölsche nur übriggeblieben, eine große Initiative zu entfalten. Im vorliegenden Fall sei dieses Vorgehen aber schwerwiegend. Der große Unbekannte sei hier nämlich geeignet, die jüdischen Zeugen insgesamt zu diffamieren. Nicht ein bestimmter Zeuge solle belastet werden, sondern die Menschen in ihrer Gesamtheit, ohne daß man den Vorwurf präzisieren könne. Und das sei das gefährliche daran, das man im Unterbewußtsein einen solchen Verdacht weiterträgt.
Im vorliegenden Fall sehe er diese Gefahr allerdings nicht, denn die Geschworenen hätten selbst ihren Eindruck von den Zeugen gewonnen. Die Erschütterung, die sich ihnen in den Einzelheiten mitteilte, möge der beste

Beweis sein, aus welch ehrlichem Herzen die Zeugen sprachen und es sei „verständlich", wenn sie im einzelnen unfreundliche Worte gegenüber Fuchs fanden ...

Der Staatsanwalt erläuterte dann ausführlich die „Uniformfrage", die einen so breiten Raum eingenommen habe, daß 50 Zeugen dazu gehört worden seien. Warum? „Fuchs, der König vom Getto, lief also in Stiefeln, Stiefelhose und aufgekrempelten Hemdsärmeln, mit der Pistole spielend durch das Getto. Er will aber behaupten, die Zeugen seien unglaubwürdig, weil sie das als eine Uniform angesehen hätten!" Für einen jüdischen Zivilisten, der einem solchen Mann gegenüber gestanden habe, sei zwischen dem, was er getragen habe, und einer Uniform kein Unterschied gewesen.

Danach sprach der Staatsanwalt über die einzelnen jüdischen Zeugen, deren Aussagen und Auftreten er wertete:

„Der Zeuge Bennet sagte zu Fuchs ‚Massenmörder, Kindermörder, die Kinder schauen hier zum Fenster herein, und wenn ich Kupfersäure hätte, ich würde sie Fuchs ins Gesicht schütten'." „Trotzdem sage ich", erklärte der Staatsanwalt, „daß der Zeuge Bennet sachlich aussagte. Ich sage es bewußt. Daß ein Mann in solcher Situation erregt ist, wenn er sagt ‚Massenmörder', ist verständlich. Wir haben selbst gehört, dass ihm 15 700 Morde vorgeworfen werden. Wenn man das schlicht als Massenmörder bezeichnet, ist das wohl nicht allzuweit hergeholt."

Ein anderer Fall sei der Zeuge Gabriel Weiner. Er habe gesagt, er habe gesehen, wie Fuchs eine Frau in den Hinterkopf schoß. Aber seine Aussage sei nicht so präzise. „Er ist in den Hof gelaufen und hat zufällig gesehen, was dort war, und ist dann wieder fortgelaufen." In diesem Fall sei Fuchs mangels Beweises freizusprechen.

Im weiteren Verlauf sprach der Staatsanwalt über die Aussagen des Zeugen Rosenbaum. Sie seien sehr konkret und genau gewesen, u. a. habe er geschildert, daß Fuchs „halbmilitärisch" gekleidet gewesen sei, als er das alte Ehepaar, das aus dem Krankenhaus geflohen war, tötete. Die beiden alten Leute mußten sich in den Chausseegraben knien. Fuchs schoß beiden ins Genick. Ein Vorfall, der in seiner Grausamkeit nicht zu überbieten gewesen sei. „Diese beiden alten Menschen, die eine winzige Möglichkeit sahen, durch den Zaun zu entkommen, sie wurden entdeckt. Die jüdische Polizei mußte sie holen. Es war nicht nötig, daß Fuchs schoß."

Der Zeuge David Laks sagte zur Krankenhausräumung aus, daß ein junger Mann, der sich versteckt hatte, entdeckt und von Fuchs erschossen worden sei. „Bei den hohen Anforderungen, die das Gericht mit Recht stellt, konnte er nicht in jedem Fall eine einleuchtende Erklärung geben. Es ist also möglich, daß er den Vorfall vom Hörensagen kennt und ihn jetzt als eigenes Erleben schildert ..." Der Staatsanwalt meinte, dieser Fall sei nicht mit der erforderlichen Sicherheit zu beweisen, deshalb sei Fuchs auch hier mangels Beweises freizusprechen.

Der Zeuge Frank bekundete, daß Fuchs eine Frau erschoß, die über die Straße lief. Frank sagte: „Fuchs soll doch bekennen, daß er gesündigt hat, das wäre doch eine menschliche Haltung." Frank, der selbst alle seine Angehörigen verloren habe, habe hier mit der abgeklärten Weisheit der Alters seine Aussagen sachlich gemacht.

Die vorsätzliche Tötung sei erwiesen. Ferner habe Frank bekundet, daß Fuchs auf einen jungen Mann wie auf einen Hasen geschossen habe, der dann in den Armen von Frank gestorben sei. Zur Selektion habe der Zeuge Albert ausgesagt, wie Fuchs einen blassen jungen Mann ausgesucht und nach rechts, zur Aussiedlung geschickt habe, weil er krank aussah. Der junge Mann riß sich los und lief zur anderen Gruppe. Da schoß Fuchs auf ihn. Auch das sei als erwiesen anzusehen.

Der Zeuge Goldberg und Frau Krieger sagten aus, eine deutsche Jüdin habe Fuchs angesprochen und sei von ihm erschossen worden. Dennoch äußerte der Staatsanwalt Zweifel, da Frau Krieger gesagt habe, es sei Fuchs gewesen, ihn aber nicht wiedererkannte. Auch Goldberg habe ja gesagt, es sei Fuchs gewesen, und machte dann aber Angaben, die auch auf Stromberg paßten. „Nach meiner Ansicht kann sich Goldberg irren, zumal wir wissen, daß Stromberg noch häufiger geschossen haben soll als Fuchs. Sie werden diese Frage zu prüfen haben", sagte der Staatsanwalt zu den Geschworenen. Er selbst beantragte auch in diesem Fall „Freispruch mangels Beweises."

Freispruch beantragte der Staatsanwalt auch, als er zu den Fällen 18 und 19 Stellung nahm. Die Aussage des Zeugen Rosenthal hierzu sei unklar. Es handelte sich um 4 Juden, die sich in einem Hause versteckt hielten, und um eine Krankenschwester, die sich an dem Transportwagen, mit dem ihre Mutter weggeschafft werden sollte, festhielt. Fuchs wurde vorgeworfen, er habe sie alle erschossen. Rosenthal habe dem Gericht erklärt, „Ich bin ein Mann, dessen Nerven fertig sind." Kein Wunder, meinte der Staatsanwalt in seiner Wertung, daß ein Mensch, der derartiges durchgemacht habe, sich nun nicht mehr genau erinnern könne. Deshalb sei Fuchs in beiden Fällen freizusprechen.

Ähnlich wertete der Staatsanwalt auch die Fälle der versuchten Tötung, zu denen u. a. Frau Waynberg gehörte. Dazu erklärte er: „Sie haben erlebt, wie von ihrer Schilderung eine Erschütterung sich ausbreitete, ein lähmendes Entsetzen, was zeigt, aus welch tiefer Wahrhaftigkeit die Aussage kam. Bewundernswürdig objektiv. Kein Zweifel, daß Fuchs auf sie geschossen hat. Wie ist der Fall zu werten? Er schoß nur ins Bein. Meines Erachtens war es ein Tötungsvorsatz. Es hätte sonst keinen Sinn gehabt. Wer verletzt war, war nicht arbeitsfähig. Frau Waynberg blieb liegen und wurde später auf eine Leichenkarre geladen. Fuchs kümmerte sich nicht darum, d. h. für ihn war sie erledigt."

Auch in der Aussage der Zeugin Albert sah er die versuchte Tötung als erwiesen an. Frau Albert erlebte jenen blutigen Freitag, als Fuchs zwei Mädchen schlug und daraufhin Unruhe in der Menschenmenge entstand und Fuchs in die Menge hineinschoß. Zwei Menschen blieben liegen. Ob sie tot waren, konnte Frau Albert nicht sagen, aber sie hatte Fuchs bei dem zweiten Vorfall am gleichen Tag erkannt.

Der Zeuge Ledermann dagegen habe vor Aufregung gezittert, als er die Fälle schilderte. Deshalb seien seine Schilderungen der Einzelheiten unklar geblieben. Er sagte, es sei ein Jude aus Berlin gewesen, der aufgegriffen und von Fuchs getötet worden sei. Die Zusammenhänge seien aber nicht klar genug. Er kannte zwar Fuchs, aber ob sein Opfer wirklich tot war, ließe sich nicht mehr genau feststellen. Deshalb sei ein Freispruch angebracht. Bei dem Fall, den der Zeuge Ledermann schilderte, sei Fuchs allerdings mitverantwortlich für die Tötung von sieben Menschen. Das war nach der Sperre, als die Menschen auf den Kartoffelplatz stürmten. Da kamen in zwei Wagen Fuchs und Biebow. Sie schossen wahllos auf die Menge. 7 Tote blieben auf dem Platz zurück. Ledermann war dabei, als die Toten weggeräumt wurden. Hierbei komme es nicht darauf an, ob und wieviel Fuchs selbst getroffen habe, er sei mitverantwortlich.

Nachdem der Staatsanwalt zu diesen und den übrigen Fällen Stellung genommen hatte, erklärte er:

„Es drängt sich die Frage auf, warum hat Fuchs die Menschen getötet? Er brauchte nicht, er brauchte ja Menschen für den Abtransport. Warum also erschoß er sie? Es wär ihm doch ein leichtes gewesen, sie auf Transport zu schicken. Er hat sich die Entscheidung über Leben und Tod der Menschen angemaßt ... In allen Fällen ist das Motiv die Mißachtung jüdischen Lebens. Ein Jude galt nichts. Fuchs war der Herrgott im Getto. Für Fuchs kam es auf ein einzelnes jüdisches Leben aus rassischen Gesichtspunkten nicht an."

Der Staatsanwalt wertete deshalb die Morde als begangen „aus niedrigem Beweggrund, der nicht nur für die von oben befohlenen Tötungen gelte, sondern auch für jeden einzelnen Mord". Das Mordmotiv werde bestätigt dadurch, daß er die Juden als „Dreck" bezeichnet habe. Er zeige durch diese Äußerung, daß er aus persönlicher Mißachtung des jüdischen Menschen getötet habe. Er sage, er hätte aus Abschreckungsgründen schießen müssen, sonst wäre die Aussiedlung nicht möglich geworden... Die Aussiedlung sei auch Mord. Wenn er sie also tötete, um die Aussiedlung zu ermöglichen, dann tötete er sie, um Beihilfe zum Mord zu ermöglichen. Das Abschreckungsmotiv sei also als Mordmotiv anzusehen.

Der Strafantrag des Staatsanwaltes lautete:

Für Mord in 26 Fällen wird *für Fuchs* lebenslanges Zuchthaus und der Verlust der bürgerlichen Ehrenrechte auf Lebenszeit gefordert. Ferner für Beihilfe zum Mord in 15 700 Fällen im September 1942 12 Jahre Zuchthaus, für weitere Beihilfen zum Mord und versuchten Mord zusammengezogen die Höchststrafe von 15 Jahren Zuchthaus.

Für den ehemaligen Gestapoleiter und Oberbürgermeister von „Litzmannstadt", *Dr. Bradfisch*, forderte der Staatsanwalt „eine mildere Strafe gegenüber Fuchs", und zwar für die Beihilfe zum Mord in 15 700 Fällen im September 1942 10 Jahre Zuchthaus (Fuchs 12 Jahre). Für die Beihilfe im Juni/Juli 1944 in 7 000 Fällen insgesamt ein Strafe von 8 Jahren Zuchthaus. Insgesamt – unter Einbeziehung der 10 Jahre, die Bradfisch vom Schwurgericht München bereits für seine Beihilfe zum Mord an 15 000 Menschen in der Sowjetunion erhielt – die Höchststrafe von 15 Jahren Zuchthaus und den Verlust der bürgerlichen Ehrenrechte für 10 Jahre.

Das Urteil

Am 18. November 1963 wurde der ehemalige Judensachbearbeiter Günter Fuchs zu lebenslangem Zuchthaus und Verlust der bürgerlichen Ehrenrechte verurteilt.
Der ehemalige SS-Obersturmbannführer, Gestapoleiter und Oberbürgermeister von „Litzmannstadt", Dr. Otto Bradfisch, wurde für erwiesene Beihilfe zum Mord an über 22 000 jüdischen Menschen zu einer Gesamtstrafe von 13 Jahren Zuchthaus verurteilt.

Anhang

Verzeichnis der wichtigsten Abkürzungen

AA	Auswärtiges Amt
Abt	Abteilung
AGGr	Amt des Generalgouverneurs
AOK	Armee-Oberkommando
BdO	Befehlshaber der Ordnungspolizei
BdS	Befehlshaber der Sicherheitpolizei
BefH	Befehlshaber
BerLtr	Bereichsleiter
ChdSiPoudSD	Chef der Sicherheitspolizei und des Sicherheitsdienstes
DAF	Deutsche Arbeitsfront
EWZ	Einwandererzentralstelle
GenFM	Generalfeldmarschall
GG	Generalgouvernement
GGP	Generalgouvernement Polen
HSSuPolF	Höherer SS- und Polizeiführer
HStuf	Hauptsturmführer
HTO	Haupttreuhandstelle Ost
Kdr	Kommandeur
KL, KZ	Konzentrationslager
KrHptl	Kreishauptleute
KrLtr	Kreisleiter
MiG	Militärbefehlshaber im Generalgouvernement
MilBefH	Militärbefehlshaber
NSDAP	Nationalsozialistische Deutsche Arbeiterpartei
OB	Oberbefehlshaber
OBdH	Oberbefehlshaber des Heeres
OKH	Oberkommando des Heeres
OKW	Oberkommando der Wehrmacht
OrPol	Ordnungspolizei
Ostubaf	Obersturmbannführer
Pg.	Parteigenosse
PPR	Polska Partia Robotnicza (Polnische Arbeiterpartei)
PSL	Polska Stronnictwo Ludowe (Polnische Bauernpartei)
Reg.d.GG	Regierung des Generalgouvernements

RegDir	Regierungsdirektor
RegPräs	Regierungspräsident
RFSS	Reichsführer SS
RFSSuChddtPol	Reichskommissar für die Festigung des Deutschen Volkstums
RKF	Reichskommissar für die Festigung des Deutschen
RKomm	Reichskommissar
RLtr	Reichsleiter
RMin	Reichsminister(ium)
RR	Regierungsrat
RSHA	Reichssicherheitshauptamt
SSuPolF	SS- und Polizeiführer
Staf	Standartenführer
Stubaf	Sturmbannführer
WVHA	Wirtschaftsverwaltungshauptamt
VG	Volksdeutsche Gemeinschaft

Anmerkungen

Anmerkungen zu: Das erste Jahrhundert deutscher Ostkolonisation

1 „Als Heinrich, der erste Sachsenkönig, die Krone empfing, waren Schlesien, Mähren, Böhmen, das ganze Gebiet im Osten der Saale und Nordelbe und das östliche Holstein von slawischen Völkern besetzt. Und slawische Kolonien reichten nach Sachsen, Thüringen, Franken und Hessen bis über den Main", schrieb Gustav Freytag in seinem Buch „Bilder aus der deutschen Vergangenheit".

2 Mieszko I. (960–992), polnischer Fürst, der über die an der Wisla, der Warta, und der Oder wohnenden polnischen Stämme herrschte. Über sein Land berichtete der orientalische Reisende Ibrahim Ibn Jacub am Hoflager Ottos I. in Merseburg, daß es das „ausgedehnteste der Länder" sei, „reich an Getreide, Honig und Früchten". Kunert, Helmut, Polen, Land und Leute, Berlin, 1958.

3 Deutscher Orden, 1198 von Rittern und Priestern gegründet. 1291 Sitz des Hochmeisters in Venedig, ab 1309 in Marienburg, bis 1410, als der Orden im Kampf gegen die Polen bei Tannenberg (Grünwald) geschlagen wurde. 1466 verlor er im zweiten Thorner Frieden das einst eroberte Westpreußen und Ermland; Ostpreußen wurde polnisches Lehen. Napoleon hob schließlich den Deutschen Orden 1809 im ganzen Bereich des Rheinbundes auf. 1920 gründeten nationalistische Kreise den Jungdeutschen Orden, einen sogenannten nationalen Bund, der Formen und Ideen des Deutschritterordens in die Jugendbewegung bringen sollte.

4 Preußen, ursprünglich Name des aus dem Staat des Deutschen Ordens hervorgegangenen Herzogtums (Ostpreußen). Anfang des 15. Jahrhunderts erhielt das fürstliche Geschlecht der Hohenzollern die Mark Brandenburg und den Kurfürstentitel. Anfang des 16. Jahrhunderts wurde ein Vertreter eines anderen Zweiges dieser Familie, Albrecht, zum Hochmeister des Deutschen Ordens gewählt. Gegen den Einspruch des Kaisers und des Papstes führte er 1525 in den Ordensländern die Reformation durch und machte die Besitzungen zu dem erblichen Herzogtum Preußen. 1618 erfolgte die Vereinigung von Brandenburg und Preußen unter den Hohenzollern. Preußen wurde 1701 Name des in Preußen begründeten Königreiches, das aber auch die anderen Ländereien der Hohenzollern (Brandenburg, Pommern, Magdeburg, Halberstadt, Hohnstein, Minden, Ravensberg, Kleve, Mark) umfaßte.

Anmerkungen zu: Die Preußen kommen

1 Der sogenannte vierjährige Sejm (1788–1791) erwirkte eine Reihe von Rechten für das Bürgertum, das bis dahin im Vergleich zum Adel rechtlos gelebt hatte. Das wichtigste Ereignis war die Konstitution vom 3. Mai 1791, die u. a. vorsah: Abschaffung des „liberum veto" im Sejm (eine der Hauptursachen der innen- und außenpolitischen Schwächen des polnischen Staates), Stärkung der staatlichen Exekutive; Vorbereitung eines neuen Gesetzeskodex sowie einige Erleichterungen für die leibeigenen Bauern.

Als Antwort auf die neue Verfassung verbündeten sich die Schlachta und die Magnaten (der niedere und der hohe Adel) mit der zaristischen Regierung. Der Zar brachte gegen die neue Verfassung die Konföderation von Targowica zustande und ließ sein Heer in Polen einrücken. Preußen fürchtete, daß Rußland als Grenznachbar die Marken erreichen könnte, und einigte sich 1793 mit ihm über eine zweite Teilung Polens.

2 Tadeusz Kościuszko (1746—1817), polnischer Feldherr und Nationalheld, Führer des polnischen Aufstandes von 1794. Kościuszko hatte als Adjutant Washingtons am amerikanischen Befreiungskrieg teilgenommen. Der Kościuszko-Aufstand, der in der Erhebung Warschaus seinen Höhepunkt fand, war gegen Preußen und Rußland sowie gegen die polnischen Kollaborateure gerichtet. Das polnische Heer erlag jedoch nach anfänglichen Erfolgen der Übermacht der zaristischen und preußischen Truppen. Die Niederschlagung des Aufstandes bildete den Auftakt zur dritten Teilung Polens.

3 Zitiert nach Koser, Friedrich, Geschichte Friedrichs des Großen, Band 3, Berlin/Stuttgart, 1913, S. 336.

4 Kujawien war eine fruchtbare Landschaft zwischen Weichsel und Netze.

5 Das alte bischöfliche Besitztum war in wenigen Jahren von einem Kranz deutscher Dörfer umgeben. Eines davon entstand in den Radogoszczer Wäldern und hieß Pabieniec. Ein anderes, Radogoszcz, wurde 1939 zu einem Gefängnis und Todeslager der Nazis. Offiziell nannte man die auf dem Gelände der ehemaligen Fabrik Abbee errichtete Hinrichtungsstätte „Polizeigefängnis Radegast". Bis Januar 1945 gingen durch dieses Gefängnis 40 000 Menschen, von denen ca. 30 000 den Tod fanden. 1961 errichteten die Einwohner von Lodz dort einen Obelisk zum Gedenken an den Märtyrertod der Opfer des Faschismus.

6 Jäger, Oskar, Deutsche Geschichte, München, 1912, Band 2, S. 202.

Anmerkungen zu: Die Baumwollstadt des Ostens und ihre Vorgeschichte

1 Nach der Niederlage gegen Napoleon verlor Preußen im Tilsiter Frieden 1807 alle linkselbischen Gebiete und fast alle Erwerbungen aus den Teilungen Polens. Die Niederlage des Preußenkönigs erleichterte es den Reformkräften, sich durchzusetzen. Freiherr vom Stein begründete seine Vorlagen über die Aufhebung der persönlichen Leibeigenschaft der Bauern als Voraussetzung für einen erfolgreichen Kampf gegen Napoleon. Trotzdem wurde diese Reform in Preußen noch Jahrzehnte hinausgezögert, bis sie auch für die Grundherren Vorteile brachte. Den „befreiten" Leibeigenen ermöglichte sie allerdings, ihre Arbeitskraft jetzt in der Stadt „frei" zu verkaufen. Der Vorteil für das emporstrebende Bürgertum lag auf der Hand. Die Reformen zur Reorganisierung des Heeres konnten selbstverständlich schneller durchgesetzt werden. Kriegsminister Scharnhorst schuf neben den erlaubten 40 000 Mann eine Landwehr und damit Voraussetzungen für den Kampf gegen Napoleon. Mit Napoleons Niederlage in Rußland begann die Macht des französischen Kaiserreiches schnell zu sinken. Nach seinem Sturz erhielt Preußen von den Gebietseroberungen der zweiten und dritten Teilung Polens Posen und Thorn zurück. Es behielt außerdem das Ermland, und erhielt 2/5 von Sachsen, Westfalen und die Rheinprovinz. Rußland erhielt außer „Kongreß-Polen" das Recht auf Finnland und Bessarabien; England erhielt einen strategisch wichtigen Punkt im Mittelmeer, die Insel Malta. Außerdem die ehemaligen Kolonien Hollands, die Insel Ceylon und das Kapland in Südafrika. Österreich erhielt neben dem südlichen Teil Polens, mit der einstigen Hauptstadt Krakau, die Lombardei und Venetien.

2 Marx, Karl in Marx/Engels, Werke, Band XV, S. 548. Zitiert nach Jefimow, Prof. A. W., Geschichte der Neuzeit, Berlin/Leipzig, 1948, S. 95.

3 Kossmann, Oskar, Ein Lodzer Heimatbuch, Hannover, 1967, S. 53.

4 Nachdem England (Ende des 18. Jahrhunderts) einige Staaten in Indien besetzt hatte,

führte man von dort billige und schöne, handgefärbte Kattune, leichte Baumwollstoffe, nach England ein. Durch die Einfuhr wurde die Manufaktur im Lande unrentabel. Ende des 18. Jh. wurden in England für die neu entstandene Baumwollindustrie Maschinen erfunden. James Hargreaves erfand 1764 die Spinnmaschine. Mechanische Webstühle folgten. In den ersten Fabriken, in denen bisweilen sogar 600 Arbeiter in einem Gebäude arbeiten konnten, wurden die Maschinen durch Wasserkraft angetrieben und die Fabriken aus diesem Grunde nur an Flußufern errichtet. Nach Erfindung der Dampfmaschine durch James Watt, konnten die Fabriken nun an jedem beliebigen Ort errichtet werden. Dieser technische Fortschritt öffnete im 19. Jahrhundert für die englische Ware in Europa trotz hoher Zolltarife einen so großen Markt, daß die deutschen Weber, Spinner und Tuchmacher ihre Absatzmärkte verloren und die Löhne immer niedriger wurden.

Anmerkungen zu: Die Väter von Lodz

1 Reymont, Wladislaw Stanislaw, polnischer Schriftsteller und Nobelpreisträger, schrieb 1898 den Roman ,,Lodz. Das gelobte Land", (deutsche Übersetzung 1917).
2 Weber, Karl, Litzmannstadt. Geschichte und Probleme eines Wirtschaftszentrums im deutschen Osten, Jena, 1943, S. 5.
3 Döblin, Alfred, Reise in Polen, Olten, 1968, S. 309. Vgl. dazu Document in Polish Western Affairs, Poznan, 1966, Vol. VII, No 2, S. 398.
4 Ginsbert, Adam, Lodz Studium monograficze, Lodz, 1962, S. 368.
5 Siehe Anm. 2).

Anmerkungen zu: Die schlesischen Weber

1 Mehring, Franz, Geschichte der deutschen Sozialdemokratie, Gesammelte Schriften, Band 1, Berlin, 1960, S. 51.
2 Ebda, S. 50.
3 Zitiert nach Kossmann, Oskar, Lodz. Eine historisch-geografische Analyse, Würzburg, 1966, S. 77/78.
4 Wolff, Wilhelm, Das Elend und der Aufruhr in Schlesien, veröffentlicht in ,,Deutsches Bürgerbuch für 1845", Darmstadt, 1844.
5 Kossmann, Oskar, Lodz. Eine historisch-geografische Analyse, Würzburg, 1966, S. 161.
6 Siehe Anm. 5, S. 158

Anmerkungen zu: Die jüdische Bevölkerung

1 Döblin, Alfred, Reise in Polen, Olten, 1968, S. 308, schreibt über die Juden in Lodz in diesem Zusammenhang: ,,Sie sind keine Ausländer, keine Einheimischen. Was sind sie dann? ... Ihre Nachbarn umschreiben das sinnig-innig mit dem Namen ,Wanzen'."
2 Kossmann, Oskar, Lodz. Eine historisch-geografische Analyse, Würzburg, 1966, S. 81.
3 Ebda.
4 Kossmann, Oskar, Ein Lodzer Heimatbuch, Hannover, 1967, S. 169.
5 Siehe Anm. 2, Kossmann, S. 92. Baluty, ,,eine berüchtigte von vielen nur mit Grauen betretene Vorstadt ...".
6 Ebda, S. 146 f.
7 Ebda.

Anmerkungen zu: Die polnischen Arbeitskräfte

1 Über die Veränderung der Zusammensetzung der Bevölkerungen von 1820—1931 bringt Kossmann, Oskar, in ,,Lodz. Eine historisch-geografische Analyse", Würzburg, 1966. S. 164, folgende Tabelle:

Jahr	insg.	Deutsche	Polen	Juden
1820	767	–	66 %	34 %
1831	4 717	74 %	17 %	9 %
1839	8 559	78 %	13 %	9 %
1864	33 533	67 %	13 %	20 %
1884	107 000	38 %	33 %	29 %
1894	168 512	34 %	39 %	25 %
1911	522 518	18 %	50 %	32 %
1931	605 000	10 %	50 %	32 %

2 ,,Die Beherrschung der Industrie durch ausländisches Kapital wäre wohl auch bei eigenem Staat schwer zu vermeiden gewesen, sein Fehlen aber machte jede Gegenwirkung unmöglich", schreibt S. Kieniewicz in ,,Historia Polski – 1795–1918", zitiert aus ,,Polen", Warschau, 1/69. ,,Noch war die Erde nicht von den Blutbächen des Jahres 1863 getrocknet, da entwickelte sich auch ein polnischer Kapitalismus, eine polnische Schwerindustrie ... Der polnische Kapitalismus paßte sich genauestens dem asiatischen Regime an, lernte mittels Schmiergeld und Servilität zu agieren, sich der Kosaken-Gendarmerie-Maschine im eigenen Klasseninteresse zu bedienen", heißt es in ,,Polen", Warschau, Heft 4/1968.

3 Schumacher u. Tych, Julian Marchlewski-Karski. Eine Biographie, Berlin, 1966, S. 22.

4 Ebda. S. 33.

5 Ebda., S. 35 ff. Der Verband Polnischer Arbeiter war die einzige Organisation in der Geschichte der polnischen Arbeiterbewegung, die kein schriftlich fesgelegtes Programm besaß.

6 In diesem Gefängnis saßen viele Freiheitskämpfer, u. a. die Führer der nationalen Aufstände von 1863, ferner die ersten polnischen Sozialisten wie Rosa Luxemburg, Feliks Dzierzyński usw.

7 Handbuch der Sozialdemokratischen Parteitage 1863–1909, München, 1910, S. 426.

8 Kwestia polska a ruch socjalistyczny (Die polnische Frage und die sozialistische Bewegung), Hrg. von der SDKPiL, Krakow, 1905, S. 172, zitiert aus Schumacher/Tych, Julian Marchlewski-Karski. Eine Biographie, Berlin, 1966, S. 39.

9 Friedrich Engels in seinem im Februar 1892 verfaßten Vorwort zur neuen polnischen Ausgabe des ,,Kommunistischen Manifestes", in Marx/Engels, Werke, Band 4, Berlin, 1964, S. 588.

10 In seinen Anmerkungen zu Problemen der Geschichte der PPR schreibt Zenon Kliszko in ,,Der Warschauer Aufstand", Berlin, 1969, S. 198, über die P.P.S.: ,,Die 1892 gegründete Polnische Sozialistische Partei (P.P.S.) war eine reformistische Arbeiterpartei. Sie bestand bis 1939. Während des Krieges spaltete sie sich in zwei Flügel: Der rechte wurde repräsentiert durch die Gruppe ,Freiheit, Gleichheit, Unabhängigkeit', der linke durch die Polnischen Sozialisten, später durch die RPPS". Die RPPS wurde im März 1943 gegründet, die Mitglieder kamen aus dem linken Flügel der ehemaligen P.P.S., die nach 1944 wieder so genannt wurde.

Anmerkungen zu: Bismarcks Polenpolitik und die ,,Neuordnung Europas"

1 Friedrich Engels in seinem Februar 1892 verfaßten Vorwort zur neuen poln. Ausg. des ,,Kommunistischen Manifestes", zitiert in Marx/Engels Werke Bd. IV, Berlin, 1964, S. 588.

2 18. März 1848, Höhepunkt der 1848iger Revolution in Berlin.
3 Mehring, Franz, Karl Marx. Geschichte seines Lebens, Gesammelte Schriften, Band 3, Berlin, 1960, S. 168.
4 Ebda, S. 169 ff.
5 Alvenslebensche Konvention, ein Militärabkommen, das durch General Gustav von Alvensleben im Februar 1863 in Petersburg abgeschlossen wurde. Es besagte, daß Preußen bereit sei, Rußland bei der Niederschlagung des polnischen Aufstandes zu unterstützen. Rußland tolerierte dafür die preußische Reichsgründung.
6 Bismarck, 1861, Gesammelte Werke, XIV, Nr. 815.
7 Ebda., Gesammelte Werke III., Nr. 251.
8 Carl, Helmut, Kleine Geschichte Polens, Frankfurt/M, 1960, S. 120.
9 Jäger, Oskar, Deutsche Geschichte, Bd. 2, München, 1912, S. 602.
10 Kulturkampf, Bezeichnung für den Kampf Bismarcks gegen die partikularistischen und antipreußischen Bestrebungen der katholischen Geistlichkeit und Kirche 1872-1878. Staatliche Kampfmaßnahmen waren u. a. die Einführung des Kanzelparagraphen, des Schulaufsichtsgesetzes, der Zivilehe, Verbot der Jesuiten und anderer Orden. Inzwischen Bezeichnung für Konflikte zwischen Staat und Kirche allgemein.
11 Jefimow, A. W., Geschichte der Neuzeit, Berlin/Leipzig, 1948, Band II, S. 46.
12 Siehe Anm. 8, S. 123.
13 Mann, Thomas, Sorge um Deutschland, 6 Essays, Frankfurt/M., 1957, S. 89.

Anmerkungen zu: Der Erste Weltkrieg und die Lösung der „polnischen Frage“

1 Josef Pilsudski, 1867 bei Wilna geboren, wuchs mit den Erinnerungen an die Aufstände 1863/65 und ihre blutige Niederschlagung auf. Wilna gehörte zu Russisch-Polen. Pilsudski wurde von den Russen nach Ostsibirien verbannt, bevor er nach Paris floh. 1892 gründete er in Paris mit Gleichgesinnten die Sozialistische Partei Polens (P.P.S.), die in Rußland ihren Hauptfeind sah. Vgl. dazu auch Anm. 12 zu: Die polnischen Arbeitskräfte.
2 Neue Hamburger Zeitung, 21. Jg. Nr. 570, Morgenausgabe vom 8. 11. 1916, aus einer Rede Bethmann Hollwegs im Reichstag am 19. 8. 1915. Vgl. zur Rolle Bethmann Hollwegs Fischer, Fritz, Griff nach der Weltmacht, Kriegszielpolitik des kaiserlichen Deutschland 1914/18, Düsseldorf, 1971.
3 Deutsche Militärs wollten mit allen Mitteln eine polnische Armee, die auf deutscher Seite kämpfen sollte. Auch die Österreicher waren an einer polnischen Armee interessiert. So kam es zur Erklärung des deutschen und österreichischen Kaisers (Zweikaisererklärung). Über die Wirkung dieser Erklärung und des damit verbundenen Aufrufs zur Werbung polnischer Freiwilliger siehe Conze, Werner, Polnische Nation und deutsche Politik im Ersten Weltkrieg, Köln und Graz, 1958, S. 226 ff.
4 In einer Geheimsitzung nach der Proklamation erklärte Bethmann Hollweg: „Ein von uns abhängiger polnischer Staat, wenn er sich überhaupt bei den Friedensverhandlungen auf der Karte wird behaupten können, wird immer so schwach sein, daß keine Rede von einer bedeutenden Rolle sein kann. Bald wird die Zeit kommen, und der Pole wird einsehen, daß es für ihn nur noch eins gibt – ein deutscher Bürger nach Sprache und Geist zu werden.“ Gentzen, F. H., Deutschland und Polen. Ein Überblick über die deutsch-polnischen Beziehungen, Leipzig/Jena, 1956, S. 91.
5 Über die verschiedenen Grenzstreifenpläne und die Hintergründe dieser Kriegszielpolitik siehe: Geiss, Imanuel, Der polnische Grenzstreifen 1914–1918, Ein Beitrag zur deutschen Kriegszielpolitik im Ersten Weltkrieg, Hamburg und Lübeck, 1960.
6 In einer Eingabe Waterstrats, Prof. der Landwirtschaftlichen Hochschule Hohenheim/Württemberg, vom 10. 9. 1914, an den Reichskanzler. Für Waterstrat war der Weltkrieg „letzten Grundes ein Rassekampf“ der Germanen gegen die Romanen, ge-

gen Engländer und gegen Slawen, deren „arischer Charakter" durch ihre „Mischung mit Mongolen und Finnen" beeinträchtigt" sei. Siehe Anm. 5, Geiss, S. 50 ff.

7 Geiss, ebda, S. 104 ff.

8 Siehe Anm. 2, Fischer, S. 349. Fischer weist vor allem auf das Ausmaß und die wirtschaftliche Bedeutung des Bergbau- und Industriegebiets im polnischen Oberschlesien, also dem südlichsten Teil des Grenzstreifens, hin. Unterlagen über diverse Untersuchungen, Enquêten, Besprechungen, darüber im DZA Merseburg, Eingaben Hugenberg, Stinnes, Kirdorf, 12. 5. 1915; u. a. Die Germanisierung des polnischen Grenzstreifens forderten auch Krupp (31. 7. 1915) und Gwinner (Sommer 1915), die oberschlesische Industrie u. a. S. 55 ff., siehe Anm. 5, Geiss schreibt über die Verbundenheit der Alldeutschen mit der Wirtschaft: Sie waren verbunden mit Namen wie Hugenberg, Stresemann, Hirsch (Essen) für die Industrie, mit Heydebrand-Lasa und Wangenheim für die Landwirtschaft, die ihre Kriegszielwünsche im März/Mai 1915 in der Eingabe an den Reichskanzler mit der Begründung anmeldeten, daß die Grenzziehung von 1815 auf dem Wiener Kongreß, gegen den Protest der preußischen Generale einer diplomatischen Niederlage Preußens gleichgekommen sei!

9 Telegramm Falkenhayn an den Reichskanzler am 8. 9. 1915.

10 Beseler an Reichskanzler am 22. 4. 1916.

11 Siehe Anm. 5, Geiss, S. 33.

12 Siehe Anm. 2, Fischer, S. 758.

13 Siehe Anm. 5, Geiss, S 172 ff. Denkschrift der Obersten Heeresleitung (OHL) vom 5. 7. 1918. Wie wenig die Militärs ihre maßlosen Forderungen zügelten, zeigt die weitere Entwicklung nach Kriegsende, als General Hindenburg in der Republik sogar Reichspräsident werden konnte und General von Seeckt, der im Krieg als Generalstabschef von Mackensen Ende 1915 einen der weitestgehenden Vorschläge zur Annexion des polnischen Grenzstreifens machte, erster Militär der Weimarer Republik wurde.

Anmerkungen zu: Lodz unter der deutschen Besetzung 1915

1 Nach Ausbruch der Revolution von 1905 wurde in Lodz eine Konstitutionalliberale Partei Deutschsprechender gegründet, deren Entfaltungsmöglichkeit beschränkt blieb. Bei den letzten Dumawahlen vor Ausbruch des Krieges versuchte eine deutsche nationalistische Gruppe Wahlarbeit für einen deutschen Kandidaten, aber der geplante Zusammenschluß zu einem politischen deutschen Verband konnte nicht erfolgen. Bei Kriegsbeginn stellten alle deutschen Vereine, mit Ausnahme einiger beruflicher und Hilfsvereine, ihre Tätigkeit vorerst ein, um sie nach der deutschen Okkupation allmählich wieder aufzunehmen.

2 Polish Western Affairs, Poznan, 1966, Vol VII, No 2, S. 400 ff.

3 Ebda., S. 401

4 Ebda.

5 Denkschrift W. von Kries. Abgedruckt bei Geiss, Imanuel. Der polnische Grenzstreifen 1914—1918, Ein Beitrag zur deutschen Kriegszielpolitik im Ersten Weltkrieg, Hamburg/Lübeck, 1960, als Dokument Nr. 2, S. 151 ff.

6 Es handelt sich um ein Memorandum einer Gruppe nationalistischer Lodzer Deutscher vom 9. 12. 1915, das von dem polnischen Historiker Zbigniew Kulak 1966 mit einem umfassenden Kommentar in „Polish Western Affairs", siehe Anm. 2, S. 388 ff., veröffentlicht wurde. Es wurde damals mit einem Begleitschreiben an Kanzler Bethmann Hollweg geleitet und als streng vertrauliches Manuskript unter einflußreichen deutschen nationalistischen Politikern verteilt, von denen sich die nationalistische Gruppe Lodzer Deutscher Unterstützung für ihre Forderung erhoffte. Erst 1941 veröffentlichte der Mitunterzeichner, Adolf Eichler, in „Deutsche Wissenschaft-

liche Zeitschrift im Wartheland" (No. 3–4, S. 283–327) einen Artikel „Die Lodzer deutschen Aktivisten und ihre Gegner", der den Text des Memorandums und des Begleitbriefes an Kanzler Bethmann Hollweg mit den Namen der Unterzeichner enthielt.

7 Das zu annektierende Gebiet sollte die drei Provinzen Plock, Piotrkow und Kalisz umfassen. Ein Gesamtgebiet von 33 016 Quadratkilometer und einer Bevölkerungszahl von 4 290 022. Der Anteil der Deutschen in diesem Gebiet betrug nur 11,2 % (484 166 Deutsche) lt. The Statistical Yearbook of the Kingdom of Poland Including Data on Other Polish Territories. Year 1915, Warszawa 1916, Part. I, S. 1–48. Die Gruppe Lodzer deutscher Nationalisten dagegen behauptete in ihrem Memorandum, Polen hätten bei Zählungen die Statistiken zu ihren Gunsten manipuliert. Polish Western Affairs, siehe Anm. 2, S. 400, und Kommentar Kulak, ebda., S. 394.

8 Siehe Anm. 2, Polish Western Affairs, S. 402.

9 Adolf Eichler schrieb in der „Litzmannstädter Zeitung" vom 31. 8. 1940 „Erinnerungen an Gestalten in Litzmannstadt vor 25 Jahren", daß mit Polizeipräsident von Oppen nach mehr als 100 Jahren „zum erstenmal wieder ein Vertreter des offiziellen Deutschland in unmittelbare Berührung zu dem Lodzer Kolonialdeutschtum" gekommen sei, aber „amtliche Kreise" hätten die Genehmigung, einen „Bund der Deutschen in Polen" zu gründen, verweigert, weil sie „fürchteten, in den Ruf zu kommen, in Polen Germanisierungspolitik zu treiben".

10 Eichler, Adolf, Deutschtum im Schatten des Ostens, Dresden, 1942, S. 225, 255, vgl. Kulak-Kommentar, siehe Anm. 7, S. 391.

11 Eichler, ebda. S. 271.

12 Fiedler, L. K., Die Deutschen in Polen. Anläßlich der evangelisch-augsburgischen Synode in Lodz am 18. Oktober 1917. Als Manuskript gedruckt. (Vertraulich Berlin Charlottenburg 1917. Selbstverlag des Verfassers. S. 13–15) Vgl. Kulak-Kommentar, siehe Anm. 7, S. 390.

13 Siehe Anm. 10, Eichler, S. 277, 379/80 in Polish Western Affairs, siehe Anm. 7, S. 394.

Anmerkungen zu: Leben in Lodz zwischen den Weltkriegen

1 Ginsbert, Adam, Lódź Studium monograficzne, Lodz, 1962, S. 370.

2 Weber, Karl, Litzmannstadt. Geschichte und Probleme eines Wirtschaftszentrums im deutschen Osten, Jena, 1913, S. 7.

3 Siehe Anm. 1, Ginsbert, S. 370.

4 Döblin, Alfred, Reise in Polen, Olten, 1968, S. 323 ff.

5 Ebda, S. 305.

6 Ebda, S. 306.

7 Ebda, S. 306 f.

Anmerkungen zu: Das Verhältnis Polen – Weimarer Republik

1 Der Seeckt-Plan, aus unveröffentlichten Dokumenten, in „Der Monat", November 1948, S. 46. Vgl. Shirer, William L., Aufstieg und Fall des Dritten Reiches, Band 1, München/Zürich, 1963, S. 484.

2 Shirer, William L., ebda, S. 484.

3 Broszat, Martin, 200 Jahre deutsche Polenpolitik, München, 1963, S. 163.

4 Ebda, S. 164.

5 Jezowa, Kazimira, Die Bevölkerungs- und Wirtschaftsverhältnisse im westlichen Polen, Danzig, 1937.

6 Thälmann, Ernst, Gegen den Vertrag von Locarno. Rede im Reichstag, 24. 11. 1925,

zitiert aus Geschichte der deutschen Arbeiterbewegung, Kapitel VIII, Von 1924 bis Herbst 1929, Berlin, 1968, S. 105.

7 Broszat, Martin, 200 Jahre deutsche Polenpolitik, München, 1963, S. 173. Christian Höltje: Die Weimarer Republik und das Ostlocarno-Problem 1919–1934, Würzburg 1958.

8 Siehe Anm. 3, Broszat, S. 183.

9 Hitlers zweites Buch.

10 Lockhart, Bruce, Als Diplomat, Bankmann und Journalist im Nachkriegseuropa, Berlin/Stuttgart 1935, S. 373.

11 Siehe Anm. 3, Broszat, S. 177.

12 Ebda, S. 178.

Anmerkungen zu: Hitler und die Polen

1 Broszat, Martin, 200 Jahre deutsche Polenpolitik, München, 1963, S. 183.

2 Ebda, S. 185/186.

3 Die polnisch-deutschen und die polnisch-russischen Beziehungen 1933–1939, Dokumente und Urkunden zum Kriegsausbruch, hrg. vom Polnischen Außenministerium (sog. Polnisches Weißbuch), Basel, 1940, S. 22.

4 Vgl. Roß, Hans, Polen und Europa, Studien zur polnischen Außenpolitik 1931—1939, Tübingen, 1957, S. 101.

5 Shirer, William L., Aufstieg und Fall des Dritten Reiches, München/Zürich, 1963, Band I, S. 485.

6 Ebda, S. 489.

7 Ebda, S. 490.

8 Am 1. April 1939 anläßlich des Stapellaufes der „Tirpitz“ in Wilhelmshaven.

9 Siehe Anm. 5, Shirer, S. 494 ff.

10 „Polen“, Warschau, Heft Nr. 6/68, S. 38.

11 Siehe Anm. 5, Shirer, S. 495 f.

Anmerkungen zu: Die Faschisten kommen

1 Litzmannstädter Zeitung, 1. 9. 1940.

2 Cygański, Miroslaw, „Z dziejów okupacji hitlerowskiej w Lodzi 1939–1945“ (Geschichte der Hitlerokkupation in Lodz 1939–1945), Lodz, 1965 (polnisch), S. 25–27.

3 „Bericht der Sicherheitspolizei SD-Führer Lodsch, B. Nr. 150/39, He/J. vom 16. 11. 39, an Befehlshaber der Sicherheitspolizei SS-Standartenführer Damzog, Stand vom 1. 9. 39“, Archiv der Hauptkommission zur Erforschung der Hitlerverbrechen in Polen, Warschau.

4 Litzmannstädter Zeitung, 8. 9. 1940, vgl. Anmerkung 2, S. 27/28.

5 Litzmannstädter Zeitung, 1. 9. 40, „Erinnerungen eines Betriebsobmannes der ‚Freien Presse Lodsch‘: ‚Am 1. 9. 39, 6 Uhr, wurde zum erstenmal Fliegeralarm gegeben, er dauerte bis 8.30 Uhr. Die Mitarbeiter begrüßten den Fliegeralarm genauso freudig wie die Ankündigung des Führers, daß ‚Gewalt nun mit Gewalt beantwortet werde‘‘“.

6 Litzmannstädter Zeitung, 1. 9. 1940.

7 Hamburger Tageblatt, Hamburg, 14. 9. 1939.

8 Nawrocki, St., Policja hitlerowska w Kraju Warty 1939–1945 (Die Hitler-Polizei im Wartheland 1939–1945), Poznan, 1970, S. 35/36, und Cygański, Miroslaw, „Chef der Zivilverwaltung beim VIII. Armee-Oberkommando und die von ihm hinterlassene Akte“, „Archeion“, Bd. XXXI, Warschau, 1959, S. 60/63.

9 Armee-Nachrichten, 20. 9. 39 – und 21. 9. 39 (Kommentar).

Anmerkungen zu: Lodz wird ,,eingedeutscht"

1 Litzmannstädter Zeitung, 8. 9. 40.

2 Ebda.

3 SS-Obergruppenführer Lorenz, Leiter der Volksdeutschen Mittelstelle, führte im Auftrage des Reichsführers SS große Aussiedlungsaktionen durch; Ludwig Wolff, 4. 8. 1908 in Pabianice geboten, Sohn des Volkstumsführers Ludwig Wolff, 1915–1918 mit den Eltern nach Rußland verschickt, 1919–1928 besuchte er das Lodzer Deutsche Gymnaisum, 1926 gründete er in Lodz die deutsche Jungenschaftsgruppe, deren Führer er wurde, 1928 Studium in Warschau, 1929–1930 Landesführer der Deutschen Jungenschaft in Polen, Vorsitzender im Verein deutscher Hochschüler in Warschau, 1933/34 Militärdienstpflicht, ab Herbst 1934 leitete er im Lodzer deutschen Schul- und Bildungsverein die Jugendarbeit, ab 1935 im Deutschen Volksverband Polen, wo er ab 1936 Vorsitzender war, 1938 an der Spitze des Volksverbandes. 28. 8. 39 von polnischer Polizei verhaftet, flüchtete er ,,in den Schutz der deutschen Wehrmacht", 5. 10. 39 zurück nach Lodz. Auszeichnungen: Goldenes Parteiabzeichen vom Führer, Reichsführer SS ernennt ihn zum ,,Obersturmbannführer" (aus ,,Litzmannstädter Zeitung", 30. 1. 40). Seit 1945 ist Wolff Funktionär der Landsmannschaft Weichsel-Warthe, vgl. dazu ,,Polen klagt an und warnt", Heft 1, der Hauptkommission zur Untersuchung von Naziverbrechen in Polen, Warschau 1970. Eugen Nippe, 1911 in Lodz geb., Deutsches Gymnasium Lodz, 1929–1932 Wirker-Stricker-Praktikum, 1. 10. 29 Deutscher Volksverband, 15. 5. 37 Stellv. Verbandsleiter, 28. 8. 39 von Polen verhaftet, 4. 10. 39 durch Reichsjugendführer Schirach zum Stammführer HJ ernannt, 13. 11. 39 durch Reichsführer SS in SS übernommen, SS-Hauptsturmführer, 1. 4. 40 Führer des Sturmbannes 1/112, 1. 9. 40 HJ-Ehrenzeichen (Kutno); Beisitzer ,,Kreisgericht NSDAP Litzmannstadt" (Litzmannstädter Zeitung 10. 1. 40) Nippe war darüber hinaus Führer des ,,Selbstschutzes" und Funktionär der ,,Deutschen Vereinigung" in Lodz bis 1939. Nach 1945 bis zu seinem Tode 1970 Vorstandsmitglied Landsmannschaft Weichsel-Warthe, Heft 1 ebda.

4 Litzmannstädter Zeitung, 12. 1. 40.

5 Nach nazistischen Erhebungen waren 65 % aller Wohnungen in Lodz Einzimmerwohnungen. Siehe Litzmannstädter Zeitung, 14. 1.40.

6 Am 11. 11. 1939 übernahm Reichsstatthalter Gauleiter Greiser den Bezirk Lodz in den Reichsgau Posen und damit in das sog. Großdeutsche Reich. Siehe Keesing-Archiv, Band 1939 und 1940.

7 Litzmannstädter Zeitung, 12. 4. 40. Lt. Keesing-Archiv, Band 1939 und 1940, wurde am 3. 5. 40 ,,Die Stadt Lodz ... zum Regierungsssitz im Warthegau (Reichsgau Posen) bestimmt. Gleichzeitig wurde sie in Litzmannstadt, nach dem Heerführer im Polenfeldzug, General von Litzmann, umgetauft." Litzmann marschierte bereits im Ersten Weltkrieg gegen Polen, in den Kämpfen um Lodz gelang ihm am 23./24. 11. 1914 ein Durchburch bei Brzeziny. Der alte kaiserliche General hatte sich mit 82 Jahren zum NSDAP-Kandidaten aufstellen lassen und auf Vorschlag von Goebbels als Alterspräsident im November 1932 den Reichstag eröffnet – im Braunhemd – mit einer nazistischen Rede, die als Auftakt für weitere Provokationen der NSDAP-Abgeordneten diente.

8 Litzmannstädter Zeitung, 12. 4. 40.

9 Weber, Karl, Litzmannstadt, Geschichte und Probleme eines Wirtschaftszentrums im deutschen Osten, Jena, 1943, S. 14.

10 Seeber, Eva, Zwangsarbeiter in der faschistischen Kriegswirtschaft, Berlin, 1964, S. 135.

11 ,,Radogoszcz", Warszawa 1967.

Anmerkungen zu: Die Nachfolger der ,,Väter von Lodz"

1 IMG, Bd. 28, Dok. 1816 – PS, S. 499 ff. Auszüge aus der stenografischen Niederschrift einer Besprechung im Luftfahrtministerium am 12. 11. 38 – zitiert in ,,Kennzeichen J", Berlin, 1966, S. 106.
2 Imperialismus heute, Berlin, 1965, S. 66.
3 Ebda, S. 67
4 IMG, Bd. XXIX, S. 368 ff, Dok. 2233 — PS. Vgl. Kannapin, Hans Eckardt, Wirtschaft unter Zwang, Köln, 1966, S. 230, sowie ,,Polen", Zeitschrift Nr. 6/68, Warschau, S. 38.
5 IMG, Bd. 28, Dok. 1816 – PS, S. 499 ff., vgl. Kennzeichen J, Berlin, 1966, S. 107.
6 Seeber, Eva, Zwangsarbeiter in der faschistischen Kriegswirtschaft, Berlin, 1964, S. 101 ff. Trotz Versuch Franks, Lodz im Bereich des Generalgouvernements zu belassen, wurde die Stadt ebenso wie das Dabrowa-Becken und Kutno am 11. 1. 39 dem sog. Reichsgau Wartheland (zunächst als Gau Posen bezeichnet) ,,eingegliedert". Eva Seeber meint unter Bezug auf ,,Documenta Occupationis", Bd. 6, S. 18 f., diese Eingliederung stand im Zusammenhang mit den Plänen, das Generalgouvernement restlos zu zerstören und als Wirtschaftsgebiet zu ruinieren.
7 Weber, Karl, Litzmannstadt. Geschichte und Probleme eines Wirtschaftszentrums im deutschen Osten, Jena, 1943, S. 12.
8 Lodscher Zeitung, 26. 1. 40.
9 Auszüge aus einer Niederschrift über die Besprechung beim Höheren SS- und Polizeiführer Posen, Posen 25. 11. 1939. Archiv HKUNP, Warschau, Justizministerium.
10 Ebda.
11 Litzmannstädter Zeitung, 19. 4. 40.
12 Um diese Zeit war die Industrie- und Handelskammer Lodz noch eine Außenstelle der IuH-Kammer Posen. Sie wurde geleitet von dem kommissarischen Präsidenten Dr. Karl Weber, der Volksdeutscher und Mitinhaber der bedeutenden Textilfirma Karl Steinert in Lodz war. Geschäftsführer Dr. Betzen und er waren bestrebt, aus ihrer Außenstelle eine selbständige Industrie- und Handelskammer zu machen. Als der Baltendeutsche Schwartz als Berater dort eingesetzt wurde, sprachen sie ihm die Qualifikation ab und vermerkten, daß auch SS-Standartenführer Dr. Kroeger die Wichtigkeit der Stadt Lodz für die Ansiedlung von Baltendeutschen nicht erfaßt habe. Man verlange beste Kräfte für die Baltendeutsche Beratungsstelle in Lodz.
13 Litzmannstädter Zeitung, 19. 4. 1940. Anwesend waren u. a. auch der Präsident der Reichswirtschaftskammer, Pietsch, und Hauptgeschäftsführer der Reichswirtschaftskammer, Erdmann.
14 Litzmannstädter Zeitung, 30. 11. 1940.
15 Ebda.
16 Siehe Anm. 7, Weber, S. 25.
17 Ebda.
18 Ebda,
19 Kannapin, an Eckardt, Wirtschaft unter Zwang, Köln, 1966, S. 226 ff. Vgl. auch IMG. Bd. XXIX, S. 357 f., Dok. 2233 — PS.
20 Litzmannstädter Zeitung, Neujahr 1940.
21 Siehe Anm. 7, Weber, S. 10 ff.
22 Aktenvermerk Hauptsturmführer Schefe, Lodsch, 24. 1. 40 und Tagesbericht Lodsch Nr. 3 vom 23. 1. 40, Archiv HKUNP, Warschau,, Justizministerium.
23 Ebda.
24 Litzmannstädter Zeitung, 31. 8. 40.
25 Ebda.
26 Ebda, 8. 9. 40.
27 Siehe Anm. 7, Weber, S. 14 ff.

28 Litzmannstädter Zeitung, 15. 1. 40.
29 Ebda.
30 Ebda.
31 Siehe Anm. 7, Weber, S. 17.
32 Ebda, S. 18.
33 Ebda.
34 Ebda.
35 Ebda, S. 29.
36 Rede vom 17. 2. 1943.
37 Hans Frank wurde als altes NSDAP-Mitglied 1933/34 bayrischer Justizminister, am 8. 11. 1939 wurde er zum Generalgouverneur von Polen ernannt. Am 16. 1. 1946 wurde er zusammen mit Keitel, Kaltenbrunner, Rosenberg, Frick, Streicher, Seiss-Inquart, Sauckel und Jodl nach dem Urteil des Nürnberger Kriegsverbrecher-Prozesses in Nürnberg gehenkt.
38 Betriebsakte Schwarza, Mappe 80/13, S. 3, zitiert in Seeber, Eva, Zwangsarbeiter in der faschistischen Kriegswirtschaft, Berlin, 1964, S. 135.
39 Auszug aus dem Bericht des Gauamts für Volkstumspolitik. Zusammengestellte Berichte der Kreisamtsleiter. März 1942, Kreis Litzmannstadt-Land. Archiv HKUNP, Warschau, Justizministerium.
40 Litzmannstädter Zeitung, 8. 7. 1943.
41 Siehe Anm. 7, Weber, S. 11 ff.
42 Alle Angaben erhielt die Autorin vom Historischen Institut der Universität Lodz aus einer Dissertation von Herrn Bojanowski. Vgl. dazu Cyganski, Mirosław, „Z dziejow okupacji hitlerowskiej w Lodzi 1939–1945", Lodz, 1965.
43 Litzmannstädter Zeitung, 21. 8. 1943. Um diese Zeit war Weber bereits Wehrwirtschaftsführer, Kreiswirtschaftsberater und Ratsherr der Stadt Litzmannstadt. Er gehörte dem Vorstand der Textilwerke Carl Steiner AG sowie dem Vorstand der Baumwollmanufaktur Posnanski AG an.
44 Litzmannstädter Zeitung, 21. 8. 1943 berichtete, daß als neuer Wirtschaftsführer von Greiser eingeführt wurde: Vizepräsident Dr. Adolf Speidel, geb. 15. 6. 98 in „Litzmannstadt", Chemie-Studium an der Univeristät Freiburg und der Hochschule Karlsruhe. 1923 in den Textilwerken Adolf Horak AG „Litzmannstadt". Wehrwirtschaftsführer, Vorstandsmitglied der Textilwerke Adolf Horak AG und der Baumwollmanufaktur Posnanski AG.
45 Ebda. Franz Somya, geb. 29. 7. 05 in Berlin. Studium Wirtschaftswissenschaft, 1926 Geschäftsführer der von seinem Onkel gegründeten Eisengroßhandlung Somyas Erben in „Litzmannstadt". Gründungsmitglied der Ortsgruppe Lodz und Auslandsorganisation der NSDAP, 15. 8. 39 kommissarischer Ortsgruppenleiter, nach dem Einmarsch deutscher Truppen Sonderbeauftragter der Auslandsorganisation der NSDAP, Dezember 1939 gründete Somya die Firma Ost-Schrott Franz Somya, wird Leiter der Wirtschaftsgruppe Groß- und Außenhandel, Bezirksstelle Litzmannstadt, Vorsitzender des Bezirksverbandes Danzig-Westpreußen und Wartheland im Reichsverband Sektor Wasserleitungsbranche.
46 Litzmannstädter Zeitung, 20. 8. 1943. „Auch Textilbetriebe in Abwehrbereitschaft." „Textilbetriebe bereiten sich auf Luftangriffe vor auch für das östlichste Zentrum der Textilindustrie."

Anmerkungen zu: Die Vertreibung des polnischen Volkes

1 Wulf, Josef, Lodz. Das letzte Getto auf polnischem Boden, Bonn, 1962, S. 11. Reichssicherheitshauptamt IV (II o) 2-288/39 g-1.
2 Ebda, S. 57 (Dokument).
3 Ebda, S. 12.

4 Ebda.
5 Protokoll der unter Görings Vorsitz in Karinhall abgehaltenen Besprechung, IMT III, S. 648, EC 305.
6 Bericht des Einsatzkommandos Bromberg. Vgl Reitlinger, Gerald, Die Endlösung, Berlin, 4. Aufl., 1961, S. 48.

Anmerkungen zu: Die Aufgaben der UWZ Litzmannstadt

1 Polen, Monatszeitschrift, Warschau, Nr. 11/68.
2 Ebda.
3 Broszat, Martin, Nationalsozialistische Polenpolitik 1939–1945, Frankfurt/M und Hamburg, 1965, S. 94.
3a Im folgenden Text wird das Vernichtungslager Chelmno nur dort mit der von Nationalsozialisten gebrauchten Ortsbezeichnung „Kulmhof" gebraucht, wo die Zitate es erfordern. In Teil 4, „Ein Prozeß wird zum Geschichtserlebnis" hingegen wurde der Name „Kulmhof" verwendet, soweit er im Verfahren gebraucht wurde.
4 Ebda, S. 93 und S. 191 [Anm. 39].
5 Weber, Karl, Litzmannstadt, Geschichte und Probleme eines Wirtschaftszentrums im deutschen Osten, Jena, 1943, S. 17.
6 Nürnberger Dok. NO-5049.
7 Zbrodnie Hitlerowskie na Dzieciach i Mlodziezy Polskiej 1939–1945, Dokument Nr. 2, S. 124/125, Warschau, 1969.
8 Nürnberger Dok. NO-5559.
9 Ebda NO-5321.
10 Enthalten in BA: Reichskanzler R 43 II/137, abschriftlich als Anlage zum Schnellbrief d. RMdI v. 8. 2. 41 an RMuChdR'kzlei – zitiert in Broszat, siehe Anm. 3, S. 198/99, Anm. 34 und 35.
11 Siehe Anm. 3, Broszat S. 98.

Anmerkungen zu: Polen-Jugendverwahrlager Litzmannstadt

1 Zbrodnie Hitlerowskie na Dzieciach i Młodziezy Polskiej 1939–1945 Warschau, 1969, s. 126, Dokument Archiv Hauptkommission zur Untersuchung von Naziverbrechen in Polen, Warschau.
2 Über 200 000 polnische Kinder wurden im Zuge der „Germanisierung" in das „Altreich" verschickt. Den Behörden Polens gelang es, nach Kriegsende ca. 15-20 % wieder aufzufinden.
3 Zbrodnie Hitlerowskie na Dzieciach i Mlodziezy Polskiej 1939–1945, Warschau, 1969, S. XXVIII. Im Schreiben RFSS an RMuChdR'kzlei vom 19. 9. 40 bemerkt Himmler u. a. „Wie Sie wissen, ist die Zahl der einzudeutschenden Fremdvölkischen vom Führer selbst auf eine Million festgelegt worden". BA: Rkzlei R 43 II/646.
4 Siehe Anm. 1, s. 137 Archiv Hauptkommission zur Untersuchung von Naziverbrechen in Polen, sygn. 632/254 Dc.
5 Z. B. Miecislaus Ryca, geb. 3. 5. 1930, Polen, Häftlings Nr. 83911, der am 13. 12. 1942 in das KL Auschwitz eingeliefert wurde, am 16. 1. 43 mit Angina in den H-Krankenbau kam und dort am 21. 1. 43 starb. Archiv Hauptkommission zur Untersuchung von Naziverbrechen in Polen. Allein im Lager Auschwitz fand man nach dem Krieg die Kleider von mehr als 115 000 Säuglingen und Kindern im Alter bis zu elf Jahren. Gelebt hatten bei der Befreiung des Lagers nur noch knapp 200.
6 Der Sekretär der Kriminalpolizei, Fuge, war als Kommandant des Lagers in Lodz tätig. Sein Stellvertreter war Wenzel; Mitglieder der Lagerbesatzung waren u. a. Hansch

und Augustin, ,,ausgesprochene Sadisten, die die Kinder Schikanen und Foltern unterzogen, die oft den Tod zur Folge hatten oder auch die Opfer zu Krüppeln machten", schreibt Maria Regent-Lechowicz in ihrem Vorwort zu ,,Zbrodnie Hitlerowskie na Dzieciach i Mlodziezy Polskiej 1939–1945", siehe Anmerkung 1, S. XXX.

7 Siehe Anm. 1, S. 129 f., Archiv WAP Katowice, akta Provinzialverwaltung nr. 5467.

8 Siehe Anm. 1, S. 131.

9 Ebda, S. 137, sygn. 632/254 Dc.

10 Ebda.

11 Antrag vom 11. 5. 1943 durch die Staatliche Kriminalpolizei Kattowitz, Tgb. Nr. K III.10.K.720/43, Archiv WAP Kattowice, akta Provinzialverwaltung nr. 5504.

12 DVL, Deutsche Volksliste, eine vom RMdI erlassene Anordnung, deren Begriffsbestimmung sich von dem ,,Schutz" vor dem Eindringen fremden Volkstums, bis zur Integration von einer Million Menschen, die ,,eingedeutscht" werden sollten, veränderte. Vgl. Broszat, Martin, Nationalsozialistische Polenpolitik 1939–1945, Frankfurt/Hamburg 1965, S. 115 ff. und S. 197.

13 Broszat, Martin, Nationalsozialistische Polenpolitik 1939–1945, Frankfurt/M und Hamburg, 1965, S. 117.

14 Siehe Anm. 1, S. 127.

15 Ebda, S. 139, sygn. 631/254 Dc.

Anmerkungen zu: Widerstand gegen die deutsche Besatzung

1 In der polnischen Literatur gibt es zum Thema Widerstand und Verfolgung in Lodz zahlreiche Untersuchungen von dem Lodzer Historiker Miroslaw Cygański, u. a. ,,Z dziejów Okupacji hitlerowskiej w Łodzi" (Aus der Geschichte der Hitlerokkupation in Lodz 1939–1945), Lodz, 1965, in polnischer Sprache.

2 Aus ,,Bericht Gauamt für Volkstumspolitik. Zusammengestellte Berichte der Kreisamtsleiter. März 1942." Archiv der Hauptkommission zur Untersuchung der Naziverbrechen in Polen, Warschau.

3 POW, Polska Organizscja Wojskowa (Polnische Militärorganisation), während des Ersten Weltkrieges von Pilsudski-Anhängern im Königreich Polen gegründete geheime Organisation.

4 Trybuna Wolności, 1. 8. 1942. Zitiert aus Bartoszewski, Władysław, Vergossenes Blut uns verbrüdert, Warschau, 1970, S. 55.

5 Gwardzista, 10. 9. 42, ebda, S. 55/56.

6 Siehe Anm. 4 Bartoszewski, S. 58.

7 Ebda, S. 183 ff. Eine ernste Gefahr für sich verbergende Juden und ihnen Hilfe leistende Polen waren Berufsspitzel der Kriminalpolizei – Deutsche, Ukrainer, Litauer, Polen und Juden, von den Okkupanten durch Versprechen materieller Vorteile gewonnen – und die Erpresser, die auf eigene Rechnung von den Juden und den ihnen helfenden Polen Lösegeld erpreßten mit der Drohung, sie der deutschen Polizei auszuliefern. Die Leitung des Zivilkampfes veröffentlichte 1943 mehrfach in der illegalen Presse Warnungen und drohte strengste Verfolgung der Denunzianten und Erpresser an.

8 Ebda, S. 72 ff. Der Oberkommandierende der AK, General ,,Grot"-Rowecki, genehmigte die Tätigkeit der sich formierenden ZOB (Jüdischen Kampforganisation) als paramilitärische Organisation.

9 Stalag, Abkürzung für Stammlager für Kriegsgefangene.

Anmerkungen zu: Die ,,Endlösung"

1 Nürnberger Dokumente, NG PS 710, zitiert in Faschismus-Getto-Massenmord. Dokumentation über Ausrottung und Widerstand der Juden in Polen während des zweiten Weltkrieges, Berlin, 1960, S. 246.

2 Nürnberger Dokumente, NG-2586, zitiert in ebda, S. 263 ff.
3 v. Küchler als Oberster Befehlshaber der 18. Armee am 20. 8. 1940 in einer Instruktion, die er den Offizieren seiner Armee erteilte, als sie im Sommer 1940 von Westen nach dem Generalgouvernement verlegt wurden. Nürnberger Dokumente NOKW-1531, zitiert in Broszat, Martin, Nationalsozialistische Polenpolitik 1939–1945, Frankfurt/M und Hamburg, 1965, S. 186.
4 Tagesbefehl vom 10. 10. 1941, zitiert in Reitlinger, Gerald, Die Endlösung, Hitlers Versuch der Ausrottung der Juden Europas 1939–1945, Berlin, 1961, S. 222
5 Canaris in einem Aktenvermerk nach einer Unterredung mit Keitel am 12. 9. 1939, siehe Anm. 3, Broszat, S. 20.
6 Ebda.
7 Siehe Anm. 4, Reitlinger S. 36 ff.

Anmerkungen zu: Die Gründung des ersten Gettos auf polnischem Boden

1 Broszat, Martin, Nationalsozialistische Polenpolitik 1939–1945, Frankfurt/M und Hamburg, 1965, S. 38.
2 Rundschreiben Übelhoer vom 10. 12. 1939 aus Faschismus-Getto-Massenmord, Berlin, 1960, S. 78 ff.
3 Ebda.
4 Wulf, Josef, Lodz. Das letzte Ghetto auf polnischem Boden, Bonn, 1962, S. 7.
5 Die oberen Verwaltungsstellen von „Litzmannstadt" waren: Regierungspräsident bis Ende 1942 SS-Oberführer Übelhoer (verschollen); sein Vertreter Vizepräsident Dr. Moser. Oberbürgermeister waren nacheinander: Schiffer, Venzki, Dr. Bradfisch. Die deutsche Polizei war zu jener Zeit aufgeteilt in die uniformierte Ordnungspolizei mit der Schutzpolizei und Gendarmerie und die Sicherheitspolizei mit der Staatspolizei (Gestapo) und der Kriminalpolizei. Oberster Chef beider Gruppen war der „Reichsführer SS und Chef der deutschen Polizei im Reichsministerium des Innern" Heinrich Himmler. Er stellte jedem „Reichsstatthalter" einen besonderen Bevollmächtigten zur Seite, der als sein Vertreter unmittelbar Anweisungen an die SS und Polizeieinheiten seines Bereiches erteilen durfte. „Höherer SS- und Polizeiführer" für Posen wurde SS-Gruppenführer Koppe.
6 In dem „Erfahrungsbericht" über die „Einweisung von 20 000 Juden und 5 000 Zigeuner in das Getto Litzmannstadt" vom 13. 11. 41 heißt es u. a.: „Die Juden (in der Mehrzahl ältere Frauen und Männer) trafen in 20 Transporten mit durchschnittlich 1 000 Personen mit Sonderzügen der Reichsbahn (Personenwagen) ... täglich hier ein." Archiv des jüdischen historischen Instituts, Warschau. Vgl. Anm. 2, Faschismus-Getto-Massenmord, S. 253.

Anmerkungen zu: Die Getto-Verwaltung

1 Wulf, Josef, Lodz. Das letzte Ghetto auf polnischem Boden, Bonn, 1962, S. 17.
2 Ebda, S. 18.
3 Faschismus-Getto-Massenmord. Dokumentation über Ausrottung und Widerstand der Juden in Polen während des zweiten Weltkrieges, Berlin, 1960, S. 181.
4 Siehe Anm. 1, Wulf, S. 23.
5 Ebda, S. 24 ff.
6 Ebda.
7 Ebda, S. 20.
8 Ebda, S. 21.
9 Ebda.

10 Ebda.
11 Ebda, S. 27.
12 Ebda, S. 79.
13 Ebda, S. 25.
14 Aus einem Beschwerdebrief des Genannten an Biebow vom 9. 1. 1943, zitiert aus Poliakov, Leon und Wulf, Josef, Das Dritte Reich und die Juden, Berlin, 1955, S. 58/59 (Dokument).

Anmerkungen zu: Der gewöhnliche Alltag im Getto

1 Zelman Lewental gehörte zu einem Häftlings-Sonderkommando des Krematoriums II in Auschwitz-Birkenau. Er wurde in den Gaskammern umgebracht. Seine Aufzeichnungen, die er in Nähe des Krematoriums vergraben hatte, wurden 1962 gefunden. Sie wurden von der Hauptkommission zur Erforschung der Hitlerverbrechen in Polen, Warschau, herausgegeben. Ins Deutsche übersetzt erschienen sie 1967 als „Briefe aus Litzmannstadt" im Middelhauve-Verlag, Köln, herausg. von Gumkowski, Janusz; Rutkowski, Adam; Astel, Arnfrid.
2 Sonderbefehl des Kommandeurs der Schutzpolizei, Oberst Walter Keuck, vom 11. 5. 1940, zitiert in Wulf, Josef, Lodz. Das letzte Ghetto auf polnischem Boden, Bonn, 1962, S. 166 (bei Wulf heißt es 11. 4. 1940, hier muß sich ein Druckfehler eingeschlichen haben).
3 Sarah Bick Berkowitz berichtet einen solchen Fall in ihrem Buch „Where are my Brothers". From the Getto (Lodz) to the Gas Chamber. Helios Book Publishing, New York, 1965.
4 Dabrowska, Danuta/Dobroszycki, Lucjan, Kronika Getta Lodzkiego, Lodz (polnisch) 2 Bd., 1965 und 1966.
5 Ende 1941 schrieb Heinz Auerswald, deutscher Kommissar des Warschauer Gettos, an von Medezz, den Bevollmächtigten des Generalgouverneurs Hans Frank: „Der Judenrat hat seine Aufgabe erfüllt. Der Haß der jüdischen Bevölkerung richtet sich statt gegen uns gegen den Judenrat." Auch Rumkowski war ein Opfer dieser Taktik. Vgl. Gumkowski u. a., siehe Anm. 1, S. 118.
6 Siehe Anm. 1, Gumkowski S. 29.
7 Biebow an Gestapo-Kommissar Fuchs, siehe Anm. 2, Wulf S. 31. f.
8 Etwa 11 000 Menschen wurden in Chelmno umgebracht, so daß von den 20 000 Personen nur 6 310 übrigblieben. Vgl. Gumkowski u. a., siehe Anm. 1, S. 126, Anm. 55. 43 441 Menschen sind von 1940 bis 1944 im Getto verhungert. Vor dem Kriege betrug die Sterblichkeit der jüdischen Bevölkerung 9,8 auf 1 000 Einwohner, 1942 dagegen 159,8. Ebda, S. 120.
9 Siehe Anm. 1, Gumkowksi S. 120.
10 Ebda, S. 108.
11 Das „Brief-Tagebuch" wurde bei Ausgrabungen in den Ruinen des Krematoriums III in Auschwitz-Birkenau im Juli 1961 gefunden. Der unbekannte Autor kam von Lodz nach Auschwitz, wo er vergast wurde. Seine Aufzeichnungen wurden in „Briefe aus Litzmannstadt" veröffentlicht. Siehe Anm. 1.
12 Der Judenälteste Rumkowski ließ sich im Getto „Präses" nennen.
13 Siehe Anm. 1, Gumkowski S. 121, Anm. 30.
14 Ebda, S. 126, Anm. 56.
15 Lagebericht der Gestapo Lodz vom 9. 6. 1942, Archiv der Hauptkommission zur Untersuchung der Naziverbrechen, Warschau, Justizministerium.
16 Ebda.
17 Eintragung vom 7. 10. 1942 in der Getto-Chronik, siehe Anm. 4: „Diese Kunststickerei-Abtlg. wurde in letzter Zeit vergrößert und beschäftigt jetzt etwa 2 000 Ar-

beiterinnen, davon mehr als die Hälfte Jugendliche. Erzeugt werden hauptsächlich Hoheitszeichen und militärische Distinktionen. Als Instruktorinnen arbeiten hier die besten Facharbeiterinnen, die mit den Neueingesiedelten aus dem Westen herkamen."

18 Eintragung vom 10. 10. 1942 in der Getto-Chronik, siehe Anm. 4.

Anmerkungen zu: Der Interessenkampf um das Getto

1 Aktenvermerk vom 16. 7. 1941, Aktenz. L Hö/S. Biuletyn der Hauptkommission zur Erforschung der Hitlerverbrechen in Polen, Band XIII, Warschau, 1960, Dokument Nr. 27, F-29 F. Zitiert in Wulf, Josef, Lodz. Das letzte Ghetto auf polnischem Boden, Bonn 1962, S. 81.

2 Faschismus–Getto–Massenmord, Berlin, 1960, S. 18.

3 Blumental, Nachmann „Obozy" (polnisch), S. 308–313, Dokumente, Lodz, 1946. Siehe Anm. 1, Wulf, S. 43 ff.

4 Ebda, S. 43 ff.

5 Dabrowska, Danuta/Dobroszycki, Lucjan Kronika Getta Lodzkiego, Lodz (polnisch) 2 Bd., 1965 u. 1966.

6 Anklageschrift der Staatsanwaltschaft bei dem Landgericht Hannover vom 22. 10. 1962, S. 44 ff. Diese Zahl deckt sich auch mit den von der polnischen Historikerin Dabrowska anhand von Bevölkerungsstatistiken der jüdischen Verwaltung ermittelten Zahlen.

7 Siehe Anm. 2, Faschismus–Getto–Massenmord, S. 369 ff. (Nürnberger Dokument NO-519).

8 Archiv der Hauptkommission zur Erforschung der Hitlerverbrechen in Polen, Warschau, Dokument 109/334, siehe Anm. 1, Wulf, S. 51.

9 Siehe Anm. 1, Wulf, S. 51.

Anmerkungen zu: Kriminalkommissar Fuchs und seine „Arbeit"

1 Schwurgerichtsanklage der Staatsanwaltschaft bei dem Landgericht Hannover vom 22. 10. 1962, 2 JS 376/60.

2 Ebda.

3 In einem Schreiben an die Geheime Staatspolizei „Litzmannstadt" vom 23. 2. 1942 (027/1/B/R) heißt es u. a.: „Betr. Gefahrenzulage für die im Ghetto tätigen Stapo-Beamten. Die im Ghetto tätigen Beamten der Kriminalpolizei beziehen seit November 1940 Gefahrenzulage ... Die gleiche Sondervergütung wird auch an die Angestellten der Ghettoverwaltung gezahlt, die unmittelbar mit Juden in Berührung kommen ... Die Gelder werden aufgebracht aus beschlagnahmten Judenwerten ..."

4 Anklageschrift, siehe Anm. 1, S. 41.

5 „Tabelle der Sterblichkeit der Juden im Lodzer Ghetto und ihrer Massendeportation ins Vernichtungslager Kulmhof (Chelmno) ... Die Juden-Deportation aus Lodz nach dem Vernichtungslager Kulmhof wurde in 3 Etappen vollzogen: 1. Etappe v. 16. Januar bis 29. Januar 1942, insges. 14 Transporte, 2. Etappe v. 22. Februar bis 2. April 1942, insges. 40 Transporte, 3. Etappe v. 4. Mai bis 15. Mai 1942, insges. 12 Transporte." Archiv des jüdischen historischen Institutes, Warschau, Akten des Judenrates Lodz.

6 Siehe Anm. 1, Anklageschrift, S. 43/44.

7 Siehe Teil IV „Der Prozeß".

8 Müller vertrat Fuchs im Getto, während er den „Sonderauftrag" der Vernichtung von Massengräbern erfüllte und während seines Urlaubs

9 Protokollarische Aufzeichnung der Autorin während des Prozesses.

10 Ebda.
11 Ebda.

Anmerkungen Endstation Chelmno

1 In Chelmno a/Ner wurde das erste große Vernichtungslager eingerichtet, dem die Lager Auschwitz, Belcec, Maidanek, Sobibor und Treblinka folgten. Die deutsche Bezeichnung war Kulmhof.

2 Führer durch die Gedenkstätte Chelmno nad Nerem, Warszawa, 1967 R. vgl. auch Mausbach, Hans/Mausbach-Bromberger, Barbara, Feinde des Lebens. NS-Verbrechen an Kindern, Frankfurt/M, 1979, S. 138, 110, 116.

3 Außerdem wurden aus Posen für das ,,Sonderkommando" abkommandiert: SS-Hauptsturmführer Behm und Bürstinger und SS-Unterscharführer Walter Burmeister; von der Staatspolizeistelle Lodz, Kriminalassistent SS-Scharführer Herbert Tiecke-Richter, SS-Sturmscharführer Albert Plate (später Vertreter Bothmanns); von der Umwanderer-Zentrale (UWZ) Lodz SS-Obersturmführer Herbert Otto (Vertreter Langes) und die SS-Hauptscharführer Goede und Ismer. Anklageschrift der Staatsanwaltschaft beim Landgericht Hannover vom 22. 10. 62, JS 376/60, S. 34 ff.

4 Befehlsblatt des Chefs der Sicherheitspolizei und des SD Nr. 23 vom 10. 6. 1944.

5 In seinem Lebenslauf heißt es u. a. ,,Ich, Hans Hermann Bothmann ... besuchte die Volksschule in Lohe (bei Heide, Holstein). Anschließend war ich von 1926 bis 1930 Schüler an der Aufbauschule in Bad Segeberg. 1930 wurde ich umgeschult und besuchte von der Zeit an bis 1934 die Aufbauschule in Niebüll. Dort bestand ich Ostern desselben Jahres die Reifeprüfung. Ich hatte die Absicht zu studieren, wollte aber zunächst einmal meiner Wehrpflicht genüge leisten. Ich nahm deshalb an einem Kursus auf der SS-Sportschule in Pieskow teil, um dann Anfang Mai 34 beim NS-Arbeitsdienst einzutreten. Dort verblieb ich bis 1. August 1934. Vom 1. 8. 34 bis 1. 11. 35 gehörte ich der ,Leibstandarte Adolf Hitler' an. Am 1. 11. 1935 wurde ich zum Geheimen Staatspolizeiamt als Kriminalangestellter einberufen. Von dort wurde ich am 1. August 1937 als Kriminalkommissar-Anwärter zur Stapoleitstelle Berlin versetzt ...". Archiv des Westberliner Document Centers, zitiert in Wulf, Josef, Lodz. Das letzte Ghetto auf polnischem Boden, Bonn, 1962, S. 83 ff.

6 Siehe Anm. 5, Wulf, S. 17.

7 Anklageschrift, siehe Anm. 3, S. 73.

8 Ebda.

9 Aussagen des Zeugen Roese, ehem. Oberst der Schutzpolizei, Protokollarische Aufzeichnungen der Autorin während des Prozesses.

10 Hierbei handelt es sich um eine ,,Kugelmühle", die lt. Schreiben der ,,Dresdner Bank", Filiale Hannover, vom 4. 2. 1943 an die Staatspolizeistelle ,,Litzmannstadt", SS-Sturmbannführer Dr. Bradfisch, von der Staatspolizeistelle ,,Litzmannstadt" bezahlt werden sollte. In dem Schreiben heißt es u. a. ,,Betrifft: Zession Schriever & Co, Hannover, über 7 500.– .... Da wir die Abtretung von der Firma Schriever & Co. als Kreditsicherheit hereingenommen haben, wären wir Ihnen für die möglichst postwendende Erledigung verbunden." Lt. Vermerk wurde das Geld für diese ,,Kugelmühle" von der Getto-Verwaltung, Biebow, überwiesen. Faschismus–Getto–Massenmord, Berlin, 1960, S. 415. Am 3. 2. 1943 überwies die Staatspolizeistelle ,,Litzmannstadt" an die Getto-Verwaltung auch die Rechnung der Firma Motoren-Heyne, Leipzig, über einen Dieselmotor, den sie an das SS-Sonderkommando Bothmann in Kulmhof für RM 1 400 geliefert hatte. Ebda. S. 283.

11 Im § 10 des ,,Gesetzes über die Gewährung von Straffreiheit" vom 31. 12. 1949 (BGBl. 1949/50, S. 37 ff.) wurde u. a. bestimmt: ,,Für Straftaten, die zwischen dem 10. Mai 1945 und dem Inkrafttreten dieses Gesetzes zur Verschleierung des Personen-

standes aus politischen Gründen begangen wurden, wird, auch wenn sie nach dieser Zeit fortdauern, Straffreiheit ohne Rücksicht auf die Höhe der zu erwartenden Strafe gewährt, wenn der Täter bis spätestens 31. März 1950 bei der Polizeibehörde seines Wohnsitzes oder Aufenthaltsortes freiwillig seine unwahren Angaben widerruft und bisher entgegen gesetzlicher Vorschrift unterlassene Angaben nachholt."

Anmerkungen zu: Einführung in die Prozeßmaterie

1 Ein am 26. 5. 1952 zwischen der Bundesrepublik und den drei West-Alliierten geschlossener ,,Vertrag zur Regelung aus Krieg und Besatzung entstandener Fragen", der die Beziehungen der Westmächte zur Bundesrepublik in Fragen der Bestrafung von Nazi- und Kriegsverbrechen regelt. Danach konnten solche Täter für Verbrechen, die bereits von den West-Alliierten geahndet worden waren, von Gerichten der Bundesrepublik nicht mehr belangt werden.

Anmerkungen zum Kapitel ,,Die Anklage"

1 Himmler, Heinrich (1900–1945), Reichsführer SS und Chef der deutschen Polizei, Reichsminister des Innern, Generalbevollmächtigter für die Reichsverwaltung, beging am 23. 5. 1945 Selbstmord.
Göring, Hermann (1893–1946), Reichsmarschall, Ministerpräsident, Bevollmächtigter für den Vierjahresplan, wurde als Kriegsverbrecher vom Internationalen Militärgerichtshof in Nürnberg zum Tode verurteilt und beging am 1. 10. 1946 Selbstmord.
Pohl, Oswald (1892–1951), SS-Obergruppenführer und General der Waffen-SS, 1942–1945 Chef des SS-Wirtschaftsverwaltungs-Hauptamtes, wurde 1947 als Kriegsverbrecher verurteilt und 1951 in Landsberg hingerichtet.
2 Als Beweismittel wurden in der Anklageschrift angeführt: I. Angaben der Angeschuldigten Fuchs und Bradfisch; II. 16 Zeugen aus der damaligen Schutzpolizei und Verwaltung, 12 Zeugen aus der damaligen Sicherheitspolizei, 19 jüdische Zeugen aus dem Inland, 10 aus Israel, 6 aus USA, 2 aus Kanada, 1 aus Schweden, 1 aus Frankreich; III. 61 Urkunden und Fotokopien.
3 Schwurgerichtsanklage der Staatsanwaltschaft beim Landgericht Hannover, 2 Js 376/60, vom 22. 10. 1962.

Anmerkung zu: Der Prozeß beginnt

1 Auszüge aus den protokollarischen Aufzeichnungen der Autorin während des Prozesses.
2 Vors. = Vorsitzender des Gerichts, Landgerichtsdirektor Dr. Riemann
3 F. = Fuchs

Anmerkung zu: Aus der Vernehmung der Zeugin Waynberg

1 Rechtsanwalt Dr. Otto Heinrich Greve, Hannover, vertrat Frau Waynberg als Nebenkläger.

Anmerkung zu: Zeugen-Aussagen der Voruntersuchung

1 Br. = Bradfisch
2 Hierbei handelt es sich um den Himmler-Intimus Karl Wolff, SS-Obergruppenführer und General der Waffen-SS, Chef des Persönlichen Stabes des RF-SS, 1933–1943

Himmlers Adjutant und Verbindungsmann zu Hitler, 1944 Höchster SS- und Polizeiführer in Italien.

Anmerkung zu: Aussagen des Zeugen Roese

1 R. = Roese
2 Keuck, Walter, war Generalmajor der Ordnungspolizei in „Litzmannstadt", vgl. Anklageschrift.
3 Möbius, Kurt, Polizeimeister i. R. ebda.
4 Albert, Dr., Polizeipräsident, SS-Brigadeführer. Faschismus–Getto–Massenmord, Berlin, 1960, S. 254.
5 St. = Staatsanwalt
6 Schefe, Dr., Regierungsrat und SS-Sturmbannführer, bis Februar 1942 Leiter der Staatspolizeistelle Litzmannstadt. Sein Vertreter war Regierungsrat und SS-Sturmbannführer Herbert Weygand, vgl. Anklageschrift.

Anmerkung zu: Der „Judensachbearbeiter" Fuchs

1 Zu diesen Beamten gehörten lt. Gerichtsakten: Stromberg, Alfred (1948 an Polen ausgeliefert und dort hingerichtet), Kryszon, Helmut, und Richter, Alfred (konnten nicht ermittelt werden), Russ, Erwin (verstorben), Walden, Franz (soll verstorben sein), siehe dazu Kapitel „Kriminalkommissar Fuchs und seine ‚Arbeit' Anm. 3.

Anmerkung zu: Der Mann, der von nichts wußte

1 Wörtlich zitiert aus der Anklageschrift der Staatsanwaltschaft beim Landgericht Hannover, 2 Js 376/60, vom 22. 10. 1962, S. 21–23.

Anmerkung zu: Die Vernehmung des Zeugen Burmeister

1 B. = Burmeister
2 Die sog. „Knochenmühle" war eine „Kugelmühle" vgl. Kap. „Endstation Chelmno", Anm. 10.

Anmerkung zu : Der Geheimnisträger Nr. 1

1. Lübke, Heinrich, 1959 bis 1969 Bundespräsident der BRD. Gegen ihn wurden während seiner Amtszeit Vorwürfe erhoben, an der Durchführung des Zwangsarbeitsprogramms und der Errichtung des Konzentrationslagers Leau beteiligt gewesen zu sein.
2 Gemeint sind hier die Enthüllungen über Nazikriegsverbrechen, die aus der DDR, Polen und der Sowjetunion kamen.
3 Badoglio, Pietro, ital. Marschall unter Mussolini, der 1943 den Sturz Mussolinis vorbereitete und 1943/44 eine Regierung ohne Faschisten bildete. Am 13. 10. 1943 erklärte seine Regierung Hitler-Deutschland den Krieg.
4 Vert. = Verteidiger

Anmerkungen zu: Dr. Six und der Befehlsnotstand

1 Heydrich, Reinhard, hoher SS-Führer, Chef des Reichssicherheitshauptamtes, war seit 1936 Chef der Gestapo, wurde 1942 von tschechoslowakischen Widerstandskämpfern in Prag ermordet. Als Vergeltung wurde von der SS am 10. 6. 1942 der Ort Lidice in

der Tschechoslowakei zerstört. Die meisten Einwohner wurden ermordet, ein Teil der Kinder wurde nach „Litzmannstadt" überwiesen, wo sie „aussortiert" wurden – die meisten zur Vernichtung in Chelmno, einige zur „Germanisierung". Siehe dazu Kapitel „Endstation Chelmno".

2 Eichmann, Karl Adolf, SS-Obersturmbannführer, einer der Hauptverantwortlichen für die „Endlösung". Eichmann tauchte nach Kriegsende unter und flüchtete nach Argentinien, wo er unter falschem Namen lebte. 1960 wurde er dort von einem israelischen Geheimkommando verhaftet. Der Prozeß gegen ihn fand in Israel statt. Eichmann wurde zum Tode verurteilt und hingerichtet.

3 „Rote Kapelle", Bezeichnung nazistischer Dienststellen für die Widerstands-Organisation Schulze-Boysen/Harnack. Eines der bedeutendsten Widerstandszentren während der ersten Jahre des Zweiten Weltkrieges. Von August 1942 bis Anfang 1943 wurden von der Gestapo 130 Widerstandskämpfer der „Roten Kapelle" festgenommen. 31 Männer und 18 Frauen, darunter die führenden Männer Harro Schulze-Boysen und Arvid Harnack, wurden hingerichtet, die meisten anderen erhielten langjährige Zuchthausstrafen.

Anmerkungen zu: Sachverständige in „Widerstandsangelegenheiten"

1 Globke, Dr. Hans Maria, im Dritten Reich Mitverfasser und Kommentator der sog. „Nürnberger Gesetze", Oberregierungsrat, 1938 zum Ministerialrat befördert. In der Bundesrepublik unter der Regierung Adenauer Staatssekretär im Bundeskanzleramt.

2 Vialon, Prof. Dr. Friedrich Karl, leitete die Finanzabteilung des Reichskommissariats Ostland, Riga, Dort u. a. Erfassung des Vermögens der Juden. Unter der Regierung Adenauer Ministerialdirektor im Bundeskanzleramt, dann Staatssekretär im Bundesministerium für wirtschaftliche Zusammenarbeit.

Anmerkung zu: Plädoyer des Verteidigers Poppensieker

1 Nebenkläger Dr. Otto Heinrich Greve.

Anmerkungen zu „Die Plädoyers der Staatsanwälte"

1 Die Sicherheitspolizei (SD) umfaßte die Staats- und die Kriminalpolizei.

2 Kuke, Albrecht, Joachim, Regierungsrat, SS-Sturmbannführer, Vertreter Bradfischs in der Gestapo „Litzmannstadt" von Oktober/November 1943 bis Januar 1945, vgl. Anklageschrift.

Weiterführende Literatur

Bernstein, J. u. a., Getto, Berichte aus dem Warschauer Getto 1939–1945, Berlin, 1966,

Broszat, Martin, Nationalsozialistische Polenpolitik 1939–1945, Frankfurt/M. und Hamburg, 1965.

Broszat, Martin, 200 Jahre deutsche Polenpolitik, München 1963.

Carl, Helmut, Kleine Geschichte Polens, Frankfurt/M., 1960.

Conze, Werner, Polnische Nation und deutsche Politik im ersten Weltkrieg, Köln u. Graz, 1958.

Der Fiedler vom Getto, Jiddische Dichtung aus Polen, Leipzig, 1968.

Döblin, Alfred, Reise in Polen, Berlin, 1926 und Neuaufl. Olten, 1968.

Faschismus–Getto–Massenmord. Dokumentation über Ausrottung und Widerstand der Juden in Polen während des zweiten Weltkrieges, Hrg. Jüdisches Historisches Institut Warschau, Berlin, 1960.

Fischer, Fritz, Griff nach der Weltmacht. Die Kriegsziele des kaiserlichen Deutschlands 1914–1918. Düsseldorf 1971.

Geiß, Imanuel, Der polnische Grenzstreifen 1914–1918. Ein Beitrag zur deutschen Kriegszielpolitik im Ersten Weltkrieg, Lübeck/Hamburg, 1960.

Gentzen, F. H., Deutschland und Polen. Ein Überblick über die deutschpolnischen Beziehungen, Leipzig/Jena, 1956.

Guide, Stätten des Kampfes und des Märtyriums 1939–1945, Warschau, 1965.

Gumkowski, Janusz/Rutkowski, Adam/Astel, Arnfrid (Hrg.) Briefe aus Litzmannstadt. Köln 1967.

Gumpert, Jobst, Polen-Deutschland. Bestandsaufnahme einer tausendjährigen Nachbarschaft, München, 1966.

Höß, Rudolf, Kommandant in Auschwitz, Autobiographische Aufzeichnungen, Hrg. Martin Broszat, München, 1963.

Hofer, Walther, Die Entfesselung des zweiten Weltkrieges, Eine Studie über die internationalen Beziehungen im Sommer 1939, Frankfurt/M. und Hamburg, 1960.

Kaul, F. K., Schlußvertrag im Strafverfahren gegen Burger u. a. (Zweiter Auschwitz-Prozeß), vorgetragen am 11. 8. 1966 vor dem Schwurgericht beim Landgericht Frankfurt/M., Berlin, o. J.

Kaul, F. K., Ärzte in Auschwitz, Berlin, 1968

Kaul, F. K./Noack, J., Angeklagter Nr. 6. Eine Auschwitz-Dokumentation, Berlin, 1966.

Kennzeichen J. Bilder, Dokumente, Berichte zur Geschichte der Verbrechen des Hitlerfaschismus an den deutschen Juden 1911–1915, Hrg, Helmut Eschwege, Berlin 1966.

Kliszko, Zenon, Der Warschauer Aufstand, Berlin, 1969.

Kossmann, Oskar, Ein Lodzer Heimatbuch, Hannover, 1967.

Kossmann, Oskar, Lodz. Eine historisch-geographische Analyse, Würzburg, 1966.

Kossmann, Oskar, Die Anfänge des Deutschtums im Litzmannstädter Raum, Leipzig, 1942.

Kunert, Helmut, Polen, Land und Leute, Berlin, 1958.

Mann, Thomas, Sorge um Deutschland, 6 Essays, Frankfurt/M., 1957.

Oppenheimer, Max, Eichmann und die Eichmänner, Frankfurt/M., 1961.

Poliakov, Leon/Wulf, Josef, Das Dritte Reich und die Juden. Dokumente und Aufsätze, Berlin, 1955.

Reitlinger, Gerald, Die Endlösung. Hitlers Versuch der Ausrottung der Juden Europas 1939–1945. Berlin, 4. Aufl. 1961.

Ross, Hans, Polen und Europa, Studien zur polnischen Außenpolitik 1931–1939, Tübingen, 1957.

Schoeps, H. J., Preußen. Geschichte eines Staates, Berlin, 1967.

Schuhmacher, Horst u. Tych, Feliks, Julian Marchlewski-Karski. Eine Biographie, Berlin, 1966.

Seeber, Eva, Zwangsarbeiter in der faschistischen Kriegswirtschaft, Berlin, 1966.

Wolff, F. W., Das Elend und der Aufruhr in Schlesien, Veröffentlicht in „Deutsches Bürgerbuch für 1845", Darmstadt, 1844.

Wulf, Josef, Lodz. Das letzte Ghetto auf polnischem Boden, Bonn, 1962.

Zorn, Gerda, Sklaven für ‚Deutsche Herren' in „Publik" Nr. 31, Recklinghausen, 1969.

Personenregister

Faschistische Konzentrationslager
von 1933 bis 1945
1:6 000 000
0 50 100 150 200 km
Staatsgrenze 1937
Deutschland und annektierte Gebiete 1942
DÄNEMARK
Nordsee
NIEDERLANDE
BELGIEN
LUXEMBURG
FRANKREICH
SCHWEIZ
LIECHTENSTEIN
ÖSTERR
ITALIEN
Barth
Rostock
Bützow-Dreibergen
Fuhlsbüttel
Hamburg
6.1940-5.1945
Neuengamme
100 000
Bremen
Börgermoor
Esterwegen
Elbe
Wittenberge
Bergen-Belsen
4.1943-4.1945
Weser
Havel
Hannover
Braunschweig
Wolfenbüttel
Salzgitter
Falkenhagen
Brandenburg
Amersfoort
's-Gravenhage
1.1943-9.1944
's-Hertogenbosch
Essen
Dortmund
Moringen
Quedlinburg
Ellrich
Ilfeld
Staßfurt
Dessau
Wittenberg
Lichten
Mittelbau-Dora
8.1943 Außenkommando von Buchenwald, 10.1944 selbst.-4.1945
Nordhausen
Halle
60 000
Bad Sulza
Colditz
Sachsenbg.
Köln
Maas
Rhein
Buchenwald
Eisenach
7.1937-4.1945
Durch bewaffnete Aktion der Häftlinge selbst befreit
Weimar
238 000
Chemnitz
Zwickau
Suhl
Frankfurt
Mosel
Geisenheim
Main
Longwy
Flossenbürg
5.1938-4.1945
112 000
Nürnberg
Bruchsal
Leonberg
Stuttgart
Heuberg
Natzweiler-Struthof
7.1941-11.1944
46 000
Markirch
Ulm
Ulm-Kuhberg
Augsburg
Donau
Isar
Inn
Dachau
3.1933-4.1945
200 000
München
Friedrichshafen
Rhein
Bodensee
Drau
Konzentrationslager
Hauptlager
Nebenlager (Auswahl; Haupt- und Nebenlager haben gleiche Signatur, aber verschiedene Größe)
weiteres Nebenlager
12 Konzern, in dem Häftlinge arbeiten mußten (Auswahl)
8.1936-4.1945 Eröffnung und Ende des Lagers
204 000 Gesamtzahl (soweit nachweisbar) der in den faschistischen Karteien registrierten Häftlinge
Zahl der Toten
1 000 000 Tote
100 000 Tote
10 000 Tote
Konzentrationslager, das bis Ende 1934 nicht unmittelbar der SS unterstand
Vernichtungslager
Zuchthaus u. Hinrichtungsstätte
Zuchthaus
großes Ghetto in Polen
Schlüssel für die Numerierung der Konzerne
1 AEG
2 Auto-Union
3 BMW
4 Borsig
5 Brabag
6 Demag
7 Dornier-Flugzeugbau
8 Flick
9 Ford
10 Gustloff-Werke
11 Hasag
12 Heinkel
13 Henckel-Donnersmarck
14 IG-Farben
15 Junkers
16 Klöckner
17 Krupp
18 Messerschmitt
19 Mittelwerk GmbH
20 Rheinmetall
21 Siemens-Schuckert

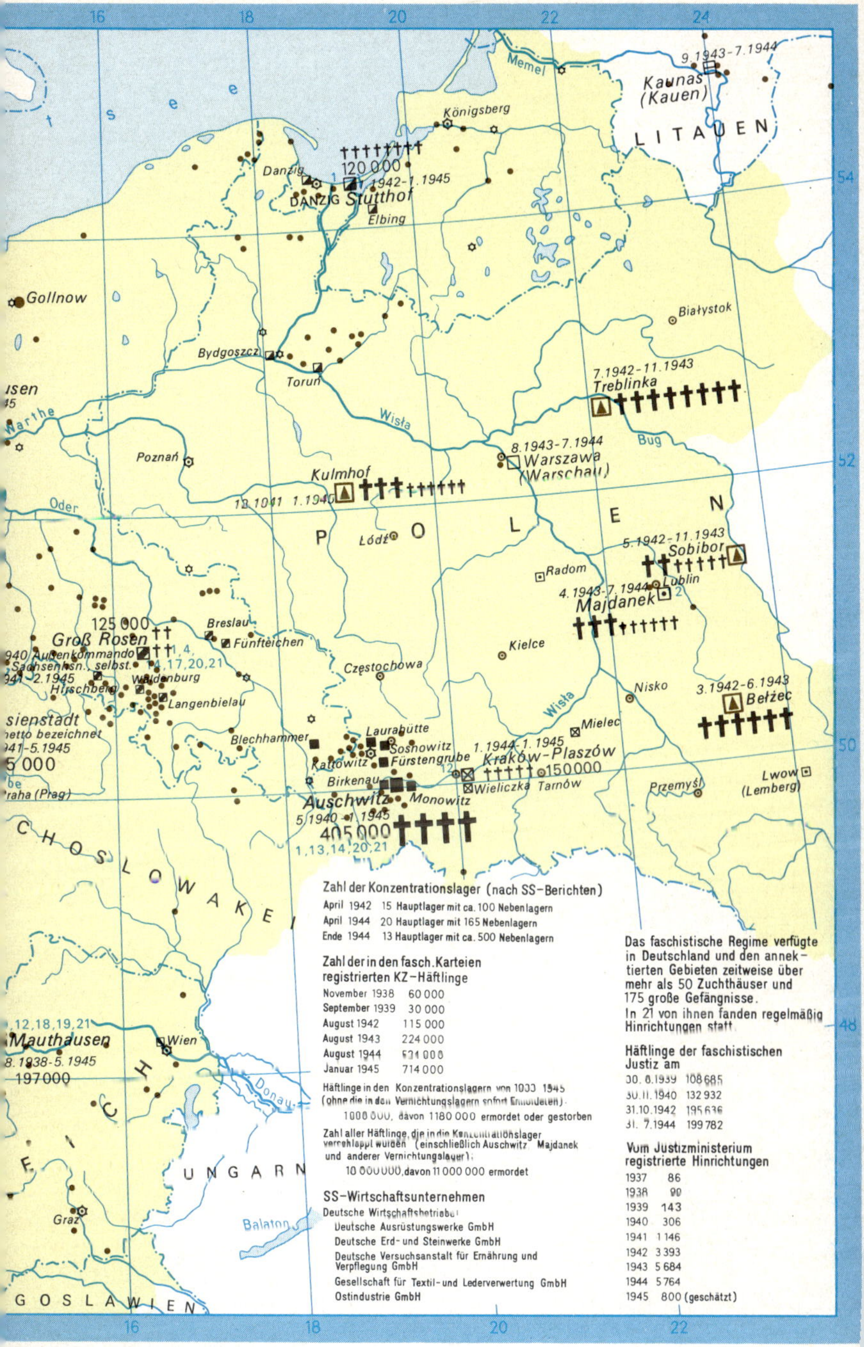

Zahl der Konzentrationslager (nach SS-Berichten)

April 1942	15 Hauptlager mit ca. 100 Nebenlagern
April 1944	20 Hauptlager mit 165 Nebenlagern
Ende 1944	13 Hauptlager mit ca. 500 Nebenlagern

Zahl der in den fasch. Karteien registrierten KZ-Häftlinge

November 1938	60 000
September 1939	30 000
August 1942	115 000
August 1943	224 000
August 1944	524 000
Januar 1945	714 000

Häftlinge in den Konzentrationslagern von 1933–1945 (ohne die in den Vernichtungslagern sofort Ermordeten):
1 600 000, davon 1 180 000 ermordet oder gestorben

Zahl aller Häftlinge, die in die Konzentrationslager verschleppt wurden (einschließlich Auschwitz, Majdanek und anderer Vernichtungslager):
18 000 000, davon 11 000 000 ermordet

SS-Wirtschaftsunternehmen

Deutsche Wirtschaftsbetriebe:
- Deutsche Ausrüstungswerke GmbH
- Deutsche Erd- und Steinwerke GmbH
- Deutsche Versuchsanstalt für Ernährung und Verpflegung GmbH
- Gesellschaft für Textil- und Lederverwertung GmbH
- Ostindustrie GmbH

Das faschistische Regime verfügte in Deutschland und den annektierten Gebieten zeitweise über mehr als 50 Zuchthäuser und 175 große Gefängnisse.
In 21 von ihnen fanden regelmäßig Hinrichtungen statt.

Häftlinge der faschistischen Justiz am

30. 6.1939	108 685
30.11.1940	132 932
31.10.1942	195 636
31. 7.1944	199 782

Vom Justizministerium registrierte Hinrichtungen

1937	86
1938	90
1939	143
1940	306
1941	1 146
1942	3 393
1943	5 684
1944	5 764
1945	800 (geschätzt)